Beck'sche Reihe
BsR 332

Gerade in einer Zeit, da in Europa das Interesse an der Lehre Buddhas mehr und mehr wächst, da sich westliches und östliches Denken annähern, kann Albert Schweitzers Darstellung der indischen Weltanschauung als prophetisch aktuell gelten.
„Es sind zwei Grundprobleme, die Schweitzer in der Geschichte der indischen Religionen aufzeigt: einerseits das Problem der Welt- und Lebensverneinung beziehungsweise -bejahung und andererseits das Problem des Verhältnisses der Ethik zu den beiden möglichen Einstellungen des Menschen zum Sein und Dasein, der optimistisch-bejahenden und pessimistisch-verneinenden." *Wissenschaftlicher Literaturanzeiger*

Albert Schweitzer (1875–1965), der jahrzehntelang als Urwaldarzt in Lambarene wirkte, veröffentlichte weltberühmte theologische, religionsphilosophische und musikwissenschaftliche Werke.

ALBERT SCHWEITZER

Die Weltanschauung der indischen Denker

Mystik und Ethik

VERLAG C.H.BECK MÜNCHEN

CIP-Kurztitelaufnahme der Deutschen Bibliothek

Schweitzer, Albert:
Die Weltanschauung der indischen Denker : Mystik u. Ethik / Albert Schweitzer. – Nachdr. d. 3., auf Grund d. engl. Ausg. von 1935 neugefaßten Ausg. 1965. – München : Beck, 1987.
(Beck'sche Reihe; 332)
ISBN 3 406 32272 7
NE: GT

ISBN 3 406 32272 7

Nachdruck 1987
der dritten, auf Grund der englischen Ausgabe von 1935
neugefaßten Ausgabe 1965
Einbandentwurf von Uwe Göbel, München

Gesamtherstellung: C.H.Beck'sche Buchdruckerei, Nördlingen
Printed in Germany

VORWORT

Im Folgenden versuche ich, die Weltanschauung, wie sie sich im indischen Denken findet, in Kürze und allgemeinverständlich darzulegen. Damit möchte ich dazu beitragen, daß den Gebildeten unserer Zeit die großen Persönlichkeiten des indischen Denkens, die Probleme, mit denen es beschäftigt ist, und die Ideen, die es vertritt, besser bekannt werden, als sie es sind.

Es kann für unser Denken ja nur eine Klärung und Bereicherung bedeuten, in das indische Einblick zu gewinnen und sich mit ihm auseinanderzusetzen.

Um es wirklich zu verstehen, müssen wir uns aber darüber klar werden, wie sich ihm die Probleme der Weltanschauung stellen und in welcher Weise es sich mit ihnen beschäftigt. Es gilt, die Entwicklung, die es von der Zeit der vedischen Hymnen an bis zur Gegenwart durchmacht, aufzuzeigen und zu erklären.

Der Schwierigkeiten, Linien einer Entwicklung in einem Denken festzulegen, das in so einzigartiger Weise das Bestreben und das Vermögen besitzt, Gegensätze nicht als solche zu empfinden, sondern Verschiedenartiges nebeneinander bestehen zu lassen und miteinander zu vereinigen, bin ich mir voll bewußt. Ich glaube aber, daß wir Abendländer das, was das indische Denken ist und für das Denken der Menschheit bedeutet, erst richtig erfassen, wenn wir in das, was in ihm vorgeht, Einblick gewinnen.

*

Wie jeder, der sich mit indischem Denken beschäftigt, bin ich den Meistern der Indologie, die die Texte veröffentlicht und die grundlegenden Untersuchungen veranstaltet haben, zu tiefem Dank verpflichtet.

Besonders wertvoll war mir die Darstellung der Geschichte der indischen Literatur von Professor Moritz Winternitz, Prag.

Tiefen Dank schulde ich ihm überdies dafür, daß er mich durch so manche wertvolle Auskünfte, die er mir auf meine Anfragen hin gab, an seinem großen Wissen teilhaben ließ.

Sehr vorteilhaft war für mich auch die Möglichkeit, die Probleme des indischen Denkens mit meinem Freund C. F. Andrews durchzusprechen.

Viel boten mir Romain Rolland's feinsinnige Studien über Rāmakrishṇa und Vivekānanda.

Das indische Denken hat, seit ich in meiner Jugend durch Schopenhauer's Werke zum erstenmal mit ihm bekannt wurde, immer eine große Anziehungskraft auf mich ausgeübt. Von allem Anfang an war es meine Überzeugung, daß sich in Wirklichkeit jedes Denken mit dem großen Problem beschäftigt, wie der Mensch zum geistigen Eins-werden mit dem unendlichen Sein gelangen kann. Weil sich das indische Denken mit diesem Problem auseinandersetzt, zog es meine Aufmerksamkeit auf sich, aber auch weil es seiner Natur nach Mystik ist. Überdies sagte mir zu, daß sich die indische Ethik nicht auf das Verhalten des Menschen zu seinem Nebenmenschen und zur menschlichen Gesellschaft beschränkt, sondern auch sein Verhalten zu allen Lebewesen einbezieht.

Aber je vertrauter ich mit den Zeugnissen des indischen Denkens wurde, desto stärkere Zweifel kamen mir, ob die Auffassung, die uns die Werke Arthur Schopenhauer's, Paul Deussen's und anderer nahebringen, berechtigt sei, die Auffassung nämlich, daß das indische Denken völlig von der Idee der Welt- und Lebensverneinung beherrscht wird. Ich konnte mich der Einsicht nicht verschließen, daß sich in diesem Denken hintergründig schon von den frühesten Anfängen seiner Geschichte an immer auch Welt- und Lebensbejahung findet, und daß dieses Nebeneinander und Miteinander von Welt- und Lebensverneinung und Welt- und Lebensbejahung seine Eigenart ausmachen und seine Entwicklung bestimmen.

Ich werde das indische Denken nicht nur beschreiben, ich werde es gleichzeitig auch kritisch beleuchten. Denn so viel ich weiß, hat man sich bis jetzt noch nicht mit den wesentlichen

Unterschieden zwischen dem indischen und dem abendländischen Denken auseinandergesetzt. Die abendländischen Denker geben entweder, wie Schopenhauer, Deussen und andere das abendländische Denken preis und ersetzen es durch die indische Denkweise, die sie als reine Welt- und Lebensverneinung auffassen, oder sie lehnen das indische Denken, aus einem völligen Unvermögen, es zu verstehen, als etwas Unbegreifliches ab, das uns immer fremd bleiben wird.

Auch von indischer Seite ist kein wirklich weitreichender Versuch unternommen worden, unser Denken, das mit der ungeheueren Vielfalt seiner philosophischen Lehren den Inder wie eine vulkanische Landschaft anmutet, zu verstehen.

Aber das Denken kann nicht gänzlich verschiedene Wege gehen. Jedes Denken muß sich mit zwei großen grundlegenden Problemen auseinandersetzen: mit dem Problem Welt- und Lebensbejahung und Welt- und Lebensverneinung und dann mit dem Problem der Ethik und des Verhältnisses zwischen der Ethik und jenen beiden Formen der geistigen Haltung des Menschen gegenüber dem Sein.

Wie ich versucht habe, das abendländische Denken vom Gesichtspunkt dieser beiden fundamentalen Probleme aus zu verstehen und zu beurteilen, so werde ich jetzt auch das indische Denken unter diesem Blickwinkel betrachten.

Vielleicht werden sich diejenigen, die innerhalb des indischen Denkens aufgewachsen sind, nur schwer mit der rein kritischen Natur meiner Untersuchung abfinden können. Ich bitte sie im voraus um Verzeihung. Wie das abendländische Denken untersuche ich jetzt das indische daraufhin, welche Ideen sich in ihm natürlich nebeneinander finden und welche einer anderen sozusagen nur aufgepfropft sind. Die höchste Ehre, die man einem Denksystem erweisen kann, ist, es unbarmherzig auf seinen Wahrheitsgehalt zu untersuchen wie der Stahl auf seine Härte geprüft wird. Doch darüber hinaus ist das vorliegende Buch auch Ausdruck meiner Hochachtung vor der Tiefe des indischen Denkens, mit dessen großen Vertretern aus alter wie aus neuer Zeit ich mich innerlich verbunden fühle.

Aber auch an meiner Meinung, daß die Welt- und Lebensverneinung an sich ohne Ethik ist, daß das Ahiṃsā-Gebot nicht aus einem Gefühl des Mitleids erwächst, sondern aus dem Gedanken, sich von der Welt rein zu halten, und daß das Motiv des Mitleids in der Ahiṃsā erst später Platz fand, könnten indische Leser Anstoß nehmen. Doch welche Meinung man auch in bezug auf den geschichtlichen Ursprung dieses großen ethischen Grundsatzes vertreten mag, seine Bedeutung wird dadurch nicht beeinträchtigt.

Die bewußte Kürze meiner Abhandlung könnte zu allerlei Mißverständnissen Anlaß geben. Ich hatte nicht die Absicht, die indische Philosophie im einzelnen zu beschreiben, sondern wollte nur aufzeigen, wie sie sich zu den großen Problemen des Lebens stellt und wie sie sie zu lösen versucht. Um das so deutlich wie möglich darzulegen, beschränkte ich mich auf eine Skizzierung in einfachen, festen Linien. Deshalb wird jeder, der mit dem indischen Denken vertraut ist, viele Einzelheiten vermissen, die in seinen Augen für seine Vorstellungen und Gedanken besonders charakteristisch sind und ihnen ihre Farbigkeit verleihen.

Ich glaube aber, daß eine Darlegung wie diese, die von den grundlegenden Problemen des Denkens ausgeht und sich streng auf das Wesentliche beschränkt, ihre Berechtigung hat.

Wer auf diesem Gebiet schon gearbeitet hat, weiß, wie schwierig es ist, die genaue Bedeutung der termini technici der indischen Philosophie in unsere Begriffe zu fassen. Ich bediene mich solcher Fachbegriffe nur, wenn es unumgänglich ist; sonst versuche ich ihre Bedeutung in gewöhnlichen Worten wiederzugeben.

Termini technici sind für jedes philosophische System, ob indisch oder europäisch, eine Gefahr. Denn sie können zu Formeln werden, die die natürliche Entwicklung des Denkens behindern wie Gleise auf der Straße den Verkehr. Deshalb ist es, wenn man ein Denksystem auf seinen wirklichen Gehalt hin untersuchen will, vernünftig, die Begriffe, die es zu seinem eigenen Gebrauch geprägt hat, beiseitezulassen und es so zu zwingen, in einer allgemein verständlichen Sprache zu sprechen.

Ich habe mich auch bewußt auf das indische Denken beschränkt und habe den indischen Glauben, obwohl es oft schwierig ist, eine Trennungslinie zu ziehen, nicht mithereingenommen. Ich ziehe den Glauben nur dort in Betracht, wo er offensichtlich von den Problemen der Philosophie beherrscht wird.

Wo es um das Denken geht, sind alle Argumente aus der Geschichte, so notwendig und interessant sie an sich auch sind, nur von relativer Bedeutung. Wenn sich die europäische und die indische Philosophie auf eine Disputation einlassen, darf keine von beiden die eigene Meinung als die einzig richtige beweisen wollen. Beide sind Hüterinnen wertvollen Gedankenguts. Aber beide müssen nach einer Denkweise trachten, die sich über all die Unterschiede der geschichtlichen Vergangenheit hinwegsetzt und schließlich von der ganzen Menschheit geteilt wird. Die wirkliche Bedeutung einer Auseinandersetzung des abendländischen und des indischen Denkens liegt darin, daß jedes die Unzulänglichkeiten auf jeder Seite erkennt, und sich dadurch angespornt fühlt, nach einem vollkommenen Denken zu suchen.

Denn wir brauchen eine Philosophie, die tiefer und lebendiger ist und von größerer geistiger und ethischer Kraft getragen wird, als unsere bisherige. In der furchtbaren Zeit, die die Menschheit gegenwärtig durchlebt, müssen wir alle, im Osten wie im Westen, Ausschau halten nach diesem vollkommeneren und mächtigeren Denken, das die Herzen der einzelnen erobert und ganze Völker zwingt, seine Macht anzuerkennen. Das ist das Ziel, nach dem wir streben müssen.

Günsbach, Elsaß, Oktober 1935

Albert Schweitzer

INHALT

AUSSPRACHE UND BETONUNG INDISCHER WORTE

(Nach M. Winternitz)

Die Vokale werden wie im Deutschen ausgesprochen.

a, i, u sind kurz; ā, ī, ū sind lang; e und o sind im Sanskrit immer lang.

c wie tsch (klatschen); j wie dsch (im englischen just); jñ wie dnj; ḍ, ḍh, ṇ, ṭ, ṭh wie d, dh, n, t, th im Englischen.

ḥ wie deutsches h mit leisem Nachklang des vorangehenden Vokals; ch, gh, jh, kh, ph, th mit nachstürzendem Hauch (Back-huhn; Bet-haus).

ṃ wird nicht als Konsonant artikuliert, sondern bedeutet die nasale Aussprache des vorhergehenden Vokals (aṃ wie a im französischen Jean; iṃ als nasales i).

ṅ wie ng (klingen); ñ wie gn (montagne).

ṛ als vokalischer r-Laut, fast wie ri klingend; ś und ṣ wie sch im Deutschen.

v wie w (wissen); y wie j (jeder).

Die Betonung erfolgt, wie im Lateinischen, nach der Quantität der vorletzten Silbe. Ist diese lang, so hat sie den Akzent; ist sie kurz, so liegt der Ton auf der drittletzten Silbe.

I

ABENDLÄNDISCHES UND INDISCHES DENKEN

Eine große Unwissenheit in bezug auf anderes Denken als das unsere herrscht unter uns. Besonders groß ist sie, was das indische anbetrifft. Mit diesem bekannt zu werden fällt uns so schwer, weil es ganz anders geartet ist als das unsere. Es vertritt die Idee der Welt- und Lebensverneinung. Unsere Weltanschauung aber, wie auch die Zarathustra's und der chinesischen Denker, ist welt- und lebenbejahend.

Welt- und Lebensbejahung besteht darin, daß der Mensch das Sein, wie er es in sich erlebt und wie es sich in der Welt entfaltet, als etwas an sich Wertvolles ansieht und dementsprechend bestrebt ist, es in sich zur Vollendung kommen zu lassen und es um sich her, soweit sein Wirken reicht, zu erhalten und zu fördern.

Welt- und Lebensverneinung hingegen besteht darin, daß er das Sein, wie er es in sich erlebt und wie es sich in der Welt entfaltet, als etwas Sinnloses und Leidvolles ansieht und sich dementsprechend entschließt, das Leben in sich durch Ertötung des Willens zum Leben zum Aufhören zu bringen und auf alles Wirken, das die Erhaltung und Förderung anderen Lebens bezweckt, zu verzichten.

Die Welt- und Lebensbejahung hält den Menschen dazu an, dem Nebenmenschen, der Gesellschaft, dem Volke, der Menschheit und überhaupt allem Leben in höchstem Wollen und Hoffen zu dienen. Die Welt- und Lebensverneinung bringt der Welt kein Interesse entgegen, sondern betrachtet das Sein als ein Spiel, das mitzumachen Pflicht ist, oder als eine verwirrende Pilgerfahrt durch das Land der Zeit in die ewige Heimat.

Gewöhnlich redet man von optimistischer und pessimistischer Weltanschauung. Damit wird der Unterschied aber nicht seinem eigentlichen Wesen nach gekennzeichnet. Entscheidend für die Weltanschauung ist nicht, ob der Mensch seiner Anlage nach die Dinge leichter oder schwerer nimmt, und ob ihm die Fähigkeit, zuversichtlich zu sein, verliehen oder versagt ist, sondern wie er sich innerlich zum Sein stellt, ob er es bejaht oder verneint. Die Weltanschauung besteht in einer Bestimmtheit des Willens. Es handelt sich in ihr nicht so sehr um das, was der Mensch vom Dasein erwartet oder nicht erwartet, sondern um das, was er damit anfangen will. Natürlich kann die willensmäßige Einstellung zum Sein durch die mehr optimistische oder mehr pessimistische Beanlagung wie auch durch die Gunst oder Ungunst der Geschehnisse beeinflußt werden. Aber sie ist nicht einfach ihr Ergebnis. Die tiefste Welt- und Lebensbejahung ist die, die der illusionslosen Beurteilung der Dinge und dem Unglück abgerungen wird, die tiefste Welt- und Lebensverneinung die, die sich trotz heiterer Wesensart und glücklicher äußerer Umstände ausbildet.

Welt- und Lebensbejahung und Welt- und Lebensverneinung müssen ständig neu erworben werden.

Die Welt- und Lebensbejahung ist etwas Natürliches, weil sie dem triebhaften Willen zum Leben, der in uns ist, entspricht. Die Welt- und Lebensverneinung kommt uns als etwas Unnatürliches und Unbegreifliches vor, weil sie diesem Instinktiven und Intuitiven in uns widerspricht.

Der fundamentale Unterschied in der Weltanschauung hat nichts mit Rassenverschiedenheit zu tun. Die indischen Arier neigen zur Welt- und Lebensverneinung, die iranisch-persischen und die europäischen zur Welt- und Lebensbejahung. Der Unterschied in der Weltanschauung geht auf geschichtliches Geschehen zurück, das seinen Niederschlag im Denken findet.

Das heißt nicht, daß das indische Denken völlig von Welt- und Lebensverneinung, unseres dagegen von Welt- und Lebensbejahung beherrscht wird. In den Upanishad's findet sich auch ein gewisser welt- und lebenbejahender Zug, der in vielen Werken der indischen Literatur sogar ziemlich stark zum Ausdruck kommt. Das Problem ist also: welche Beziehung besteht zwischen der Welt- und Lebensbejahung und der Welt- und Lebensverneinung, wie sie sich nebeneinander im indischen Denken finden, in dem die Welt und Lebensverneinung eine beherrschende Rolle spielt.

Auch im europäischen Geist findet sich zeitweise Welt- und Lebensverneinung neben Welt- und Lebensbejahung. In späterer Zeit beginnt das griechische Denken an der Welt- und Lebensbejahung, von der es seinen Ausgang genommen hat, zu zweifeln. In den ersten Jahrhunderten unserer Zeitrechnung geben der Neoplatonismus und der orientalisch-griechische Gnostizismus die Welt- und Lebensbejahung auf. Sie beschäftigen sich nicht mehr mit dem Wirken, das sich der Mensch in der Welt vorzunehmen hat, sondern mit seinem von der Welt Erlöst-Werden.

Solches Verzweifeln am Leben und an der Welt tut sich im griechisch-römischen Denken in der Zeit der Spät-Antike kund, weil dieses Denken sich eingestehen muß, daß es ihm nicht gelingen will, die Welt- und Lebensbejahung mit der Erkenntnis der Welt und mit dem Weltgeschehen in Einklang zu bringen. Auch stehen die Menschen jener Zeit unter dem Eindruck eines geschichtlichen Geschehens, das sich unheilvoll an ihnen auswirkt. In der Philosophie wie im realen Weltgeschehen der Hoffnung beraubt, wenden sie sich verzweifelt der Welt- und Lebensverneinung zu.

Auch das Christentum bringt das europäische Denken mit der Welt- und Lebensverneinung in Berührung. Welt- und Lebensverneinung findet sich im Denken Jesu insofern, als er nicht annimmt, daß sich das Reich Gottes in der natürlichen Welt verwirklichen wird. Er glaubt, daß diese natürliche Welt sehr bald schon vergehen und an ihre Stelle eine übernatürliche treten wird, in der alles Unvollkommene und Böse von der Macht Gottes besiegt wird.

Aber die Welt- und Lebensverneinung, die sich bei Jesus findet, ist anders geartet als die indische. In Erwartung der guten und vollkommenen Welt, die kommen soll, verneint sie nur die böse, unvollkommene Welt, aber nicht wie die indische, deren Blick starr auf das reine Sein gerichtet ist, die ganze stoffliche Welt.

Für die einzigartige Ausprägung der Welt- und Lebensverneinung Jesu ist kennzeichnend, daß seine Ethik nicht an den Grenzen dieser Vorstellung haltmacht. Er predigt nicht nur die nicht-tätige Ethik der inneren Vollendung, sondern auch die begeisterte tätige Liebe zum Nächsten. Und weil seine Ethik den Grundsatz des Tätigseins enthält, ist sie mit der Welt- und Lebensbejahung verwandt.

In der spätklassischen Zeit vereinigen sich die graeco-orientalische und die christliche Form der Lebensverneinung, so daß das abendländische Denken bis zum Ende des Mittelalters unter dem Einfluß der Welt- und Lebensverneinung steht. Das geht daraus hervor, daß der Europäer in diesen Jahrhunderten so damit beschäftigt ist, das Heil zu erlangen, daß er sich nicht bemüht, die sozialen Verhältnisse zu verbessern und eine bessere Zukunft für die Menschheit heraufzuführen.

Aber in der Renaissance und in den darauffolgenden Jahrhunderten setzt sich die Welt- und Lebensbejahung durch. Dieser Wandel steht unter dem Einfluß des Wiederauflebens der aristotelischen und stoischen Philosophie, unter dem Zeichen des Fortschrittsglaubens, der dank den großen Entdeckungen der Wissenschaft in dieser Zeit aufkommt, und unter der Wirkung der Ethik Jesu mit ihrer Aufforderung zu tätiger Liebe auf die Gemüter der Menschen, die die Reformation gelehrt hat, das Evangelium zu lesen. Diese Welt- und Lebensbejahung ist so stark, daß sie sich über die Welt- und Lebensverneinung, die im Denken Jesu vorhanden ist, hinwegsetzt. Für sie steht fest, daß Jesus durch seine Lehren das Reich Gottes auf dieser Welt aufrichten wollte, und daß es nun die Aufgabe des Menschen sei, für seine weitere Entwicklung Sorge zu tragen. Vermöge des in seiner Ethik enthaltenen Grundsatzes vom Tätigsein kann sich das Christentum trotz der ursprünglich in ihm vorhandenen Welt- und Lebensverneinung mit der neuzeitlichen abendländischen Welt- und Lebensbejahung binden.

So beginnt im 17. Jahrhundert die Zeit der großen sozialen Reformen, die die Grundlage der modernen europäischen Gesellschaft bilden.

Im jüngsten europäischen Denken hat die Welt- und Lebensbejahung in vielerlei Hinsicht den ethischen Charakter verloren, der ihr bis in die zweite Hälfte des 19. Jahrhunderts eigen war. Aber seltsamerweise besitzt diese unabhängig gewordene Welt- und Lebensbejahung nicht mehr dieselbe Kraft wie die der früheren Zeit. In den philosophischen Werken der letzten Jahrzehnte kleidet sich die Welt- und Lebensbejahung nicht selten in ein Gewand, das vermuten läßt, sie befinde sich auf dem falschen Weg und habe das Zutrauen zu sich verloren.

So finden sich also im indischen wie im europäischen Denken Welt- und Lebensbejahung und Welt- und Lebensverneinung Seite an Seite: aber im indischen Denken überwiegt der letztere Grundgedanke, im europäischen hingegen der erstere.

In der tiefsten Form der Welt- und Lebensbejahung, die auf der obersten geistigen und ethischen Stufe steht, gelangt der Mensch zu innerem Freisein von der Welt und erlangt damit die Fähigkeit, sein Leben einem angestrebten Ziel zu opfern. Diese tiefste Welt- und Lebensbejahung kann das Aussehen der Welt- und Lebensverneinung annehmen. Aber dadurch wird sie nicht zur Welt- und Lebensverneinung: sie bleibt was sie ist – höchste Welt- und Lebensbejahung. Wer sein Leben opfert, um für einen Einzelnen oder für die Menschheit ein Ziel zu erreichen, übt Lebensbejahung. Er nimmt teil an den Dingen dieser Welt und möchte, indem er sein Leben hingibt, etwas in seinen Augen Notwendiges in der Welt vollbringen. Sein Leben einem Ziel opfern ist nicht Lebensverneinung, sondern tiefste Lebensbejahung im Sinne der Weltbejahung. Welt- und Lebensverneinung ist nur dort vorhanden, wo der Mensch weder irgendeinem realisierbaren Ziel noch der Verbesserung der Verhältnisse in dieser Welt Interesse entgegenbringt. So bald er sich von diesem Standpunkt irgendwie entfernt, steht er, ob er es nun zugibt oder nicht, bereits unter dem Einfluß der Welt- und Lebensbejahung.

*

Die Unnatürlichkeit der Weltanschauung der Welt- und Lebensverneinung tritt darin in Erscheinung, daß sie nicht durchführbar ist. Sie sieht sich genötigt, der Welt- und Lebensbejahung Zugeständnisse zu machen.

Eigentlich sollte sie von dem Menschen verlangen, daß er alsbald nach erlangter Überzeugung, daß das Nicht-Sein höher zu stellen sei als das Sein, durch selbstgewähltes Sterben aus dem Dasein trete. Daß sie dieses Ansinnen nicht an ihn stellt, begründet sie damit, daß es nicht so sehr darauf ankomme, dem Leben baldigst ein Ende zu setzen, als darauf, den Willen zum Leben in uns gründlichst zum Absterben zu bringen. Die Weltanschauung der Welt- und Lebensverneinung begibt sich also in den Widerspruch mit sich selber, daß sie gelebt werden will. Damit betritt sie den Weg der Zugeständnisse an die Welt- und Lebensbejahung, den sie dann bis zu Ende gehen muß.

Alles Am-Leben-Bleiben, auch das armseligste, setzt ein Tun zur Erhaltung von Leben voraus. Auch der Einsiedler, der es mit der Welt- und Lebensverneinung am strengsten nimmt, kann ihm nicht entgehen. Er pflückt Beeren, begibt sich zur Quelle, füllt den Becher zum Trinken, wäscht sich vielleicht gar einmal und füttert die Vögel und Rehe, seine Genossen, wie es zum rechten Einsiedlertum gehört.

Von Zugeständnissen zu Zugeständnissen, die gemacht werden müssen, damit Menschen am Leben bleiben, die die Weltanschauung der Welt- und Lebensverneinung leben, gelangt man dann zu dem Entscheide, daß es nicht so sehr auf das wirkliche Sich-Enthalten von Tun als darauf ankomme, daß das Tun in der Gesinnung des Nicht-Tuns und in innerlicher Losgelöstheit von der Welt vollbracht und damit etwas Bedeutungsloses werde. Um sich nicht eingestehen zu müssen, wie viel von der Welt- und Lebensverneinung preisgegeben wird, wendet man also eine relativistische Betrachtungsweise an.

Die größte Schwierigkeit erwächst der Weltanschauung der Welt- und Lebensverneinung aber aus der Ethik. Die Ethik verlangt von dem Menschen, daß er an der Welt und an dem, was in ihr vorgeht, Anteil nehme. Sie enthält überdies eine elementare

Nötigung zur Tat. Geht die Welt- und Lebensverneinung also wirklich auf die Ethik ein, so wird sie zu so großen Zugeständnissen an die Welt- und Lebensbejahung genötigt, daß sie zu bestehen aufhört.

Um diesem Schicksal zu entgehen, muß sie sich auf die nichttätige Ethik zu beschränken suchen. Diese sich innerhalb der Grenzen der Welt- und Lebensverneinung haltende Ethik kann an den Menschen nur die beiden Anforderungen stellen, daß er in der Gesinnung der Haßlosigkeit und der Gütigkeit die wahre innere Vollendung suche und daß er sie durch Unterlassen von allem Vernichten und Schädigen lebender Wesen und überhaupt in Verzicht auf jedes lieblose und mitleidslose Handeln bekunde. Tätige Liebe darf sie nicht von ihm verlangen.

In diesen von der Welt- und Lebensverneinung verlangten Verzicht kann sich die Ethik aber nur so lange schicken, als sie noch nicht ihre volle Entwicklung erreicht hat. Gelangt sie wirklich zum Bewußtsein ihrer selbst, so ist ihr die Forderung der Tat der Liebe etwas Selbstverständliches und Unvermeidliches.

In dem Maße als die Weltanschauung der Welt- und Lebensverneinung ethisch wird, gibt sie sich also mit Notwendigkeit selber auf.

Tatsächlich besteht nun die Entwicklung des indischen Denkens darin, daß es der Welt- und Lebensbejahung immer größere Zugeständnisse macht, bis es zuletzt durch die nach und nach zu voller Entfaltung gelangende Ethik zur uneingestandenen oder eingestandenen Preisgabe der Welt- und Lebensverneinung gezwungen wird.

Auf dem Umwege, den es macht, tun sich aber Fragen und Erkenntnisse vor ihm auf, die wir, auf der geraden Straße der Welt- und Lebensbejahung, nicht oder nicht so deutlich zu Gesicht bekommen.

Wir Europäer sind so sehr mit dem Wirken in der Welt beschäftigt, daß wir nicht oder nicht genügend um das besorgt sind, was geistig aus uns wird. Die Weltanschauung der Welt- und Lebensverneinung aber stellt die Frage des geistigen Vollkommener-Werdens des Menschen in den Mittelpunkt alles

Überlegens und Erwägens. Sie hält dem Menschen als das Höchste vor, daß er die rechte Sammlung, die rechte Innerlichkeit, die rechte ethische Gesinnung und den wahren Seelenfrieden zu erlangen suche. Obwohl das von der indischen Welt- und Lebensverneinung aufgestellte Ideal des geistigen Vollkommener-Werdens notwendigerweise einseitig und unzulänglich ist, hat es doch eine große Bedeutung für uns, in ein Denken Einblick zu nehmen, das mit der großen Frage, der wir viel zu wenig Beachtung schenken, beschäftigt ist.

Unsere Welt- und Lebensbejahung bedarf der Auseinandersetzung mit der um Ethik ringenden Welt- und Lebensverneinung, um sich in ihr zu klären und zu vertiefen.

Auch in der Ethik dringt das indische Denken, von der Welt- und Lebensverneinung aus, zu einer Erkenntnis vor, die für das europäische außer Sicht bleibt. Es gelangt dazu, sich Rechenschaft davon zu geben, daß unser ethisches Verhalten es nicht nur mit dem Nebenmenschen, sondern mit allen Wesen zu tun hat. Das Problem der Grenzenlosigkeit des Gebietes und der Forderung der Ethik, dem das europäische Denken noch heute zu entgehen sucht, besteht für das indische seit mehr denn zwei Jahrtausenden, wenn es von ihm auch noch nicht in seiner ganzen Schwere empfunden und in seiner ganzen Tragweite erkannt wird.

*

Noch ein anderer Unterschied, der ebenso tief geht wie der von Welt- und Lebensbejahung und Welt- und Lebensverneinung, besteht zwischen der indischen Weltanschauung und der unseren. Die indische ist monistisch und mystisch, die unsere ist dualistisch und doktrinär.

Mystik ist die vollendete Art von Weltanschauung. In der Weltanschauung sucht der Mensch zu dem unendlichen Sein, dem er in natürlicher Weise angehört, auch in ein geistiges Verhältnis zu gelangen. Er setzt sich mit der Welt auseinander, ob er den geheimnisvollen Willen, der in ihr waltet, erfassen und mit ihm eins werden könne. Nur im geistigen Eins-Werden mit dem unendlichen Sein kann er seinem Leben einen Sinn geben und Kraft zum Erleiden und zum Wirken finden.

Handelt es sich in der Weltanschauung letzten Endes um unser geistiges Eins-Werden mit dem unendlichen Sein, so ist die vollendete Weltanschauung notwendigerweise Mystik. In der Mystik verwirklicht der Mensch das geistige Einswerden mit dem unendlichen Sein.

Nur die Mystik entspricht dem Ideal der Weltanschauung. Alle anderen Weltanschauungen sind der Art nach unvollkommen und unsachlich. Statt eine Lösung der fundamentalen Frage des geistigen Eins-Werdens des Menschen mit dem unendlichen Sein zu geben und von dieser aus dann im einzelnen zu entscheiden, wie er sich zu sich selbst und zu den Dingen der Welt zu verhalten hat, stellen diese anderen Weltanschauungen Lehren über die Welt auf, die den Menschen über das, was er in ihr soll, unterrichten.

Die Lehre über die Welt, die diese doktrinären Weltanschauungen vertreten, ist dualistisch. Sie nehmen im Urgrund des Seins zwei Prinzipien des Geschehens an. Das eine wird als ethische Persönlichkeit aufgefaßt, die gewährleistet, daß dem Weltgeschehen ein ethisches Ziel gesetzt ist; das andere wird als die der Welt innewohnende natürliche Kraft vorgestellt, die in dem gesetzmäßigen Ablauf des Geschehens wirksam ist. Diese dualistische Weltanschauung existiert in zahlreichen Varianten. In der Lehre Zarathustra's, in der der israelitischen Propheten und im Christentum wird das Weltgeschehen als ein Kampf, in dem sich die übernatürliche, ethische Macht gegen die natürliche, nicht-ethische durchsetzt, gedeutet. Wo ein mehr kritisches Denken am Werk ist, sucht es den Dualismus nach Möglichkeit zuzudecken. Aber vorhanden ist er dennoch. Auch Kant's Philosophie ist dualistisch. Sie operiert mit der dem Christentum entstammenden Vorstellung des ethischen Weltschöpfers, ohne sich darüber zu rechtfertigen, wie sie ihn mit dem Urgrund des Seins zu identifizieren vermag.

Die dualistische Weltanschauung ist unsachlich. Sie enthält eine mit den Tatsachen nicht in Übereinstimmung zu bringende

Lehre von der Welt. Sie kommt aus einem Denken, das durch Glauben beeinflußt ist.

Während das indische Denken also bei der vollendeten Art von Weltanschauung, der Mystik, verbleibt, bemüht sich das unsere um eine, die ihrem Wesen nach naiv und unsachlich ist.

Wie ist dies zu erklären?

Wohl ist die Mystik die der Art nach vollendete Art von Weltanschauung. Aber dem Inhalte nach ist alle bisherige Mystik unbefriedigend, weil sie welt- und lebenverneinend ist und keinen ethischen Gehalt hat. Dies liegt daran, daß in dem Weltgeschehen, und also auch in dem Urgrunde des Seins, kein ethisches Prinzip zu entdecken ist.

Aus Welterkenntnis läßt sich keine Ethik gewinnen. Ethik läßt sich auch nicht mit Welterkenntnis in Übereinstimmung bringen.

Aus diesem Grunde befindet sich das Denken in der Unmöglichkeit, zu der Vorstellung eines geistigen Eins-Werdens mit dem unendlichen Sein zu gelangen, aus dem sich die Idee der Hingabe an die Welt in ethischem Wirken ergibt. So erklärt sich, daß die bisherige Mystik unter dem geistigen Eins-Werden des Menschen mit dem unendlichen Sein eigentlich nur ein tatenloses Aufgehen in ihm versteht.

Es ereignet sich also das Merkwürdige, daß das Denken, wenn es sachlich verfährt, die Weltanschauung ethischer Welt- und Lebensbejahung nicht zu rechtfertigen vermag. Will es sie dennoch vertreten, weil das natürliche Empfinden sie für wahr und wertvoll hält, so muß es an die Stelle der wirklichen Welterkenntnis eine dualistische ethische Welterklärung setzen. Es darf die Welt nicht mehr als etwas ansehen, das aus dem geheimnisvollen Urgrund des Seins hervorgegangen ist und fort und fort hervorgeht, sondern es muß einen Weltenschöpfer annehmen, der ethischen Charakter hat und dem Weltgeschehen ein ethisches Ziel setzt.

Dieser ethischen Welterklärung zufolge tritt der Mensch durch ethisches Wirken in den Dienst des göttlichen Weltzieles.

Solange das Denken noch naiv ist, bereitet ihm die ethisch-dualistische Welterklärung keine Schwierigkeiten. In dem

Maße aber, als es sich entwickelt, kommt es dazu, sich von ihrer Unzulässigkeit mehr oder weniger deutlich Rechenschaft zu geben. Darum bleibt die dualistische Denkweise in der europäischen Philosophie nicht unangefochten. Immer wieder lehnt sich eine monistisch-mystische gegen sie auf. Im Mittelalter hat sich die Scholastik einer auf den Neoplatonismus zurückgehenden und in selbständigem Denken erstarkenden Mystik zu erwehren. Ein Bekenntnis zu monistischer Mystik ist der Pantheismus Giordano Bruno's. Um das geistige Eins-Werden des Menschen mit dem unendlichen Sein handelt es sich bei Spinoza, bei Fichte, bei Schelling und bei Hegel. Obwohl ihre Philosophie sich nicht als Mystik gibt, ist sie es doch ihrem Wesen nach. Den großen Vorstoß gegen den Dualismus unternimmt dann das unter dem Einfluß der modernen Naturwissenschaft stehende monistische Denken.

In Wirklichkeit hat die monistische Denkweise, als die einzig sachliche, bereits den Sieg über die dualistische davongetragen. Aber sie vermag ihn nicht auszunutzen. Sie ist ja nicht imstande, die weltbejahende ethische Weltanschauung des Dualismus durch eine andere, ihr auch nur einigermaßen gleichwertige zu ersetzen. Was der Monismus als eigene Weltanschauung verkündet, ist durchaus armselig. Und dies Wenige ist größtenteils noch der Weltanschauung des Dualismus entlehnt. Der europäische Monismus ist sich nicht klar darüber, daß er sich eine Weltanschauung schaffen muß, die ihrem Wesen nach Mystik ist und die Frage des geistigen Eins-Werdens des Menschen mit dem unendlichen Sein zum Gegenstand hat.

Die dualistische Denkweise erhält sich in Europa also, weil sie der Weltanschauung der ethischen Welt- und Lebensbejahung zugehört, die uns ihres inneren Wahrheitsgehaltes und ihres inneren Wertes wegen an sich feststeht. Sie geht, soweit ihr dies nur möglich ist, auf den Monismus ein. Das Durcheinander in dem neuzeitlichen europäischen Denken hat seinen Grund darin, daß der Dualismus das Gewand des Monismus trägt und der Monismus seine Weltanschauung vom Dualismus bezieht.

In Indien wiederum muß die monistische Mystik, in dem Maße als sie ethischen und welt- und lebensbejahenden Charakter annimmt, dem Dualismus Zugeständnisse machen. Dies tut sie in der Weise, daß sie sich aus der brahmanischen Mystik des Aufgehens in dem Urgrunde des Seins in die hinduistische der liebenden Hingebung an den all-einen Gott wandelt. Sie kommt also dazu – was sie ursprünglich vermied – den Urgrund des Seins als ein göttliches Wesen aufzufassen. Damit gibt sie den Monismus tatsächlich preis. Sie kann aber nicht anders. Um Gedanken ethischer Welt- und Lebensbejahung in sich aufnehmen zu können und dementsprechend als Weltanschauung besser zu befriedigen, muß sie sich zur Mystik des geistigen Eins-Werdens mit Gott entwickeln. In dem Maße als Gott dann ethisches Wesen beigelegt wird, kommt auch die ethische Welt- und Lebensbejahung in der Mystik zur Geltung.

Die ethische Gottesvorstellung des neu-indischen Denkens unterscheidet sich nicht mehr wesentlich von der des europäischen.

Aber trotz dieser Zugeständnisse an die dualistische Denkweise hält auch das neu-indische Denken unentwegt daran fest, daß Weltanschauung Mystik sei. Es verbleibt bei dem Grundsatz, daß alle in der Weltanschauung enthaltenen Ideen sich miteinander aus der Art des geistigen Eins-Werdens des Menschen mit dem unendlichen Sein ergeben müssen. Daß die Weltanschauung ein persönliches Denk-Erlebnis des Einzelnen ist, in dem er über sein Verhältnis zum Sein und damit über das, was er mit seinem Leben anfangen will, ins klare kommt: dieser Wahrheit bleiben die indischen Denker heute in derselben Weise treu wie in der Vergangenheit.

Das Ideal freilich, zu dem sie sich bekennen, vermögen sie nicht zu verwirklichen. Der Art und dem Inhalte nach ist ihre Mystik unzulänglich. Aber was bedeutet es schon allein, daß sie das Ideal nicht preisgeben!

Das europäische Denken hingegen hat Mühe, an der rechten Vorstellung von Weltanschauung festzuhalten. Insoweit als es sich zum Dualismus bekennt, gibt es sie ja grundsätzlich preis. Für den Dualismus ist die Weltanschauung eine Lehre, die der

Einzelne sich anzueignen hat. Sie erhebt nicht den Anspruch, wie dies die Mystik tut, eine in ihm entstehende und sich in ihm stets erneuernde Überzeugung zu sein.

Wird aber einmal die wahre Vorstellung von Weltanschauung verlassen, so ist die Gefahr gegeben, daß Lehren, die überhaupt nicht mehr Weltanschauung sind, dennoch als solche auftreten. Dies ereignet sich im europäischen Denken unserer Zeit. Meinungen und Überzeugungen, die gar nicht in irgendeinem Nachdenken über Mensch und Welt entstanden sind, sondern es nur mit dem Menschen und der menschlichen Gesellschaft zu tun haben, werden bei uns als Weltanschauung ausgegeben und dafür gehalten, wie wir es ja auch fertig bringen, die Geschichte der armseligen auf unserer kleinen Erde geführten Kriege Weltgeschichte zu nennen. Nichts ist so bezeichnend für die Gedankenlosigkeit unserer Zeit, als daß uns das Bewußtsein davon, was Weltanschauung eigentlich ist, abhanden gekommen ist.

Es tut not, daß wir wieder zur Einsicht kommen, daß nur das Weltanschauung ist, was in einem Nachdenken, in dem der Mensch mit der Welt und mit sich selbst allein ist, entsteht.

Wenn eine solche Verwirrung und Ratlosigkeit im europäischen Denken herrscht, so liegt dies also nicht nur an den Schwierigkeiten, die es zu bewältigen hat, sondern auch daran, daß es über seine eigentliche Aufgabe, eine Weltanschauung zu schaffen, nicht genügend im klaren ist. Erst wenn ihm wieder alle das Dasein des Menschen betreffenden Einzelprobleme in dem fundamentalen Problem, wie der Mensch in das rechte geistige Verhältnis zum Sein kommen könne, zusammenlaufen, hat es wieder die richtige Orientierung gefunden. Nur wenn es sich wieder das höchste Ziel vorsetzt, kommt es wieder empor.

*

In zwiefacher Hinsicht ist es also für das europäische Denken von Interesse, sich mit dem so ganz anders gearteten indischen zu beschäftigen, davon abgesehen, daß mit fremdem Denken bekannt zu werden, überhaupt eine Förderung für es bedeutet.

Das europäische Denken vertritt eine Welt- und Lebensbejahung, der es an Tiefe fehlt, weil sie sich noch nicht eingehend mit der Welt- und Lebensverneinung und der Ethik auseinandergesetzt hat. Im indischen Denken kommt in langem Ringen ethische Welt- und Lebensbejahung gegen Welt- und Lebensverneinung auf. Das Problem, mit dem wir es zu tun haben, wird hier also von der anderen Seite her aufgerollt.

Das europäische Denken läßt sich durch die Erkenntnis leiten, daß die Weltanschauung ethischer Welt- und Lebensbejahung dem Inhalte nach die wertvollste ist. Das indische Denken ist durch die andere, daß Mystik die vollendete Art von Weltanschauung ist, bestimmt. Das europäische Denken hat sich also darum zu bemühen, zu einer Weltanschauung der ethischen Welt- und Lebensbejahung zu gelangen, die ihrer Art nach Mystik ist, das indische darum, der Mystik ethische Welt- und Lebensbejahung zum Inhalte zu geben. Wiederum wird also das Problem, mit dem unser Denken es zu tun hat, im indischen von der anderen Seite her aufgerollt.

In dem indischen Denken lernen wir das, was in dem unseren vorgeht, besser begreifen.

Aus der Nebeneinanderstellung des europäischen und des indischen Denkens wird deutlich, daß das große Problem des Denkens überhaupt darin besteht, zu einer Mystik ethischer Welt- und Lebensbejahung zu gelangen. Noch ist es dem Denken nicht gelungen, die der Art nach vollendete und die dem Inhalte nach wertvollste Weltanschauung miteinander zu einer einzigen zu vereinigen. Der rätselhaften Schwierigkeiten, die dieser scheinbar so einfachen Synthese entgegenstehen, wird es nicht Herr. Aber darum darf es doch nicht davon ablassen, auf jene allein wirklich befriedigende Weltanschauung auszugehen. Viel zu wenig hat es bisher sein Streben auf sie gerichtet.

II

DAS AUFKOMMEN DER WELT- UND LEBENSVERNEINUNG IM INDISCHEN DENKEN

Wie kommt das indische Denken zur Welt- und Lebensverneinung?

Wenn das griechische Denken sich der Welt- und Lebensverneinung zuwendet, so ist es, weil es an der Welt- und Lebensbejahung, die ihm jahrhundertelang als selbstverständlich galt, schließlich irre wird. Es vermag sie mit der Welterkenntnis und dem tragischen geschichtlichen Geschehen nicht zu vereinigen. Weil es seine ursprüngliche Energie verliert und dabei anlangt, an der Welt zu verzweifeln, ergibt es sich der Welt- und Lebensverneinung.

In dem indischen Denken hingegen stellt sich die Welt- und Lebensverneinung nicht auf Grund eines solchen Erlebnisses ein. Sie ist von vornherein und von sich aus, wie aus heiterem Himmel, da. Und auf eine ganz merkwürdige Weise ist sie vorhanden. Sie beansprucht nicht, wie dann später die griechische, allgemeine Geltung, sondern verträgt sich mit Welt- und Lebensbejahung und läßt sie neben sich bestehen.

Wie aus den vedischen Hymnen zu ersehen ist, verbringen die indischen Arier der Vorzeit ihr Leben noch in ganz unbefangener Freude am Dasein. In diesen während der Opferhandlung vorgetragenen Liedern erbitten die Sänger jener Epoche von den Göttern, daß sie denen, die ihnen die Opfergabe darbringen, große Herden von Rindern und Rossen, Gewinn in allen Unternehmungen, Reichtum, Sieg im Kampfe und langes Leben schenken mögen. Auch sprechen sie die Erwartung aus, daß ihnen selber von dem Gotte, dessen Preis sie gerade singen, guter Lohn zuteil werde. „Wenn ich, o Indra, so wie du, ganz allein Herr des Reichtums wäre, mein Lobsänger hätte dann Kühe," läßt sich einer von ihnen vernehmen.

Arier (Sanskrit ārya; altpersisch ariya), das heißt Herren, nennen sich die Angehörigen der indo-iranischen Völker in Vorderindien, Persien und Ost-Iran.

Die nach Indien einwandernden Arier finden daselbst, wie wir jetzt aus Ausgrabungen in dem Stromgebiet des Indus wissen, eine schon bedeutend entwickelte Kultur der Urbevölkerung vor, die eine eindeutige Ähnlichkeit mit den Kulturen Sumers, Elams und Mesopotamiens aufweist. Man kann heute nicht mehr feststellen, zu welcher Rasse die Träger dieser Kultur gehören, ob sie aus Südwestasien einwandern oder Eingeborene des Landes sind, die möglicherweise mit der vorarischen Drawida-Bevölkerung identisch sind. Denn diese Drawida, deren Sprache sich ziemlich von der der Indo-Arier unterscheidet, besaßen bereits eine beachtliche Kultur. Zu den drawidischen Sprachen zählen Tamili, Telugu, Malajalam und Kannada, die jetzt in Südindien gesprochen werden.

Wann die Einwanderung der Arier durch Afghanistan nach Indien beginnt, läßt sich nicht feststellen. Aber sie ist wohl vor 1500 v. Chr. anzusetzen. Zuerst erobern die Eindringlinge den sogenannten Panjāb (Punjab), das heißt das Land der fünf vom Himalaya kommenden und sich mit dem Indus vereinigenden Ströme, und das Gebiet des Indus selbst, also das nordwestliche Indien. Später dringen sie nach Südosten, in die Ganges- und Jamnaebene vor. Sicher gelangen sie vor dem Jahr 300 v. Chr. nach Südindien. Hier vermochten sie jedoch nicht, die drawidische Kultur und Religion wie im Norden zu verdrängen.

Der Veda (Veda bedeutet Wissen) besteht aus mehreren Teilen (Samhitas), von denen der erste, der Rig-Veda (Lieder-Veda), in zehn Büchern, 1028 Hymnen bietet. Die ältesten dieser Hymnen können wohl bis in die vor 1500 v. Chr. liegende Zeit zurückgehen; die jüngsten stammen etwa aus dem 10. Jahrhundert v. Chr. – Am meisten besungen werden Agni, der Gott des Feuers und des Lichts, Indra und Varuṇa.

Die andern Teile des Veda – der Sāma-Veda, der Yajur-Veda und der Atharva-Veda – sind wenigstens in ihrer jetzigen Fassung jünger als der Rig-Veda. Es läßt sich aus ihnen nämlich ersehen, daß die arischen Eroberer unterdessen das Gangesgebiet erreicht haben. Die Hymnen des Rig-Veda nehmen nur auf das Panjābgebiet Bezug.

Der Sāma-Veda besteht nur aus 585 einzelnen Textstrophen. Diese entsprechen den Melodien, die beim Opfern in Brauch sind. Da man noch keine Musiknotation kennt, wird der bekannteste Strophentext, der zur Melodie gehört und nach dem sie gemerkt wird, angegeben.

Der Yajur-Veda enthält die für die verschiedenen Opfer (Neu- und Vollmondopfer, Manenopfer, Feueropfer, Jahreszeitenopfer, Somaopfer und Tieropfer) in Betracht kommenden Liturgien und Gebete.

Der Atharva-Veda ist nach den ältesten Priestern, den Atharvans, die den Feuerkult besorgen, benannt. Diese entsprechen den Feuerpriestern (Āthravans) der Zarathustra-Religion. Den Inhalt des Atharva-Veda bilden Zauber- und Beschwörungsformeln in Liedform, wovon manche uralt sind.

Aber schon in den Hymnen des Rig-Veda stoßen wir auf das Denken, aus dem sich dann die Welt- und Lebensverneinung entfaltet. In diesen Hymnen begegnen uns Männer, die sich der Welt entrückt fühlen. Es sind die Schamanen und Medizinmänner – die dann später Yogin's genannt werden – die sich durch den berauschenden Somatrank, durch Selbstkasteiung und durch Selbsthypnose in Ekstase versetzen. In diesen Zuständen der Besessenheit halten sie sich für Wesen, in die die Götter eingegangen sind, und glauben im Besitze übernatürlicher Fähigkeiten zu sein.

Dieses in der Ekstase erfahrene Erlebnis der Weltentrücktheit bedingt und bestimmt die indische Welt- und Lebensverneinung. Wir wissen nicht, wie weit die Schamanen und Medizinmänner der alten Zeit die Welt- und Lebensverneinung in ihrem Leben wirklich in die Praxis umsetzen. Aber sicher denken sie nicht daran, sie auch von den andern Menschen zu fordern. Sie sehen diese Weltentrücktheit als etwas an, das nur für sie, die die Fähigkeit besitzen, Gemeinschaft mit den Göttern zu erlangen, in Betracht kommt.

Das Wort Yogin hängt mit einem Stamme zusammen, der im lateinischen „jungo" (vereinigen) und im deutschen „Joch" vorliegt. Durch Konzentration auf sich selbst und das Überirdische erlangen die Yogin's die Fähigkeit, in Ekstase zu verfallen und die Vereinigung mit dem Göttlichen zu erleben.

Der Somatrank wurde unter umständlichen Zeremonien aus einem Pflanzensaft bereitet. „Wir tranken Soma, wir wurden unsterblich, wir fanden die Götter," heißt es in einem Hymnus des Rig-Veda auf den Somatrank.

Bei den Brahmanen hat die Vorstellung, dieser Welt entrückt zu sein, bereits zu einer Haltung der Welt- und Lebensverneinung geführt. Aber kennzeichnend ist, daß sie die Welt- und Lebensverneinung nicht folgerichtig durchführen, sondern gleichzeitig auch einem gewissen Element der Welt und Lebensbejahung Raum geben. Den ersten Teil ihres Lebens verbringen sie in Welt- und Lebensbejahung. Sie haben Haus und Hof, gründen eine Familie und sind auf Mehrung ihres Besitzes bedacht. Für die Opfer, die sie darbringen, verlangen sie reichliche Geschenke in Form von Rindern. Veranstaltet ein König eine Brahmanendisputation, so muß er einen Preis von Hunderten von Rindern für den, der im Wissen über die andern triumphiert, bereit halten. Der freigebige König Janaka, dessen Leben etwa in die Zeit zwischen 800 und 600 v. Chr. fällt, geht sogar so weit, jeder der tausend Kühe, die der Sieger erhalten soll, ein Goldstück an die Hörner zu binden. Derselbe Janaka fragt den großen Brahmanen Yājñavalkya, als dieser vor ihm erscheint, ob er nach tiefsinnigen Gesprächen oder nach Kühen Verlangen trage. „Nach beidem, großer König", lautet die Antwort.

So lebt der Brahmane in seiner Familie und seinem Besitze, bis seine Söhne ihrerseits einen Hausstand gegründet haben. Dann aber ergibt er sich der Welt- und Lebensverneinung und zieht sich von der Welt zurück. Askese, Selbstkasteiung, Meditation und Übungen des Sich-Versenkens, das heißt der Konzentration auf sich selbst und das Übersinnliche, die zur Ekstase führen, bilden nun seine Beschäftigung. Zuweilen wählt er den Tod durch Hunger, Feuer oder Wasser.

Ursprünglich gehören Zauberer (Schamanen) und Priester wohl zusammen. In dem Maße aber, wie sich der Opferkult ausbildet und besondere Kenntnisse erfordert, kommt ein besonderer Priesterstand auf.

Weil sie Priester sind, können die Brahmanen nicht ihr ganzes Leben in Welt- und Lebensverneinung verbringen. Sie müssen auf die Erhaltung des Geschlechts bedacht sein, in dem sich die Kenntnisse und Geheimnisse forterben, die zur wirkungskräftigen Darbringung des Opfers erforderlich sind.

Während der Zeit, in der sie als Priester amtieren, stehen sie durch das Opferwort (Brahman), das heißt durch die beim Opfer gesungenen und rezitierten uralten Formeln, mit dem Übersinnlichen in Verbindung. Im Alter erleben sie dann durch Übungen des Sich-Versenkens das Einswerden mit dem Übersinnlichen und erlangen damit die Fähigkeit, als göttergleiche Wesen aus der Welt abzuscheiden.

Die Welt- und Lebensverneinung im alten indischen Denken hängt also nicht mit einer Weltanschauung zusammen. Sie kommt nicht für den Menschen als solchen in Betracht, sondern nur für die Übermenschen, die als Zauberer oder Priester das Vorrecht haben, mit der übersinnlichen Macht Gemeinschaft einzugehen und damit übernatürliches Vermögen zu erlangen. Nur sie können durch Welt- und Lebensverneinung etwas erwerben. Sie ist ihr Privileg. Den gewöhnlichen Menschen nützt sie nichts.

Die indische Welt- und Lebensverneinung hängt also ursprünglich mit einer magischen, aus prähistorischer Zeit stammenden Idee zusammen. Sie leitet sich aus dem Erlebnis ekstatischer Weltentrücktheit her.

Man hat versucht, die Welt- und Lebensverneinung so aufzufassen, daß die arischen Eroberer sie zusammen mit magisch-religiösen Vorstellungen, wie sie jetzt in dem Atharva-Veda gefunden wurden, von den Ureinwohnern, die sie in Indien vorfanden, übernommen hätten. Dieser Ansicht zufolge wären Welt- und Lebensverneinung und magisch-religiöse Vorstellungen dem arischen Denken ursprünglich fremd gewesen. Daß sich im Denken der Brahmanen neben der Welt- und Lebensverneinung auch Welt- und Lebensbejahung findet, wäre dann darauf zurückzuführen, daß in Zeiten nach der ersten Eroberung neue Züge von Ariern nach Indien gekommen wären. Diese neuen Einwanderer hätten wieder versucht, der Welt- und Lebensbejahung im Gegensatz zur Welt- und Lebensverneinung, die die ersten Eroberer von der Urbevölkerung übernommen hätten, allgemeine Geltung zu verschaffen. So wäre es unter den indischen Ariern selbst zu einem Ringen zwischen Welt- und Lebensbejahung und Welt- und Lebensverneinung gekommen und das erkläre auch, weshalb sich in den Upanishad's sowohl Welt- und Lebensverneinung als auch Welt- und Lebensbejahung finde.

Diese Annahme läßt sich nicht halten. Wir wissen nichts von dem Denken der Ureinwohner. Die Meinung, daß die arischen Eroberer von ihnen sowohl die Welt- und Lebensverneinung als auch magisch-religiöse Vorstellungen übernahmen, kann keineswegs bewiesen werden. Und überdies waren es nicht die arischen Einwanderer als solche, die die Welt- und Lebensverneinung übernahmen, sondern nur die Brahmanen.

Ebensowenig kann bewiesen werden, daß die magisch-religiösen Vorstellungen des Veda auf die Urbevölkerung zurückgehen. Daß sich in dem Avesta ähnliche Vorstellungen finden, legt nahe, daß wir es hier mit Ansichten zu tun haben, die für die Arier der Frühzeit, als sie noch ein einziges Volk bildeten, Gemeingut waren.

Zudem findet sich in den Upanishad's nichts, was uns auf einen Konflikt zwischen Welt- und Lebensverneinung und Welt- und Lebensbejahung schließen ließe. Beide stehen lediglich nebeneinander.

Die einfachste Annahme ist also dann die, daß ursprünglich alle Arier Anhänger der Welt- und Lebensbejahung waren, und die Welt- und Lebensverneinung bei den Brahmanen sich auf den Einfluß der Idee der Weltentrücktheit, die sich aus den magisch-religiösen Vorstellungen und dem Erlebnis der Ekstase entwickelt, zurückführen läßt. Nur so ist zu verstehen, daß die Idee der Welt- und Lebensverneinung in früherer Zeit nur von den Brahmanen, oder besser von bestimmten Brahmanenkreisen, vertreten wird, während das Volk an der ihm natürlichen Welt- und Lebensbejahung festhält. Welt- und Lebensverneinung ist eine priesterliche Form des Denkens, die sich neben dem volkstümlichen Denken entwickelt.

Aber an der Schöpfung der Gedankenwelt, die wir in den Upanishad's finden, sind nicht nur die Brahmanen beteiligt, sondern auch, wie wir aus verschiedenen Anzeichen schließen können, die Mitglieder der Kriegerkaste. In wie weit sie allerdings die Idee des der Sinnenwelt Entrücktseins, zu dem ihr Denken in der Welt- und Lebensverneinung gelangt, in die Tat umsetzen, wissen wir nicht.

*

Wer aber sind die Brahmanen?

In den Hymnen des Rig-Veda spielen sie noch keine Rolle. Erst im Atharva-Veda, also in der Zeit, da die Arier bereits in das Gangesgebiet gelangt sind, treten sie uns als höchste Repräsentanten des Priestertums entgegen.

Zu derselben Zeit bildet sich auch das Kastenwesen aus, das in den älteren Hymnen des Veda noch nicht vorausgesetzt ist.

Es werden 4 Hauptkasten unterschieden: 1. die Brahmanen; 2. die Kṣatriya's (Krieger); 3. die Vaiśya's (Gewerbetreibende und Ackerbauer); 4. die Śūdra's (Dienende). Daneben gibt es noch Misch-Kasten (Out-Casts). Am niedrigsten stehen die Tschandāla's, die mütterlicherseits von Brahmaninnen und väterlicherseits von Śūdra's abstammen. Paria ist in Südindien der Name der Ausgestoßenen. Die Mitglieder der ersten drei Kasten sind Arier, die der anderen Kasten Nachkommen der Urbevölkerung.

Die Brahmanen fühlen sich als Übermenschen. Sie sind überzeugt, daß der übersinnlichen Macht, mit der sie in Verbindung stehen, auch die Götter untertan sind. Das Opfer ist für sie nicht so sehr eine mit Dank und Bitte verbundene Darbringung an die Götter, als eine Zauberhandlung, durch die sie sich die Himmlischen vermittelst der auch über ihnen stehenden übersinnlichen Macht dienstbar machen. Und zwar findet dies, nach ihrer Meinung, durch das Opferwort, Brahman genannt, statt. Das uralte Wort Brahman bedeutet etwa heilige Macht. Brahmanen (Brāhmaṇa's) heißen die Angehörigen der Priesterkaste als solche, die mit dieser Macht in Verbindung stehen.

Die Vorstellung, daß durch Zaubersprüche Macht ausgeübt wird, findet sich auch in den Hymnen des Rig-Veda. Durch Zaubersprüche und Zaubermelodien regieren die Götter nach vedischer Anschauung die Welt. „Singend erdachten einige (Götter) die große Melodie, durch die sie die Sonne aufleuchten ließen," heißt es in einer der Hymnen. Das Eigentümliche der Brahmanen ist, daß sie für sich eine Macht in Anspruch nehmen, die gleicher Art wie die der Götter ist. So meinen sie, zum Beispiel, daß die Sonne nicht aufgehen würde, wenn sie morgens das Feueropfer nicht vollzögen. Sie halten sich für „Menschengötter".

Dieses ungeheure Selbstbewußtsein der frühen Brahmanen muß man sich vergegenwärtigen, um das unter ihnen aufkommende Denken zu verstehen. An sich hätten die indischen Arier geradesogut zu einer Weltanschauung ethischer Welt- und Lebensbejahung gelangen können wie die persischen. Die Religion der vedischen Hymnen ist von welt- und lebenbejahender Art und trägt ethische Elemente in sich. Agni, Varuṇa und Mitra treten uns in ihr als ethische Gottheiten entgegen. Varuṇa ist der Hüter des heiligen Rechts, dem die Menschen ihre Sünden bekennen, um Vergebung von ihm zu erlangen. Auch machen sich in den vedischen Hymnen bereits monotheistische Tendenzen geltend. Die höchsten Gottheiten werden nicht mehr streng auseinander gehalten, sondern bilden in dieser frühen Zeit schon mehr eine Gesamtpersönlichkeit mit verschiedenen Namen.

Aber die sich hier vorbereitende Entwicklung vom Polytheismus zum ethischen Monotheismus kommt nicht zu ihrem natürlichen Ende, weil die Brahmanen sie nicht fördern. Es tritt unter ihnen kein Priester-Prophet wie Zarathustra auf, der die überlieferte Religion den Forderungen der Ethik entsprechend umgestaltet und vollendet. Die Brahmanen zeigen kein Interesse für die Höherentwicklung der Volksreligion. Das Ethische beschäftigt sie nicht. Ihr Priestertum und ihre priesterliche Macht, nicht die Religion, ist der Gegenstand ihres Denkens. Ihr ganzes Bemühen geht darauf, tiefer in das Geheimnis des Übersinnlichen einzudringen, zu dem sie als Priester durch die Zaubersprüche beim Opfer in Beziehung treten und mit dem man in der Ekstase eins wird.

Nun trägt aber diese magische Mystik die Möglichkeit in sich, sich zur mystischen Weltanschauung zu entwickeln. Wenn auch in primitiver Art, hat sie es ja mit der Frage des Eins-Werdens mit dem unendlichen Sein zu tun. Sie ist also wie eine Knospe, aus der sich Weltanschauung entfalten kann. Daß dies stattfinde, dazu ist nur erforderlich, daß das Übersinnliche für die Brahmanen aus einer magischen eine nicht-magische Größe werde. Und dies ereignet sich tatsächlich.

Anfangs sind die Brahmanen noch ganz in der Meinung befangen, daß das Geheimnis des Übersinnlichen in den Opferriten, dem Opferwort und den in diesem vorausgesetzten Mythen verborgen liege und in ihnen zu entdecken sei. Also unternehmen sie es, die vier Teile des Veda in dieser Absicht zu ergründen und auszudeuten, wobei willkürlichste Etymologien und Allegorien die Hauptrolle spielen. Dies ist der für uns so schwer begreifliche Anfang des Denkens der Brahmanen.

Nach und nach gehen sie dann aber auch dazu über, sich mit dem Problem des Übersinnlichen in natürlichem Beobachten und Überlegen zu befassen. Neben den Geheimnissen der heiligen Überlieferung gewinnen die der Natur für sie Bedeutung. Unter diesen ziehen die des Gebundenseins des Lebens an den Odem, des Schlafens, des Träumens, des Enthaltenseins der Pflanze in dem Samenkern und des Salzes in dem Salzwasser ihre Aufmerksamkeit auf sich. Um diese und andere alltägliche Rätsel erklären zu können, nehmen sie an, daß in allem körperlichen Sein ein nicht-körperliches enthalten sei, und daß der Sinnenwelt eine übersinnliche Welt zugrunde liege. Aus einer magisch auf das Sein wirkenden Kraft wird das Übersinnliche für sie also etwas, das dem Sein in natürlicher Weise zugehört. So bildet sich bei ihnen die Lehre aus, daß das eigentliche Wesen aller Dinge etwas Immaterielles und Unvergängliches ist, das aus dem Urgrunde des Immateriellen, der Welt-Seele, stammt, an ihm teil hat und in ihn zurückkehrt.

Die Gesamtheit des Übersinnlichen, die All-Seele (Weltseele), nennen sie das Brahman. Sie benützen dafür also denselben Ausdruck, der auch Opferwort bedeutet. Darin spricht sich aus, daß es ihnen ursprünglich um die Erkenntnis der magischen Ur-Macht zu tun war, an die sie sich im Opfer-Zauberwort wandten. Das Wort Brahman leitet sich aus der Wurzel b.-ṛ.-h., stark sein, ab.

Unter dem Einfluß der mehr volkstümlichen Vorstellungsweise wird aus dem unpersönlichen Brahman dann eine Brahman-Gottheit. Diese Brahman-Gottheit wird als der höchste Gott vorgestellt. Gott Brahman ist es, zum Beispiel, der, der späteren Tradition zufolge, Buddha erscheint und ihn bestimmt, die Erkenntnis von der Erlösung nicht für sich zu behalten sondern sie der Welt mitzuteilen.

Vermutlich entsteht die Vorstellung einer Brahman-Gottheit unter dem Einfluß des hinduistischen Vishṇu-Śiva-Kults. Die Brahman-Gottheit ist der höchste Gott der Hindus unter dem von den Brahmanen gegebenen Namen.

Für das Übersinnliche kommt dann weiter auch die Bezeichnung Ātman auf. Diesem Worte liegt derselbe Stamm wie dem deutschen atmen zugrunde. Es bedeutet Odem.[1] Und da der Odem für die Brahmanen die Äußerung des Nicht-körperlichen im Menschen ist, wenden sie das Wort Ātman zunächst auf das Immaterielle des Einzelindividuums an. Später schreiten sie dazu fort, auch das Immaterielle der ganzen Welt so zu benennen. Daß sie das Brahman auch als Ātman bezeichnen, gibt Kunde von der Wandlung, die in ihrem Denken vor sich geht.

Das Einswerden mit dem reinen Sein ist nun aber etwas ganz anderes als das mit der magischen Urkraft, das für das priesterliche Denken ursprünglich in Betracht kam. Es handelt sich jetzt nicht mehr um ein Einswerden mit dem Übersinnlichen, das nur den Brahmanen und Yogin's möglich ist, sondern um eines, das den Menschen als solchen angeht und von Bedeutung für seine Lebensführung ist. Aus der magischen Mystik hat sich eine mystische Weltanschauung entwickelt.

Weil sie auf die magische Mystik des Einswerdens mit dem Übersinnlichen in Weltentrücktheit zurückgeht, ist die brahmanische Weltanschauung auf Welt- und Lebensverneinung eingestellt.

---

[1] Über die Etymologie des Wortes Ātman (oder Tman), das sich schon in dem Rig-Veda findet, läßt sich nichts Sicheres sagen.

III

DIE LEHRE DER UPANISHAD'S

Auf das brahmanische Denken präludieren einige der jüngeren Hymnen des Veda, in denen die Frage nach dem höchsten, über allen Göttern stehenden Göttlichen und nach seinem Verhältnis zur Welt aufgeworfen wird. Zur Entfaltung gelangt es in den Brāhmaṇa's und den Upanishad's.

Diese etwa in der Zeit von 1000 bis 550 v. Chr. entstandenen Prosatexte enthalten Betrachtungen über den geheimen Sinn der Opferriten, des Opferwortes und der Mythen und daneben größere und kleinere Abschnitte, in denen freies Überlegen sich mit der Ergründung des Übersinnlichen abgibt.

In den Brāhmaṇa's, die den Upanishad's zeitlich vorangehen, befindet sich das neue Denken noch ganz in den Anfängen.

Die Brāhmaṇa's und Upanishad's sind also weit davon entfernt, eine zusammenhängende Darstellung von der brahmanischen Lehre der All-Beseeltheit zu bieten. Diese findet sich in ihnen nur in größeren oder kleineren Bruchstücken vor. Und diese Bruchstücke sind überdies noch das Werk verschiedener Schulen und verschiedener Zeiten. Nicht ganz zu unrecht sind die Upanishad's chaotisch genannt worden.

Brāhmaṇa's (neutrum) nennen sich die älteren Texte, weil sie vom Wissen um das Brahman (Opfer-Zauberspruch) handeln.

Das Wort Upanishad leitet sich von einem Zeitwort „neben jemand niedersitzen" ab. Es bedeutet „vertrauliche Mitteilung". Die Upanishad's enthalten demnach die geheime Unterweisung über die eigentliche Lehre des Veda (womit die Lehre von dem Einswerden mit dem Übersinnlichen gemeint ist), die der Brahmanenschüler von seinem Lehrer empfängt.

Nach einem alten Worte ist das Verhältnis der Upanishad's zu dem Veda dies, daß sie der Lebenssaft des Lebenssaftes und die Ambrosia der Ambrosia sind.

Die vier Teile des Veda, die Brāhmaṇa's und die Upanishad's gelten als heilige Offenbarung. Durch Jahrhunderte hindurch werden sie nur mündlich überliefert.

Bekanntlich leiten sich die Schriftzeichen der indischen Arier von einem alten semitischen Alphabet ab, das wir aus phönizischen Inschriften und aus den Aufzeichnungen auf dem berühmten Stein des Moabiterkönigs Mesa (um 890 v. Chr.) kennen. Wann die Schrift bei den indischen Ariern in Gebrauch kommt, wissen wir nicht. Wahrscheinlich empfangen sie sie von phönizischen Kaufleuten. Das älteste Zeugnis indischer Schrift sind die teils in Felsen teils in Steinsäulen eingemeißelten Edikte, durch die der berühmte buddhistische König Aśoka (272–231 v. Chr.) seine Untertanen zum sittlichen und frommen Lebenswandel ermahnt. Er gebietet ihnen „wohlwollendes Verhalten gegen Sklaven und Diener, Ehrerbietung gegen ehrwürdige Personen, Schonung der Lebewesen, Freigebigkeit gegen Brahmanen und Asketen".

Aber auch nachdem die Schrift schon längst in Gebrauch ist, werden der Veda, die Brāhmaṇa's und die Upanishad's immer noch allein mündlich überliefert. Sie enthalten ja ein Wissen, das nur für die Brahmanen bestimmt ist und nicht unter das Volk kommen soll. Vor Angehörigen der niederen Kasten darf kein Satz aus ihnen vorgetragen werden. Erst viele Jahrhunderte n. Chr. (der genaue Zeitpunkt läßt sich nicht angeben) findet die erste Niederschrift statt.

Welche Gedächtnisleistung bedeutete es, die langen Texte auswendig zu wissen! Wie viele Jahre (in den Upanishad's ist von zwölfen die Rede) mußte der Brahmanenschüler bei dem Lehrer zubringen, bis er sie sich zu eigen gemacht hatte! Während des Memorierens und Meditierens hütete er ihm die Kühe und bediente die Opferfeuer.

Die Sprache dieser heiligen Texte ist das Sanskrit, ein mit dem Altpersischen nahe verwandtes Altindisch. Lebendig war es wohl noch in den ersten Jahrhunderten n. Chr. Heute spielt es in Indien die Rolle des Lateinischen im europäischen Mittelalter. – Sanskrit bedeutet die vornehme, gepflegte Sprache im Gegensatz zu der gewöhnlichen, ungepflegten, dem Prākrit.

Bekannt wird die Gedankenwelt der Upanishad's in Europa erstmalig durch den Oupnek'hat. Der Oupnek'hat (das Wort ist durch Verstümmelung aus Upanishad entstanden) ist eine im Jahre 1656 von dem Prinzen Mohammed Dara Schakoh ins Persische übersetzte Auswahl von 60 Upanishad's. Dieses Werk brachte der Franzose Anquetil Duperron (1723 bis 1805) mit dem Avesta und 180 anderen in Indien gesammelten Handschriften nach Paris und veröffentlichte es in zwei Bänden (1801–1802) unter Zufügung einer von ihm herrührenden lateinischen Übersetzung.

Im 18. Jahrhundert hatte man sich in Europa hauptsächlich mit dem chinesischen Denken beschäftigt, soweit es durch Übersetzungen von Werken des Konfuzius (Kung-Tse) und des Meng-Tse (Mencius) aus der Feder von in China wirkenden Missionaren bekanntgeworden war. Von Beginn des 19. Jahrhunderts an wendet sich das Interesse dann der indischen Philosophie zu, von der man durch die ersten Indologen in England (Warren Hastings, Charles Wilkins, William Jones, Thomas Colebrooke, Alexander Hamilton) und durch die Veröffentlichung des Oupnek'hat etwas zu erfahren beginnt. – Im Jahre 1808 läßt Friedrich Schlegel, der in Paris von 1803–04 den Unterricht Hamilton's genossen hatte, seine

Aufsehen erregende Schrift „Über die Sprache und Weisheit der Indier" erscheinen.

Arthur Schopenhauer schöpft seine Kenntnis des indischen Denkens fast allein aus dem Oupnek'hat.

Ein großes Verdienst um die erste Erforschung der vedischen Texte hat der französische Orientalist Eugène Burnouf (Mitte des 19. Jahrhunderts).

*

Als ein großes Geheimnis lehren die Brahmanen also die Mystik des Eins-Seins der Seelen aller Wesen und aller Dinge mit der All-Seele. Dieser Mystik zufolge gehört alles Seelische der All-Seele an. Der Mensch trägt die All-Seele in sich. Und weil die All-Seele allem Sein innewohnt, findet er sein eigenes Selbst in allem Sein wieder, in dem der Pflanzen wie in dem der Götter. Dies ist der Sinn des berühmten „Tat tvam asi" (Das bist du selbst) der Upanishad's.

Die Lehre von dem All-Einen und der All-Beseeltheit in Worten der Upanishad's.

„Dasjenige fürwahr, woraus diese Wesen entstehen, wodurch sie, entstanden, leben, worin sie, dahinscheidend, wieder eingehen, das suche zu erkennen, das ist das Brahman."[1] – „Die Seele der Geschöpfe ist eine Einheit, nur von Geschöpf zu Geschöpf verteilt; eine Einheit und Vielheit zugleich, wie der Mond sich in vielerlei Gewässern spiegelt."[2] – „Das Brahman dient allen Wesen zur Wohnung und wohnt in allen Wesen."[3] – „Dies ist die Wahrheit: Wie aus einem hellen Feuer zu Tausenden ihm gleiche Funken hervorgehen, so entstehen aus dem Unwandelbaren allerlei Wesen und kehren in es zurück."[4] – „Wer in allen Wesen sich und sich in allen Wesen sieht, der geht, nicht aus einem andern Grunde, in das höchste Brahman ein."[5] – „Das höchste Brahman, die Seele von allem, die große Stütze der Welt, feiner als das Feine, das immer Seiende, das bist du, das bist du." (Tat tvam asi.)[6]

Im Tiefschlaf gibt die Seele, den Brahmanen zufolge, ihre Verbindung mit dem Körper vorübergehend auf, um sich ganz mit dem Brahman zu vereinigen. Im Traume erweist sie ihre Freiheit vom Körper dadurch, daß sie sich in einer Sinnenwelt bewegt, die ganz anders ist als die, in der sie lebt, wenn sie mit ihm vereinigt ist.

---

[1] Taittirīya Upanishad, III, 1.
[2] Brahmabindu Upanishad, XII.
[3] Brahmabindu Upanishad, XXII.
[4] Mundaka Upanishad, II, 1.
[5] Kaivalya Upanishad
[6] Kaivalya Upanishad, VI.

Den Schlaf, dieses unergründliche Geheimnis, fassen die Brahmanen also als ein vorübergehendes Gestorbensein auf.

Die brahmanische Mystik des Einswerdens mit dem Unendlichen ist also ganz anderer Art als die europäische. In der europäischen gibt sich der Mensch dem Unendlichen in Demut hin und geht in ihm auf; in der brahmanischen vergegenwärtigt er sich mit Stolz, daß er in dem eigenen Sein das unendliche in sich trägt.

Verglichen mit dem brahmanischen Übermenschen ist der Nietzsche's ein armseliges Geschöpf. Der brahmanische ist über die ganze Welt erhaben, der Nietzsche's nur über die menschliche Gesellschaft.

Aus der Freiheit der Seele von der Sinnenwelt, wie sie die brahmanische Mystik verkündet, ergibt sich, daß der Mensch sein Leben in völliger Abkehr von allem Irdischen zu verbringen habe. Sein Sinnen muß ganz auf die Welt des reinen Seins gerichtet sein. Wie einer, der mit verbundenen Augen aus seinem Lande entführt und in der Fremde freigelassen wurde, sich nun von Dorf zu Dorf den Weg nach seiner Heimat erfragt und nicht ruht, bis er in ihr angelangt ist: also hat sich, nach einem in den Upanishad's gebrauchten Bilde, der Mensch in dieser Welt zu verhalten.

„Wenn alle Wünsche schwinden, die in seinem Herzen wohnen, dann wird der Mensch unsterblich. Schon hier erlangt er das Brahman. Wie eine alte abgeworfene Schlangenhaut auf einem Ameisenhaufen liegt, also liegt der Körper jetzt da."[1]

Schon in einem der Brāhmaṇa's heißt es, daß die Himmelswelt nicht von dem, der den Göttern opfert, erlangt werden kann, sondern nur von dem, der sich selber opfert.

Auf Grund der brahmanischen Lehre von dem Eins-Sein mit dem reinen Sein wird die Welt- und Lebensverneinung also zu einer Forderung der Weltanschauung. Sie hört auf, nur für die Brahmanen und Yogin's Bedeutung zu haben. An Stelle der ursprünglichen Anschauung, daß nur die Brahmanen und Yogin's mit dem Brahman eins werden können, ist ja nun die andere getreten, daß jede Menschenseele ihm zugehört. Also gilt die

---

[1] Bṛhad-Āraṇyaka Upanishad, IV, 7.

Welt- und Lebensverneinung nunmehr für den Menschen als solchen.

Darum wird in den Upanishad's in einer ganzen Reihe von Sprüchen die vollkommene Weltentsagung als das allein Sinngemäße gepriesen. Wie wir aus der Bṛhad-Āraṇyaka Upanishad wissen, ist der große Brahmanenlehrer Yājñavalkya ein Anhänger dieser Auffassung. Wahre Brahmanen sind in seinen Augen diejenigen, welche weder Söhne noch Besitz begehren, sondern sich nur mit dem Ewigen beschäftigen und darum alles aufgegeben haben und als Bettler ausgezogen sind. Das ist das Leben, das er für sich selbst wählt. Bevor er sich auf die Wanderschaft begibt, teilt er seinen Besitz unter seine zwei Frauen, Maitreyī und Kātāyani, auf, und bei dieser Gelegenheit bittet ihn Maitreyī, sie etwas über das Ewige zu lehren, da ein solches Wissen der einzig wertvolle Besitz sei.

Aber um mit dem Brahman einszuwerden, bedarf es nicht nur der Weltentsagung, sondern überdies auch der Konzentrierung des Geistes auf das Übersinnliche. Ausführliche Anleitungen, wie diese Konzentrierung zu üben sei, werden in den Upanishad's gegeben. Eine große Rolle bei diesem Sich-Versenken spielt das Wiederholen des heiligen Lautes Om. Das Ziel dieser Yoga-Übung ist die Ekstase, das psychische Erleben des Eins-Seins mit dem reinen Sein.[1]

Die brahmanische Lehre ist nämlich – was man nie außer acht lassen darf – nicht so zu verstehen, daß das Eins-Sein mit dem Brahman sich aus einem verstandesmäßigen Überlegen ergeben könne. Zwar lauten manche Stellen der Upanishad's so, als ob dies der Fall wäre. Die eigentliche Ansicht der Brahmanen ist aber die, daß der Mensch das Eins-Sein mit dem Brahman nicht auf Grund einer Leistung seines natürlichen Erkenntnisvermögens, sondern nur dadurch erreicht, daß er in der Ekstase aus der

---

[1] Der Ausdruck „Yogin“ kommt erst in jüngeren Upanishad's vor. Im Rig-Veda (X, 136) wird der Ekstatiker Keśin (Der Langhaarige) genannt. Das älteste Wort für Asket ist Muni. Es kommt im Rig-Veda mehrmals vor. Alte Ausdrücke für Asket sind „Sannyāsin“ (Der Entsager), Śramaṇa (Der Sich-Abmühende) und „Parivrājaka“ (Der Wanderer).

Sinnenwelt heraustritt und die Wirklichkeit des reinen Seins zu erfahren bekommt.

In der brahmanischen Lehre handelt es sich um eine Wahrheit, die nicht nur erkannt, sondern auch erlebt werden muß.

*

Obgleich wir in den Upanishad's eine Reihe von Stellen finden, in denen auf Grund der Lehre von dem Eins-Werden mit dem Brahman vollkommene Weltentsagung gefordert wird, richtet sich die brahmanische Gemeinschaft, wie ich schon aufgezeigt habe, nicht nach diesem Lebensideal, sondern räumt neben der Welt- und Lebensverneinung auch der Welt- und Lebensbejahung einen Platz ein. Der Brahmanismus hat also den Mut, sich selbst zu widersprechen und aus der erlangten Erkenntnis nicht alle Konsequenzen zu ziehen.

Es gelingt ihm, Welt- und Lebensbejahung und Welt- und Lebensverneinung so miteinander zu verbinden, daß er dem Brahmanen gestattet, die erste Lebenshälfte in Welt- und Lebensbejahung zu verbringen und nur die zweite Hälfte in Welt und Lebensverneinung.[1]

Wir wissen nur sehr wenig von dem Ringen, das sich zur Zeit der Upanishad's im Brahmanismus zwischen Welt- und Lebensbejahung und Welt- und Lebensverneinung abspielt und kaum etwas von der Entwicklung des priesterlichen Lebensideals, das die Widersprüche zu versöhnen sucht. In den ältesten Upanishad's findet sich noch keine vollständig entwickelte Lehre von den verschiedenen Lebensstufen (Āśramas). Diese wird erst in einer Stelle der Jābāla Upanishad vorgebracht.[2]

Hier werden vier Āśramas unterschieden: die Lehrzeit mit einem Lehrer; das Leben als Hausvater; das Leben in Zurück-

---

[1] Vgl. auch S. 17, 18.

[2] Jābāla Upanishad, 4. Professor Winternitz zufolge leitet sich das Wort Āśrama von der Wurzel śram ab und bezeichnet ursprünglich die frommen Übungen der Asketen und Walderemiten. Schließlich wird es zur Bezeichnung einer Einsiedelei als der Stätte frommer Übung gebraucht.

gezogenheit im Wald; und schließlich, bei vollkommener Weltentsagung, das einsame Wanderleben.

Der Kaṭhaśruti Upanishad zufolge soll der Brahmane, nachdem er den Opferdienst aufgegeben hat, „seine lange Reise“ entweder durch Hunger, Feuer oder Wasser beginnen oder als Wanderer das asketische Leben aufnehmen.[1]

Was die Brahmanen daran hindert, der radikalen Welt- und Lebensverneinung, die in der Upanishad-Lehre vom Brahman und dem Einswerden mit dem Brahman eigentlich gefordert wird, völlig zuzustimmen, ist ihre Überzeugung von der Notwendigkeit ihrer priesterlichen Berufung und der Fortführung des Priestertums. Darum betrachten sie die ihnen von der Kaste auferlegte Pflicht als etwas, das erfüllt werden muß, ehe der Welt- und Lebensverneinung ihr Recht werden kann.

Von der völligen Weltentsagung werden sie auch durch die Forderungen abgehalten, die der Kult der Manen der Verstorbenen an sie stellt. Sie können sich nicht entschließen, ihren Pflichten gegenüber den Geistern der Vorfahren untreu zu werden und sie können nicht darauf verzichten, Nachfahren zu zeugen, die ihren eigenen Manen Opfer darbringen werden. So erlauben ihnen die geheiligten Traditionen nicht, die völlige Welt- und Lebensverneinung, die sich aus der Erkenntnis des Brahman ergibt, in die Tat umzusetzen. Einige von ihnen können das Ringen wohl zugunsten der völligen Weltentsagung entscheiden, nicht aber die Kaste als solche. Sie muß die Möglichkeit eines Kompromisses finden, um die Fortführung der Götteropfer und die gebührende Vollziehung der Manenriten zu gewährleisten.

Der Brauch, beim Herannahen des Alters die priesterliche Berufung aufzugeben und in Erwartung des Todes Weltentrücktheit und Verbindung mit dem Brahman durch Weltentsagung kundzutun, existiert bei den Brahmanen möglicherweise schon seit frühester Zeit. Denn die Gepflogenheit, das Ende des Lebens in Weltentsagung zuzubringen, läßt sich nicht nur durch die Mystik der Upanishad's, sondern auch durch die alte magische Mystik des Eins-Werdens mit dem Brahman erklären. In diesem Fall wäre das priesterliche Lebensideal, in dem die Welt- und Lebensverneinung an die Stelle der Welt- und Lebensbejahung tritt, nicht erst in dem Ringen zwischen Welt- und Lebensbejahung und Welt- und Lebens-

---

[1] Kaṭhaśruti Upanishad, ii. 3.

verneinung, das zur Zeit der Upanishad's vor sich geht, entstanden, sondern wäre bereits in der vorgegebenen Tradition vorhanden gewesen. Wenn diese Annahme zutrifft, wurden die Brahmanen durch die herrschende Tradition des priesterlichen Lebensideals davor bewahrt, die logische Folgerung aus der Lehre von dem Eins-Werden mit dem Brahman zu ziehen und an der Forderung der radikalen Lebensentsagung, wie sie in den Upanishad's aufgestellt wird, festzuhalten.

Wir dürfen nicht übersehen, daß die Brahmanen nur für sich ein Lebensideal aufstellen. Die Frage, wie die Männer in den anderen Kasten – die Frauen werden in dieser Hinsicht nicht in Betracht gezogen – die Frage der Welt- und Lebensbejahung und Welt- und Lebensverneinung entscheiden sollen, wird zur Zeit der Upanishad's noch nicht wirklich gestellt, obwohl sie bereits eine Mystik vertreten, in der das Eins-Werden mit dem Brahman nicht länger allein den Brahmanen vorbehalten, sondern schlechthin dem Menschen möglich ist.

Vielleicht muß der berühmte Ausspruch Yājñavalkyas über den wahren Brahmanen[1] so aufgefaßt werden, daß selbst diejenigen, die der Brahmanenkaste nicht angehören, dadurch im Geiste Brahmanen werden können, daß sie nach der Erkenntnis des Ewigen streben und der Welt entsagen. In den Upanishad's findet sich noch kein Anzeichen dafür, daß sich viele Angehörige anderer Kasten wegen der Lehre von dem Brahman und dem Eins-Werden mit dem Brahman der Welt- und Lebensverneinung weihen.

Im ganzen – das ist deutlich – löst die brahmanische Mystik vom Eins-Werden mit dem Brahman, obwohl sie die Idee der Welt- und Lebensverneinung enthält, eine große Bewegung zur Verwirklichung der Weltentsagung nicht aus. Erst mit dem Jinismus und dem Buddhismus eröffnet die Welt- und Lebensverneinung ihre große Offensive. Aber diese Offensive geht nicht von der Mystik des Eins-Werdens mit dem Brahman aus, sondern von der Lehre von der Wiedergeburt. Erst als die Idee der Wiedergeburt die Massen zu interessieren und die Angst vor einer immer neuen Wiederkehr ins Dasein die Gemüter der Menschen zu beherrschen beginnt, entsteht der große

[1] Vgl. S. 28.

Hang zur Weltentsagung, der dann jahrhundertelang anhält. Befreiung von der Wiedergeburt kann nur durch Freiwerden von der Welt und Freiwerden vom Willen zum Leben erlangt werden.

In der Lehre von der Wiedergeburt wird die Welt- und Lebensverneinung zu einer viel wirksameren Kraft als in der brahmanischen Mystik von dem Eins-Werden mit dem Brahman. Hier wird sie durch die Idee der Erlösung verstärkt. In der brahmanischen Mystik kommt es nicht so sehr auf die Erlösung von dem Elend der Existenz und auf das Freiwerden von der Welt an, als vielmehr auf die Erfahrung, im Eins-Werden mit dem Brahman der Welt entrückt zu sein.

Da sich im Ideal des Brahmanismus Welt- und Lebensverneinung und Welt- und Lebensbejahung nebeneinander finden, wird er zum Damm gegen die Sturmflut der Welt- und Lebensverneinung des Jinismus und Buddhismus. Daß die Brahmanen die Rechte der Ehe und der Familie grundsätzlich gegen alle Angriffe der radikalen Welt- und Lebensverneinung verteidigen, ist für die Geschichte des geistigen Lebens in Indien von ausschlaggebender Bedeutung.

*

Mit Ethik hat die brahmanische Mystik nichts zu tun. Sie ist durch und durch überethisch.

Die Brahmanen wagen es, sich einzugestehen, daß sich aus dem Nachdenken über die Welt nichts Ethisches ergibt. Sie legen dem übersinnlichen Urgrunde der Welt keine ethischen Eigenschaften bei. Dies erlaubt ihnen, ganz in der monistischen Denkweise zu verbleiben. Es zwingt sie aber auch, das Einswerden mit dem unendlichen Sein als eine rein geistige Tat, die mit dem Ethischen nichts zu tun hat, aufzufassen.

Über die Welt erhaben sein, will für die Brahmanen heißen: über allem Tun stehen, dem guten sowohl wie dem bösen. Dies sprechen sie offen aus.

In einer Upanishad heißt es: „Die Gedanken ‚Ich tat Übles' oder ‚Ich tat Gutes' überwindet der Unsterbliche beide. Gut und schlecht, getan oder nicht getan, schmerzt ihn nicht."[1]

Die Brahmanen der Upanishadzeit machen keinen Versuch, der Welt- oder Lebensverneinung und der Mystik des Eins-Seins mit dem Brahman eine ethische Bedeutung zu geben. So nahe es läge, die Lehre vom Tat tvam asi ins Ethische zu wenden, so tun sie es dennoch nicht. Daß der Mensch in allen Wesen sich und sich in allen Wesen zu sehen habe, meinen sie nur so, daß er in ihnen dieselbe Weltseele anzunehmen habe, die er in sich selbst trage. Sie fordern nicht, daß er auf Grund solcher Verbundenheit mit ihnen Teilnahme für sie habe und ihnen Mitleid entgegenbringe. Das große Gebot des Nicht-Tötens und Nicht-Schädigens lebendiger Wesen spielt noch keine Rolle in den Upanishad's, wenn seiner in ihnen auch schon – in ganz wenigen Stellen – Erwähnung geschieht.[2]

Wenn gewisse Brahmanenkreise sich gegen die Tieropfer aussprechen, so tun sie dies nur, weil sie sie für unnötig halten, nicht weil sie gegen solches Töten sind.

Wohlgemerkt: die Brahmanen behaupten nicht, daß es gleich sei, ob der Mensch Gutes oder Böses tue. Ihre Lehre von „Jenseits von Gut und Böse" ist eine ganz andere als die der Gnostiker und Nietzsche's. Sie kennen nur ein über Gut und Böse erhabenes Nicht-Tun, nicht aber ein derartiges Tun. Das Recht, von Gut und Böse abzusehen, hat, ihnen zufolge, nur der Mensch, der sich um des Eins-Werdens mit dem Brahman willen der Weltentsagung und der Tatenlosigkeit ergibt. Dieser ist von der Verpflichtung, Gutes zu tun, befreit. Auch kommt das, was er Böses begangen, für ihn ebensowenig mehr in Betracht wie das, was er Gutes vollbracht hat. Das Eins-Werden mit dem Brahman erreicht er einzig und allein durch Erkenntnis, Weltentsagung und Sich-Versenken.

---

[1] Bṛhad-Āraṇyaka Upanishad, IV, 4.

[2] Zwei dieser Stellen finden sich in der Chāndogya-Upanishad (III, 17 und VIII, 15). In der zweitgenannten Stelle wird das Töten im allgemeinen verboten, „ausgenommen an heiliger Stätte", das heißt beim Opfer.

Wer hingegen noch in dem gewöhnlichen Leben verbleibt, hat sich an die für das gewöhnliche Tun und Lassen geltenden hergebrachten Vorstellungen von Gut und Böse zu halten. So finden sich in den Upanishad's neben Aussprüchen, die den überethischen Charakter der Lehre von dem Einswerden mit dem Brahman festlegen, solche, die die Rechte der überlieferten Ethik wahren. Natürlich handeln sie vornehmlich von den Geboten und Verboten, die für die noch im gewöhnlichen Leben stehenden Brahmanen und Brahmanenschüler gelten.

Dem Brahmanen ist geboten, die Wahrheit zu sagen, die Pflicht der Kaste zu erfüllen, das Vedastudium zu betreiben, dafür zu sorgen, daß der Faden seines Geschlechts nicht abreiße, über seinen Besitz zu wachen, die Götter, die Manen, die Eltern und den Gast zu ehren und seine Gelüste zu bändigen. Dem unverheirateten Brahmanenschüler wird strengste Enthaltsamkeit zur Pflicht gemacht. Als besondere Vergehen werden Diebstahl, Trunksucht, Ehebruch mit der Frau des Brahmanenlehrers und Mord eines Brahmanen namhaft gemacht.

Mitleid und Menschenliebe liegen noch außerhalb des Horizontes dieser Ethik. Hingegen wird der Wahrhaftigkeit eine große Bedeutung beigelegt.

Überall in der Welt verläuft die Entwicklung der Ethik in der Art, daß ihre erste große Errungenschaft die Hochschätzung der Wahrhaftigkeit ist. Nicht dadurch, daß er irgendwelche Verpflichtung der Gütigkeit gegen den Nebenmenschen anerkennt, sondern dadurch, daß er Lug, Trug und Hinterlist verurteilt, tut der Mensch den Schritt aus der niederen Ethik in die höhere.

Die Pflicht der Wahrhaftigkeit kommt bei den Brahmanen immer an erster Stelle.

In einer Upanishad kommt ein Jüngling zu einem Brahmanen, um von ihm als Schüler angenommen zu werden. Auf die Frage, ob er wirklich brahmanischer Abkunft sei, gesteht er, daß er einer Magd Sohn sei, die ihn in ihrer Jugend, als sie viel in der Welt herum kam, geboren habe. Seinen Vater habe sie ihm nicht zu nennen gewußt. „Nur ein Brahmane kann so offen sprechen", bemerkt der Lehrer und nimmt ihn als Schüler an.

Nicht nur, daß die Brahmanen Wahrhaftigkeit lehren: sie bewähren sich auch in ihr. Wo ihr Denken sie zu Erkenntnissen führt, durch die ihre Vorurteile und Interessen gefährdet werden, halten sie nicht inne. Sie, die es als ihr Geburts- und Standesprivileg ansehen, mit dem Übersinnlichen in Verbindung zu stehen, gelangen dazu, die Lehre zu verkünden, daß der Mensch als solcher dazu berufen sei. Sie, deren Amt das Darbringen der Opfer ist und die aus ihnen ihre Einkünfte beziehen, setzen den Wert derselben herab und behaupten, daß das Einzige, was not tue, rechtes Verhalten und völlige Erkenntnis sei.

Die Brahmanen vollbringen also das Große und so überaus Seltene, als Priester durchaus auf Wahrheit bedacht zu sein! Die Wahrhaftigkeit blüht als Wunderblume in der Gletscherlandschaft ihrer kalten Weltanschauung. Ihre Ethik hat, so unzureichend sie ist, ein vornehmes Wesen an sich.

Die Ehrfurcht vor der Wahrheit begreift bei den Brahmanen die vor dem Recht in sich.

In der Bṛhad-Āraṇyaka-Upanishad, die zu den ältesten gehört, heißt es: „Das Recht ist die Herrschaft über die Herrschaft. Darum gibt es nichts Höheres als das Recht. Durch das Recht bemeistert der Schwächere den Stärkeren wie durch den König. Das Recht ist gleich mit der Wahrheit."[1]

Neben das Gebot der Wahrhaftigkeit stellen die Brahmanen das der Erfüllung der Kastenpflicht. Das der Kaste entsprechende Tun wird als etwas, das in der göttlichen Weltordnung begründet ist, angesehen. Es ist heilig und setzt der Welt- und Lebensverneinung gewisse Schranken. Aus Gehorsam gegen die Kastenpflicht verbleiben die Brahmanen bis zum beginnenden Alter in dem gewöhnlichen Leben und im Priesteramt, obwohl sie von Jugend auf wissen, daß das Einswerden mit dem Brahman nur in Weltentsagung und Tatenlosigkeit erlangt wird.[2]

Indem die Brahmanen von dem Tun im allgemeinen das der Ausübung der durch die Kaste gebotenen Tätigkeit ausnehmen und ihm eine gewissermaßen durch die Weltordnung geforderte Notwendigkeit beilegen, erkennen sie an, daß die von ihrer Mystik des Einswerdens mit dem Brahman geforderte Welt- und Lebensverneinung nicht ohne ein großes Zugeständnis an

---

[1] Bṛhad-Āraṇyaka Upanishad, I, 4, 14.

[2] Vgl. zusätzlich S. 30.

die Welt- und Lebensbejahung aufrechtzuerhalten und durchzuführen ist.

*

In den Upanishad's findet sich auch die Lehre von der Wiedergeburt (Saṃsāra), die auch als Lehre von der Seelenwanderung (Metempsychose) bezeichnet wird.

In welchem Verhältnis steht sie zur brahmanischen Mystik des Eins-Seins mit der All-Seele? Gehört sie ihr von Haus aus zu oder ist sie etwas für sich, das neben sie tritt? – Das letztere ist der Fall.

Die Hymnen des Rig-Veda wissen noch nichts von einem Kreislauf der Wiedergeburten. In jener alten Zeit erhofft man für die Abgeschiedenen, daß sie in die himmlische Welt der Götter eingehen. Und zwar zählt man hierfür weniger auf ihre guten Werke als auf die richtig und in genügender Zahl vollbrachten Opfer und Zauberriten. Von dem Schicksal derer, die diese Seligkeit nicht erlangen, wird nur in Andeutungen gesprochen.

In den Brāhmaṇa's ist davon die Rede, daß die, die zur Seligkeit eingegangen sind, im Jenseits nach einiger Zeit nochmals den Tod erleiden können. Wie solcher „Wiedertod" vorzustellen ist, und ob sich aus dieser Vorstellung die der Wiedergeburt auf Erden ableitet, bleibt im Dunkeln.

Die Wiedergeburtslehre gehört ursprünglich einem Mythus an, der die Wanderung der Gestorbenen zum Reiche der Seligkeit beschreibt. In diesem wird das Zu- und Abnehmen des Mondes daraus erklärt, daß er die von der Erde kommenden Seelen in sich aufnimmt und sie nach einiger Zeit in den Himmel weitergehen läßt oder sie im Regen wieder auf die Erde herabsendet. Mit diesem Mythus verbunden tritt die Lehre von der Wiedergeburt in den Upanishad's auf.

„Alle, die aus dieser Welt scheiden, die gehen zum Monde. Durch ihr Leben füllt sich die zunehmende Hälfte; in der abnehmenden Hälfte veranlaßt er ihre Wiedergeburt. Der Mond ist die Pforte des Himmels. Wer ihm zu antworten versteht, den läßt er an sich vorüber. Wer ihm nicht zu antworten vermag, den sendet er, in Regen sich verwandelnd, im Regen zur Erde nieder; als Wurm, Motte, Fisch, Vogel, Löwe, Eber, Schakal (?),

Tiger, Mensch oder sonst etwas wird er hier und da, je nach seinem Tun und Wissen, wiedergeboren ... Nämlich, wenn einer zum Monde kommt, so fragt ihn dieser: Wer bist du? Dann soll er antworten: Du bin ich ... Wenn er so spricht, dann läßt ihn der Mond über sich selbst hinausgelangen."[1]

Natürlich besagte der Mythus ursprünglich, daß der Mond denen, die über die erforderlichen guten Werke und dargebrachten Opfer verfügen, den Weg zum Himmel freigebe. Daß er dies nur tut, wenn einer ihm aus der Lehre des Tat tvam asi schlagfertig zu antworten weiß, gehört der Fassung an, die die Brahmanen dem Mythus geben, um ihn ihrer Lehre von dem Eins-Sein mit dem Brahman durch die höchste Erkenntnis einzugliedern.

Nach dem ursprünglichen Mythus gelangen auch nicht alle Abgestorbenen, sondern nur die, die zur ewigen Seligkeit oder zur Wiedergeburt in Menschenexistenz bestimmt sind, zum Monde. Dies ist aus zwei Upanishadstellen zu entnehmen.[2] Die Menschen, die zu Tieren werden sollen, erleben dies nach ihrem Tode ohne weiteres oder – die Texte lassen dies im unklaren – nach einem Aufenthalt an einem Ort der Strafe. Der Mond ist ursprünglich nur als ein Ort der Freude gedacht.

*

Etwas Brahmanisches hat die Lehre von der Wiedergeburt insofern an sich, als sie annimmt, daß die Seelen der Menschen, der Tiere und der Pflanzen gleicher Art sind.

Man hat die Behauptung aufgestellt, daß der Mondmythus, von dem sich die Lehre von der Wiedergeburt herleitet, nicht auf die Arier zurückzuführen sei, sondern ursprünglich der religiösen Vorstellungswelt der Urbevölkerung Indiens entstamme und später von den Ariern übernommen worden sei. Diese Auffassung kann nicht bewiesen werden. Aber zu ihrer Stützung ließe sich anführen, daß sich in den vedischen Hymnen kein Zusammenhang zwischen dem Mondmythus und der Wiedergeburt findet, während er der Mystik von dem Eins-Werden mit dem Brahman gänzlich fremd ist.

Obwohl die Lehre von der Wiedergeburt die Vorstellung von der Gleichartigkeit alles Seelischen mit der brahmanischen Lehre gemein hat, befindet sie sich doch nicht – was übersehen zu werden pflegt – in Übereinstimmung mit der brahmanischen Mystik des Eins-Seins der Einzelseelen mit der All-Seele. Das Verhältnis

---

[1] Kauṣītaki-Upanishad I. Von dem Aufenthalt der Seelen auf dem Monde handeln noch Bṛhad-Āraṇyaka-Upanishad VI, 2 und Chāndogya-Upanishad V, 10.

[2] Bṛhad-Āraṇyaka-Upanishad VI, 2 und Chāndogya-Upanishad V, 10.

der Einzelseelen zu der Körperlichkeit sowohl als zur All-Seele ist in ihr ein ganz anderes als in dieser.

Der Brahmanenlehre zufolge gehen alle Einzelseelen nach ihrer Existenz in der Sinnenwelt ohne weiteres wieder in der All-Seele auf. Jedes Aufhören des körperlichen Seins kommt einem endgültigen Zurückkehren der betreffenden Seele in die All-Seele gleich, wie auch jedes Entstehen von körperlichem Sein als ein neues Auftreten von Seelischem in der Sinnenwelt aufgefaßt wird. Die Brahmanen nehmen also ein fortgesetztes Einströmen des Seelischen in die Sinnenwelt und ein fortwährendes Rückströmen desselben aus ihr an. Bezeichnend für ihre Ansicht ist das in den Upanishad's gebrauchte Gleichnis von dem Feuer, aus dem stets neue Funken in die Luft fahren und wieder in es zurückfallen.

Der Brahmanenlehre zufolge ist jede in der körperlichen Welt vorhandene Seele also neu in ihr, hält sich nur einmal in ihr auf und wird von selbst, ohne daß hierzu irgendeine Erkenntnis oder Leistung ihrerseits erforderlich ist, der Wiedervereinigung mit der All-Seele teilhaftig. Die Seelen der wilden Tiere und der Pflanzen kehren in derselben Weise in die All-Seele zurück wie die des Brahmanen, der die tiefste Erkenntnis besitzt und es in der Askese und dem Sich-Versenken am weitesten gebracht hat. Es ist ja nicht so, daß dieser durch Erkenntnis, Askese und Sich-Versenken das Eins-Sein mit der All-Seele erst erwirbt. Er hat dadurch nur dies voraus, daß er um die Seligkeit, die seiner wartet, weiß und sie schon in dieser Welt genießt, indem er sein Erdendasein in innerlicher und äußerlicher Freiheit von der materiellen Welt und in einem ganz auf die All-Seele gerichteten Sinnen verbringt.

Es gibt allerdings Upanishadtexte, die so lauten, als würde durch Erkenntnis, Askese und Weltentsagung das Eins-Sein mit der All-Seele und die damit gegebene Unsterblichkeit erst erlangt. Durch solche ungenaue Darstellung wird der eigentliche Sinn der Lehre aber nicht in Frage gestellt.

Die brahmanische Mystik beschäftigt sich mit der Idee der Weltentrücktheit, aber nicht mit der Idee der Erlösung. Die Lehre von der Wiedergeburt hingegen geht von der Voraussetzung aus, daß Seelen in der Sinnenwelt gefangen sind. Wie sie in die All-Seele zurückkehren können, wird also zum Problem. Sie müssen sich ihre Erlösung erwerben. Nach der Brahmanenlehre ist die Freiheit der Seelen von der Welt an sich und in natürlicher Weise vorhanden und braucht von ihnen, soweit sie solcher Erkenntnis fähig sind, bloß eingesehen und erlebt zu werden.

Auf die Lehre von der Wiedergeburt einzugehen, bedeutet für die Brahmanen also, ihre eigene Ansicht von dem Verhältnis der Einzelseele zum Körperlichen und zur All-Seele zugunsten einer andern aufzugeben und die Freiheit des Seelischen vom Körperlichen, die für sie kein Problem ist, zu einem solchen werden zu lassen.

Noch mehr. Machen sich die Brahmanen den Erlösungsgedanken der Wiedergeburtslehre zu eigen, so schaffen sie sich damit Schwierigkeiten, deren sie nicht Herr werden können. Ihrer eigenen Lehre nach müssen sie ja nicht nur für die Menschenseele, sondern für alle in der Körperlichkeit befindlichen Seelen eine Rückkehr in die All-Seele annehmen. Die Frage der Welterlösung ist für sie gestellt und gelöst.

Lassen sie sich aber auf die Wiedergeburtslehre ein, so können sie die Frage weder stellen noch lösen. Die Wiedergeburtslehre ist eigentlich nur mit der Erlösung des Menschen beschäftigt. Sie macht das Freiwerden von der Körperlichkeit von einer Erkenntnis und einem Verhalten abhängig, deren nur höchstentwickelte Menschen fähig sind. Die Welterlösung kann sie sich also nur so vorstellen, daß alle in der Sinnenwelt befindlichen Seelen, von Existenzform zu Existenzform aufsteigend, nach und nach in höchste Menschenexistenz eingehen und sich in dieser die Fähigkeit zur Rückkehr in die All-Seele erwerben. Im Ernst ist natürlich nicht daran zu denken, das Meer des in der Sinnenwelt enthaltenen Seelischen so durch ein Brunnenrohr in den Ozean der All-Seele zurückfließen zu lassen.

Geht der Brahmanismus auf die Wiedergeburtslehre ein, so kann er also die seiner Mystik der All-Beseeltheit notwendig zugehörige Idee der All-Erlösung nicht mehr wirklich festhalten.

Um die Erlösung der Gesamtheit des in der Welt gefangenen Seelischen handelt es sich in den gnostischen Systemen der spät-griechischen Zeit. Das Weltgeschehen wird für sie zum großen Drama des Eingehens des Seelischen in die Materie und seiner am Ende der Zeiten erfolgenden Rückkehr aus ihr.

Solche weltgeschichtliche Betrachtungsweise – die einzige, die auf das Problem der Welterlösung anwendbar ist – liegt dem indischen Denken fern. Sie hat überdies das Auftreten einer Erlöserpersönlichkeit zur Voraussetzung. Diese Voraussetzung ist in Indien erst in der Zeit nach Buddha gegeben. Aus Buddha macht der Spät-Buddhismus (Mahāyāna-Buddhismus) eine Erlöserpersönlichkeit. Von der so erreichten weltgeschichtlichen Betrachtungsweise aus beschäftigt er sich dann wieder mit der Frage der Welterlösung, die in dem indischen Denken jahrhundertelang beiseite liegen geblieben war.

Nicht einmal die Erlösung des Menschen vermag die Wiedergeburtslehre in befriedigender Weise begreiflich zu machen. Sie läßt Menschen zur Strafe für ihren schlechten Wandel in die Existenz verachteter und böser Tiere eingehen. Aber wie sie sich aus dieser wieder zu einer höheren heraufarbeiten können: diese Frage bleibt bei ihr ungelöst. Die Wiedergeburtslehre befindet sich hier mit sich selber in Widerspruch. Sie muß die Erlangung der höheren Existenzweise von dem ethischen Verhalten abhängig sein lassen. Wie aber kann sich die einmal in ein Tierdasein herabgesunkene Seele ethische Verdienste erwerben?

Eigentlich muß die Wiedergeburtslehre die Erlösung der ins Tierdasein eingegangenen Seelen also für so gut wie unmöglich ansehen. Diese Feststellung findet sich bei Buddha.

*

Die Wiedergeburtslehre beruht demnach auf ganz anderen Voraussetzungen als die brahmanische Lehre der All-Beseeltheit und ist auch an sich mit erheblichen Mängeln behaftet. Sie läßt sich mit der brahmanischen Mystik nicht vereinen.

Wie kommen dann aber die Brahmanen dazu, sich auf sie einzulassen?

Zunächst einmal ist sie an sich so bedeutend und besitzt sie ein solches Ansehen, daß sie von ihnen nicht ignoriert werden kann. Sodann kommt sie ihnen darin entgegen, daß sie die

Gleichartigkeit der Seelen aller Wesen behauptet. Das Entscheidende aber ist, daß sie in enger und lebendiger Beziehung zur Ethik steht.

Der Ethik gegenüber befinden sich die Brahmanen nämlich in einer schwierigen Lage. Ihre Mystik ist überethisch. Von dem Satze, daß das Eins-Sein mit der All-Seele einzig in Erkenntnis, Weltentsagung und Versenkung erlebt wird, können sie nicht abgehen. Welche Bedeutung bleibt dann aber für die Ethik übrig? Ihr jeglichen Wert abzusprechen, geht nicht an. Da erlaubt nun die Lehre von der Wiedergeburt, der Ethik neben der überethischen Mystik ihr Recht werden zu lassen und sie zugleich in deren Dienst zu stellen.

Die Ethik erhält die wichtige Bedeutung, daß aus dem ethischen oder nicht-ethischen Verhalten sich die höhere oder niederere Wiedergeburt ergibt und daß durch stetige Übung des Guten zuletzt die höchste Existenzweise erlangt wird, in der der Mensch des Erlebnisses des Eins-Seins mit der All-Seele fähig ist.

Der ursprünglichen, volkstümlichen Wiedergeburtslehre nach erlangt der Mensch durch genügend gute Werke die himmlische Seligkeit. Reichen sie nicht aus, so wird er nochmals als Mensch geboren. Überwiegt das Böse, das er begangen, so kehrt er in Tierexistenz wieder. In der Umgestaltung, die diese Lehre durch die Brahmanen erfährt, wird die Bedeutung des Ethischen dahin beschränkt, daß durch gute Werke nie die Seligkeit, sondern nur eine bessere Wiedergeburt erworben werden kann.

Die Wiedergeburtslehre erlaubt den Brahmanen aber nicht nur, den überethischen Charakter ihrer Mystik und zugleich das Ansehen der Ethik zu wahren, sondern sie ermöglicht es ihnen noch, sich auf gute theoretische Art mit der Tatsache abzufinden, daß die meisten Menschen ihr Leben noch in Welt- und Lebensbejahung zubringen. Sie erklären sich dies damit, daß sie noch nicht der letzten Wiedergeburt, die zur Erkenntnis des wahren Weges der Erlösung befähigt, teilhaftig geworden sind. Auf Grund der Wiedergeburtslehre dürfen sie auch annehmen, daß die Angehörigen der niederen Kasten einmal dazu gelangen, in den höheren wiedergeboren und damit der Erlösung fähig zu werden.

So erlaubt die Wiedergeburtslehre den Brahmanen die Durchführung einer relativistischen Betrachtungsweise. Sie können als höchste, esoterische Wahrheit eine über Gut und Böse erhabene Welt- und Lebensverneinung verkünden und daneben eine niederere, exoterische gelten lassen, die der Ethik und der Welt- und Lebensbejahung ihre Rechte läßt.

Die Vorteile, die er von der Wiedergeburtslehre hat, bezahlt der Brahmanismus aber teuer. Wohl macht er sie sich dienstbar. Zugleich aber nimmt er mit ihr ein fremdes Element in sich auf und wird dadurch etwas anderes, als er an sich ist. In der Zeit der Upanishad's ist das brahmanische Denken nur mit der Frage des Erlebnisses des Eins-Seins mit der All-Seele beschäftig. Später tritt die der Erlösung von dem Kreislauf der Wiedergeburten zu ihr hinzu und überragt und beschattet sie. Jahrhundertelang wird nun das indische Denken von der Angst des Verbleibens im Kreislauf der Wiedergeburten beherrscht, von der die ursprüngliche brahmanische Lehre nichts wußte.

*

Die Lehre der Upanishad's ist also nicht etwas Einheitliches und in sich Abgeschlossenes, sondern etwas Uneinheitliches und Unfertiges. Sie enthält eine Reihe von Problemen in sich, die dem Denken der folgenden Jahrhunderte viel zu schaffen machen. Einige derselben gehören der brahmanischen Lehre als solcher an; andere gehen auf die Schwierigkeiten zurück, die brahmanische Lehre und die Wiedergeburtslehre miteinander zu vereinigen; wieder andere ergeben sich aus den Forderungen, die die Welt- und Lebensbejahung und die Ethik gegen die Welt- und Lebensverneinung geltend machen.

*

Erstes Problem. – Was ist eigentlich unter dem Brahman zu verstehen?

Wie alle Mystik hat es auch die brahmanische mit der Frage zu tun, ob das höchste und reine Sein, dem der Mensch sich seinem wahren Selbst nach zugehörig fühlt, als ein unpersönliches, qualitätsloses Absolutes oder irgendwie als höchstes geistiges Wesen zu denken ist. Aber diese Frage wird in den Upanishad's nicht gestellt und nicht entschieden.

Die eigentliche Meinung der Brahmanen der Upanishadzeit geht dahin, daß das Brahman als das qualitätslose, unpersönliche Absolute vorzustellen sei. Die einzige Aussage, die man von ihm machen kann, lautet, nach einem Worte Yājñavalkya's in der alten Bṛhad-Āraṇyaka-Upanishad „Neti, neti" (Nicht, nicht). Man weiß von ihm nur, daß es nichts von dem empirischen Sein an sich hat.

Bei Śaṃkara, dem großen Scholastiker des Brahmanismus (9. Jahrhundert n. Chr.), findet sich die Erzählung von der Belehrung über das Brahman, die der weise Bāhva einem Wißbegierigen erteilte. Als dieser seine Frage an ihn richtete, schwieg er. Als er sie ein zweites und ein drittes Mal wiederholt hatte, sprach er endlich zu ihm: „Ich lehre es dich ja, du aber verstehst es nicht: dieser Ātman ist stille."

Neben Stellen, die von dem Brahman als dem qualitätslosen Absoluten handeln, finden sich in den Upanishad's auch solche, die sich viel unbefangener ausdrücken und von ihm als einem höchsten geistigen Wesen reden, das alle Vollkommenheiten in sich vereinigt.

Es kommt vor, daß es als die Urkraft, die allem Sein innewohnt und alles Sein erhält, vorgestellt wird. Die Brahmanen haben ja begonnen, sich mit dem Geheimnis des Lebens, das in der Natur ist, zu beschäftigen. Sie erklären das Entstehen der Pflanze aus dem Samenkern durch die Annahme, daß das eigentliche Wesen der Pflanze in ihm als gestaltende Seele vorhanden sei. Aber sie kommen in der Naturbetrachtung nicht über die Anfänge hinaus. Darum ist ihre Lehre der All-Beseeltheit etwas viel Unlebendigeres als die der Renaissance, obwohl sie hie und da an sie anklingt. Die Vorstellung der Kraft ist bei ihnen noch nicht ausgebildet. Dadurch ist die Entwicklung der Lehre von der All-Beseeltheit gehemmt.

In den Upanishad's finden sich auch Stellen, in denen die All-Seele als das höchste göttliche Wesen aufgefaßt wird. Eine derselben lautet: „Der einzige Gott ist in allen Wesen verborgen, durchdringt alles und wohnt als Seele in allen Wesen."

Es gibt in der Upanishadzeit also auch Brahmanenschulen, die nichts dabei finden, der All-Seele Persönlichkeit beizulegen.

Diese Schwankungen in der Vorstellung des Brahman legt sich Śaṃkara, der Brahmanen-Scholastiker des 9. Jahrhunderts n. Chr., dann so zurecht, daß er in den Upanishad's zwei voneinander unterschiedene Lehren annimmt. Die eine vertrete die esoterische Wahrheit vom Brahman, indem sie es als das unpersönliche, unerkennbare, qualitätslose Absolute auffasse; die andere verkünde die exoterische und erlaube denen, die der höchsten Erkenntnis nicht fähig seien, das Brahman als den all-einen Gott zu verehren, der in verschiedenen Gottheiten in Erscheinung trete.

Natürlich denken die Brahmanen der Upanishadzeit nicht daran, zwischen einer esoterischen und einer exoterischen Lehre vom Brahman zu unterscheiden. Sie verkünden nur eine. Daß sie nicht einheitlich ist, macht ihnen nichts aus.

Der monotheistische Hinduismus wiederum behauptet, daß die Upanishad's das Brahman überall als persönlichen Gott auffaßten, und daß die Stellen, die für die Nicht-Persönlichkeit angeführt werden können, den andern entsprechend auszulegen seien.

Die tiefsten Denker der Upanishad's versagen es sich, die der religiösen Überlieferung entstammende Gottesvorstellung auf den Urgrund des Seins anzuwenden. Aber das spätere indische Denken ist mit der Frage, ob und inwieweit dies möglich sei, ebensowenig mehr beschäftigt wie das europäische. Es sieht das Deus sive Natura als etwas Selbstverständliches an.

*

Zweites Problem. – In welchem Verhältnis steht die All-Seele zur Sinnenwelt? Warum tritt das reine Sein in einer Sinnenwelt in Erscheinung und welche Wirklichkeit kommt dieser zu?

Ganz allgemein ist die Meinung der Upanishad's die, daß die All-Seele von der Sinnenwelt wie von einer Hülle umgeben sei. Sie bedarf derselben aber nicht. Im Gegenteil: sie hat sie wie etwas Fremdes um sich. Die Sinnenwelt ist etwas Sinnloses. Mit aller Gewalt hat sich die Einzelseele von der Betörung frei zu machen, als hätte sie etwas in ihr zu tun und von ihr zu erhoffen.

Die Sinnenwelt nehmen die älteren Upanishad's als etwas gegebenes Wirkliches hin.

In dem Maße, wie das brahmanische Denken aber mit seiner fundamentalen Erkenntnis, daß alles was ist, aus der All-Seele hervorgegangen ist, ernst macht, muß es dahin kommen, die Sinnenwelt nur als eine Erscheinung der All-Seele aufzufassen. Ist es einmal auf diesem Wege, so kann es nicht anders, als ihn zu Ende zu gehen und die Sinnenwelt nur als Schein anzusehen. Dies tut es in späteren Upanishad's tatsächlich. In diesen wird der Grundsatz, daß die All-Seele die einzige Realität sei und es keine andere neben ihr geben könne, folgerichtig durchgeführt. Man nennt dies die Lehre von der Nicht-Zweiheit (Advaita).

Es bleibt nun nichts anderes übrig, die Sinnenwelt als ein Zauberspiel (Māyā; Māyin bedeutet Zauberer) aufzufassen, das sich die All-Seele selber vorführt. Die Einzelseele ist in dieses Zauberspiel hineingebannt. Durch Besinnung auf sich selber muß sie fähig werden, den Trug zu durchschauen. Daraufhin gibt sie es auf, sich an dem Spiele zu beteiligen. Sie verharrt in Ruhe und genießt ihr Eins-Sein mit der All-Seele, bis, mit dem Tode, das Zauberspiel für sie zu bestehen aufhört.

Die Brahmanen bleiben also nicht bei der einfachen Feststellung der Unerklärbarkeit der Welt stehen. Sie unternehmen eine der Welt- und Lebensverneinung entsprechende Deutung derselben. Dabei gelangen sie dazu, nicht nur ihre Sinnlosigkeit, sondern auch noch ihre Nicht-Wirklichkeit zu behaupten.

Mit ihrer überethischen Mystik des Eins-Seins mit der All-Seele stimmt diese Welterklärung ausgezeichnet zusammen. Aber Ethik läßt sich mit ihr nicht vereinen. Durch die Behauptung, daß die Welt sinnlos sei, wird zunächst die Ethik der Tat betroffen. Ethisches Wirken kann sich der Mensch in einer sinnlosen Welt nicht vornehmen. Sein Ethisch-Sein hat sich in ihr darauf zu beschränken, sich von ihr rein zu erhalten.

Wird aber noch dazu die Wirklichkeit der Welt verneint, so hört die Ethik überhaupt auf, eine Bedeutung zu haben. Das einzige, was der Mensch dann noch zu tun hat, ist ja dies, den Trug, als gäbe es eine Sinnenwelt, zu durchschauen.

Die Māyā-Lehre ergibt sich folgerichtig aus den theoretischen Voraussetzungen der brahmanischen Anschauung vom Sein. Ihr zu entgehen ist den Brahmanen nicht möglich. Aber indem sie sich zu ihr bekennen, erklären sie sich außerstande, auch das wenige, was sie an Ethik fordern, zu rechtfertigen.

*

Drittes Problem. – Wie entstehen aus der All-Seele individuelle Seelen und wie gehen sie wieder in ihr auf? Auf diese Frage lassen sich die Brahmanen der älteren Zeit nicht weiter ein. Sie behelfen sich mit Bildern und vergleichen die Einzelseelen mit den glühenden Funken, die aus dem Feuer emporsteigen und wieder in es zurückfallen, und mit Spiegelungen, die von dem Monde in den Gewässern entstehen.

Nun könnte die brahmanische Mystik das Entstehen der Einzelseelen aus der All-Seele und ihr Wiederaufgehen in ihr allenfalls noch unerklärt lassen. Aber die Wiedergeburtslehre vermag dies nicht. Sie legt ja der Einzelseele eine viel ausgeprägtere Individualität bei, als die brahmanische Mystik es tut. Ihr zufolge erlebt die Seele etwas in der Welt. Sie hat die Folgen der in der Sinnenwelt von dem Menschen getanen Werke zu tragen. Nach der reinen Brahmanenlehre verhält sie sich in ihr bloß zuschauend und bleibt unberührt von ihr.

Die Wiedergeburtslehre bedarf der Annahme, daß die Einzelseelen aus einer All-Seele hervorgegangen sind und wieder in sie zurückkehren, in keiner Weise. Ja, sie kann gar nichts mit ihr anfangen. Das Natürlichste für sie ist, einfach von der Tatsache auszugehen, daß in einer weiter nicht erklärbaren Weise von Ewigkeit her eine ins Unendliche gehende Zahl von ewigen

Einzelseelen (die das Geistige der Welt ausmachen) vorhanden sind, denen gesetzt ist, ein sich fort und fort erneuerndes Dasein in der Sinnenwelt zu führen, bis es ihnen schließlich gelingt, sich von ihr frei zu machen.

Und warum das Freiwerden von dem Kreislauf der Wiedergeburten einer Rückkehr der Seele in die All-Seele gleichsetzen? Die Wiedergeburtslehre hat gar kein Interesse daran, das Unerklärliche zu behaupten, daß die Einzelseele zuguterletzt ihre Individualität verliere. Ihr genügt, die Tatsache festzustellen, daß sie auf Grund der erlangten Freiheit im Zustande der ewigen Seligkeit ist.

Das Denken, das wirklich auf die Wiedergeburtslehre eingeht, hat also, so merkwürdig dies zunächst scheint, Schwierigkeiten, bei der brahmanischen Vorstellung des Hervorgehens der Einzelseelen aus der All-Seele und ihrer Rückkehr in sie zu verbleiben.

*

Viertes Problem. – Welche Verbindung geht die Einzelseele mit der Leiblichkeit ein?

Nach der eigentlichen brahmanischen Lehre wird die Seele von der Leiblichkeit, die ihr vorübergehend zugehört, nicht berührt, gleichviel ob dieser irgendeine Wirklichkeit beigelegt oder ob sie nur für Schein gehalten wird. Durch diese Annahme wird aber die Geltung der Ethik in Frage gestellt. Darum kann die Wiedergeburtslehre sie nicht übernehmen. Spielt das ethische Verhalten in dem Freiwerden von dem Kreislaufe der Wiedergeburten irgendeine Rolle, so muß die Seele irgendwie an der Leiblichkeit teilhaben und von dem, was der Mensch erlebt und tut, betroffen werden.

Die Wiedergeburtslehre kann sich also auf die Behauptung der Nicht-Wirklichkeit der Welt in keiner Weise einlassen, sondern muß an ihrer Realität festhalten. Weiter aber – und hier fängt die Schwierigkeit erst richtig an – muß sie noch begreiflich machen, wie das Seelische und das Körperliche unter der Annahme, daß sie ihrer Art nach gar nichts miteinander gemein haben, überhaupt in Beziehung zueinander stehen können. Die Wiedergeburtslehre hat es mit derselben Frage zu tun, die dann später in Europa die von Descartes' Definitionen beherrschte Philosophie beschäftigt. Für diese handelt es sich darum, zu erklären, wie bei den lebendigen Wesen der Körper Anregungen von der Seele empfangen und verwirklichen kann. Die Wiedergeburtslehre muß dartun, wie dem körperlichen Tun Einfluß auf das Schicksal der Seele zukommt.

*

Fünftes Problem. – Die Brahmanen erkennen der Ethik nur die Bedeutung zu, daß durch die guten oder bösen Taten die Art der Wiedergeburt bestimmt wird. Das Freikommen aus dem Kreislauf der Wiedergeburten soll durch sie also nur vorbereitet werden. Zu erlangen sei es einzig durch höchste Erkenntnis, Weltentsagung und Sich-Versenken.

Kann die Ethik sich nun wirklich mit dieser von den Brahmanen – gegen die religiöse Überlieferung und das natürliche Empfinden – dekretierten Beschränkung ihrer Bedeutung zufrieden geben? Muß sie in einem Denken, das sich in eindringlicher Weise mit der Frage des Freiwerdens von der Wiedergeburt abgibt, nicht eine größere Rolle für sich verlangen?

*

Sechstes Problem. – Die Brahmanen machen der Welt- und Lebensbejahung das große Zugeständnis, daß sie die Erfüllung der durch die Kaste gegebenen Berufsobliegenheiten als ein Tun höherer Ordnung ansehen, das in gewissen Grenzen seine Berechtigung der Welt- und Lebensverneinung gegenüber behauptet. Für sich bringen sie beide so miteinander in Einklang, daß sie die erste Hälfte ihres Daseins als Priester wirken und die zweite in Weltentsagung verleben.

Nun hat aber die Welt- und Lebensverneinung aufgehört, nur Sache der Brahmanen und der Yogin's zu sein. Seit der Entstehung einer wirklichen Weltanschauung der Welt- und Lebensverneinung in der Upanishadzeit ergeht die Aufforderung, in höchster Erkenntnis, Weltentsagung und Versenkung sich um das Erlebnis des Eins-Seins mit dem Brahman zu bemühen, an die Angehörigen der Kaste der Krieger und die der Ackerbau- und Gewerbetreibenden ebensogut wie an die Brahmanen. Sie leisten ihr Folge, indem sie sich in Scharen dem mönchischen Leben ergeben. Welche Berechtigung aber wird nun bei ihnen dem Tun, das der Erfüllung der Kastenobliegenheiten gewidmet ist, neben der Welt- und Lebensverneinung zugestanden?

Eigentlich hätte eine Regelung in der Art getroffen werden sollen, daß die Krieger und Ackerbau- und Gewerbetreibenden den ersten Teil ihres Lebens in ihrem Berufe und den letzten in Weltentsagung verbracht hätten. Sie erfolgt jedoch nicht. Die Nicht-Brahmanen nehmen sich das Recht, von Jugend an ein Leben in Weltentsagung zu führen.[1] Aber die Idee, daß die Erfüllung der mit der Kastenzugehörigkeit gegebenen Obliegenheiten ein Tun höherer Ordnung bedeutet, das mit der Welt- und Lebensverneinung in Wettbewerb treten kann, erhält sich. Und eines Tages setzt sie sich dann in der Weise durch, daß dem Tun höherer Ordnung nicht nur Berechtigung für einen Teil der Dauer des Menschenlebens zuerkannt wird, sondern daß es der Welt- und Lebensverneinung gleichgestellt, ja über sie erhoben wird. Dies ereignet sich in dem kühnen Denken, das in der Bhagavad-Gītā zu Worte kommt.

*

Diese in der Lehre der Upanishad's gegebenen Probleme muß man sich vergegenwärtigen, wenn man das, was in den auf die Upanishadzeit folgenden Jahrhunderten vor sich geht, be-

[1] Auch bei den Brahmanen kam dies vor.

greifen will. Wie ratlos steht man beim ersten Bekanntwerden mit dem indischen Denken der Tatsache gegenüber, daß neben der brahmanischen Lehre das Sāṃkhya-System, der Jinismus und der Buddhismus aufkommen! Von Kleinigkeiten abgesehen, vertreten sie ja dieselbe Welt- und Lebensverneinung wie jene. Wie jene halten sie den Menschen dazu an, daß er in Übungen des Sich-Versenkens des Erlebnisses der ekstatischen Weltentrücktheit teilhaftig zu werden suche. Was für eine Daseinsberechtigung haben sie aber dann neben ihr? Wie können sie neben ihr entstehen und bestehen?

Die Erklärung des Rätsels ist die, daß diese neuen Lehren zwar die Fassade der Welt- und Lebensverneinung stehen lassen, hinter ihr aber einen völligen Umbau des Gebäudes vornehmen. Sie begründen die Welt- und Lebensverneinung nicht mehr aus der Idee des Eins-Seins der Einzelseele mit der All-Seele sondern aus der des Freiwerdens von dem Kreislauf der Wiedergeburten.

Das Sāṃkhya-System, der Jinismus und der Buddhismus ziehen die Folgerung aus der theoretischen Unvereinbarkeit der Wiedergeburtslehre mit der brahmanischen Mystik. Sie geben die letztere auf. Als einzige Aufgabe stellen sie sich die, das Warum und das Wie des Kreislaufs der Wiedergeburten zu verstehen und darzutun, warum und wie Welt- und Lebensverneinung ihn zum Aufhören bringen kann.

Aber nur für einige Zeit vermag dieses nicht-mystische, einzig mit der Frage des Freiwerdens von der Wiedergeburt beschäftigte Denken sich gegen das mystische durchzusetzen. Später verliert es nach und nach wieder an Boden. Die Mystik des Eins-Werdens mit dem Urgrunde des Seins behält den Sieg, weil sie etwas großartig Einfaches ist, tiefste Wahrheit in sich trägt und, was von großer Bedeutung ist, in den stetig an Ansehen gewinnenden heiligen Schriften enthalten ist. So erklärt sich, daß mit der Zeit die Sāṃkhya-Lehre vom Brahmanismus absorbiert wird, der Jinismus die große Bedeutung, die er hatte, einbüßt und der Buddhismus in Indien gar zu bestehen aufhört.

Und in dieser sich über Jahrhunderte erstreckenden Entwicklung des indischen Denkens ereignet sich noch jenes andere, daß die Ethik immer größere Geltung erlangt und daß die Welt- und Lebensbejahung der Welt- und Lebensverneinung immer größere Zugeständnisse abnötigt.

IV

DIE SĀMKHYA-LEHRE

Die Sāṃkhya-Lehre unternimmt es, das Verhältnis der Seele zur Sinnenwelt so zu ergründen, daß ihr Gefangensein in ihr und ihr Freikommen von ihr begreiflich wird.

Sāṃkhya bedeutet Aufzählung. Ihren Namen hat die Lehre daher, daß Aufzählungen in ihr eine große Rolle spielen. So zum Beispiel läßt sie die Materie aus 24 stofflichen Elementen bestehen.

Entstanden ist die Sāṃkhya-Lehre in Brahmanenkreisen. Es muß also in der Upanishadzeit Brahmanenschulen gegeben haben, die mehr mit dem Problem der Wiedergeburt und des Freiwerdens von ihr als mit der Lehre vom Brahman beschäftigt waren. Nur so ist erklärlich, daß in Brahmanenkreisen zwei so ganz verschiedene Gedankengebilde sich nebeneinander entwickeln konnten. Nicht unmöglich ist, daß die Anfänge der Sāṃkhya-Lehre weiter zurückreichen als die der Mystik des Eins-Seins mit dem Brahman. Ihr Aufkommen ist besser begreiflich unter der Voraussetzung, daß die letztere noch nicht völlig zur Ausbildung gelangt war oder noch keine Verbreitung gefunden hatte.

Elemente der Sāṃkhya-Lehre finden sich in den Upanishad's. Um 550 v. Chr. ist sie in den Hauptlinien wohl schon festgelegt. Systematisch ausgearbeitet findet sie sich in der Sāṃkhyakārikā, einem den ersten Jahrhunderten n. Chr. angehörigen Texte.

Die Sāṃkhya-Lehre gibt den brahmanischen Monismus auf und wendet sich einer dualistischen Betrachtungsweise zu. Von Ewigkeit her, so nimmt sie an, gibt es Seelisches und Materielles für sich. Dadurch, daß beide zueinander in Beziehung treten und sich wieder voneinander lösen, entsteht das Weltgeschehen. Der Grundgedanke des Systems ist also dem der orientalisch-griechischen Gnosis verwandt.

Der Sāṃkhya-Lehre zufolge existieren also von Ewigkeit her immaterielle Einzelseelen (Puruṣa's) in unendlicher Zahl. Puruṣa bedeutet ursprünglich Mensch. Was bewegt diese immateriellen Einzelseelen nun, mit der Materie (Prakṛti) in Verbindung zu treten? In dieser Form stellt sich für die Sāṃkhya-

Lehre die allgemeine und unbeantwortbare Frage, aus welchem Grunde das reine Sein in einer Sinnenwelt in Erscheinung tritt.

Die griechisch-orientalische Mystik nimmt an, daß das Seelische sich durch einen dunkeln Drang zur Materie hingezogen fühle und diesem erliege. Die Erklärung der Sāṃkhya-Lehre ist eine andere. Ihr zufolge ist es den Seelen in einer weiter nicht begründbaren und begreifbaren Weise bestimmt, mit der Materie Verbindung einzugehen, damit sie sich durch dieses Erlebnis ihrer an sich bestehenden völligen Freiheit von ihr bewußt werden. So bedarf auch bei Hegel der Geist der materiellen Welt, um in ihr zum vollsten Bewußtsein seiner selbst zu gelangen. Während er bei ihm aber auf diese Weise völlige Erkenntnis seines Wesens erreicht, wird er nach der Sāṃkhya-Lehre nur seiner Freiheit von der Materie gewiß.

Damit die immateriellen Seelen mit ihr Verbindung eingehen können, muß die Materie aus dem Zustand der Ruhe und der Unsichtbarkeit, in dem sie sich ursprünglich befindet, heraustreten und sich entfalten. Der Sāṃkhya-Lehre zufolge besteht die Materie nicht nur aus grobstofflichen, sichtbaren, sondern auch aus feinstofflichen, unsichtbaren Elementen. Die feinstoffliche Materie läßt die grobstoffliche aus sich hervorgehen und kann sie wieder in sich zurücknehmen. Die psychische Seele des Menschen, durch die er erkennt, denkt und will, gehört ganz der unsichtbaren, feinsten Materie an. Neben der feinstofflichen Seele besitzt der Mensch dann noch die immaterielle. Aber diese ist an seinem Leben gar nicht wirklich beteiligt.

Der Sāṃkhya-Lehre zufolge ist die Materie ihrem Wesen nach nicht unvollkommen und schlecht, sondern sie trägt sowohl die Möglichkeit des Guten und Vollkommenen als auch die des Unvollkommenen und Nicht-Guten in sich. Es sind in ihr drei Bestandteile, drei Strähnen (Guṇa's) in einem Geflecht vergleichbar, vorhanden.

Der erste Guṇa (das Sattva) ist das Lichtvolle, Gute und Ruhende; der zweite (das Rajas) das Bewegte und das Tätigkeitsverlangen; der dritte (das Tamas) die Finsternis und die Betörung, aus denen das Übel und das Leiden kommen.

*

Die Sāṃkhya-Lehre läßt die Welt also aus zahllosen Materien-Einheiten und Seelen-Einheiten bestehen, die miteinander verbunden sind. In Vielem berührt sich ihre Anschauung mit der Leibniz'schen Monadenlehre.

Die immaterielle Seele vereinigt sich mit einer feinstofflichen, psychischen. Die letztere ist als ein ätherischer, unsichtbarer und unvergänglicher Leib gedacht. Die Sāṃkhya-Lehre behauptet ja die Ewigkeit der Materie. Wenn der Mensch stirbt, vergeht nur sein grob-materieller Leib. Sein unvergängliches psychisches Ich, der ätherische Leib, bleibt mit der immateriellen Seele vereint und geht mit ihr fort und fort in neue Wiedergeburt ein.

Das unsterbliche psychische Ich, das als Liṇga (das Wort bedeutet Merkmal) bezeichnet wird, ist der Träger des Karman.

Die Lehre vom Karman, das heißt von der Tat, ist in der Wiedergeburtslehre enthalten, insofern als dieser zufolge die niedere oder höhere Wiedergeburt von der Tat-Vergangenheit des Menschen abhängt. In kürzester Fassung wird sie in einer Upanishad in dem Satze ausgesprochen: „Welche Tat der Mensch tut, zu solchem Dasein gelangt er.“

Die ursprüngliche Bedeutung von Karman ist Tätigsein, Wirken, vornehmlich priesterliches Wirken, Opferhandlung, Ritus.

Die immaterielle Seele hat keinen Teil an den Erlebnissen der psychischen Seele und ihrem Karman. Wohl muß sie sie durch die aufeinanderfolgenden Existenzen begleiten, aber als bloßer Zuschauer. Damit das Verbunden-Sein beider aufhöre, ist erforderlich, daß die psychische Seele zur Erkenntnis gelange, daß die immaterielle von ihr und der Materie frei ist. Dessen wird sie aber nur dadurch fähig, daß sie sich selber von allem dunkeln und niederen Begehren, das in der Materie ist, loslöst, sich ganz durch das Reine und Lichtvolle der Materie – das Sattva – beherrschen läßt und so zur Ruhe kommt. Dieses Ziel wird durch

Yoga-Übung erreicht. Askese und Sich-Versenken spielen in der Sāṃkhya-Lehre eine ebenso große Rolle wie in der Mystik des Eins-Werdens mit dem Brahman.

Es ist also die psychische Seele, nicht – wie es die Logik der Sāṃkhya-Lehre eigentlich verlangen würde – die immaterielle, die sich des absoluten Wesensunterschieds zwischen dem Nicht-Materiellen und dem Materiellen bewußt wird. Aber das Vorhandensein dieser Erkenntnis wirkt sich an der immateriellen Seele aus. Auf Grund derselben nimmt nämlich die Verbindung, die die immaterielle Seele und die Materie miteinander eingegangen sind, ein Ende. Die immaterielle Seele existiert nun wieder für sich und befindet sich damit im Zustande seliger Bewußtlosigkeit und Ruhe. Der grobstoffliche und der ätherische Körper ihrerseits gehen wieder in der unsichtbaren Urmaterie auf.

Sind dann einmal alle immateriellen Seelen von der Vereinigung mit der Materie frei geworden, so ist die Welt erlöst und hört zu bestehen auf. Nunmehr sind ja alle Seelen-Einheiten und alle Materien-Einheiten in ihren uranfänglichen Ruhezustand zurückgekehrt. Es gibt wiederum nur noch feine, unbewegte und unsichtbare Materie.

Über die Art, wie die von ihr angenommene Welterlösung zustande kommt, läßt sich die Sāṃkhya-Lehre nicht des näheren aus. Es wäre ihr auch schwer, sie begreiflich zu machen. Den Voraussetzungen der Wiedergeburtslehre nach ist die Rückkehr der Gesamtheit des Seelischen aus der Materie ja eigentlich unmöglich.[1]

Aber nicht auf immer ist die Welt zur Ruhe gekommen. Nur eine Weltperiode ist zu Ende gegangen. Einem ewigen Rhythmus zufolge verbinden sich die immateriellen Seelen von Zeit zu Zeit immer aufs neue mit den psychischen, wodurch dann die Materie jedesmal wieder in Bewegung gerät und das Grob-Stoffliche aus sich hervorgehen läßt.

Die Sāṃkhya-Vorstellung von aufeinanderfolgenden Weltperioden wird dann von dem indischen Denken überhaupt über-

---

[1] Siehe darüber S. 39-41.

nommen. Eine große Rolle spielt sie im Spät-Brahmanismus und Spät-Buddhismus.

Der Ethik kommt in der Sāṃkhya-Lehre keine größere Bedeutung zu als in der brahmanischen Mystik.

*

Obwohl sie von der brahmanischen Mystik durchaus verschieden ist, sagt sich die Sāṃkhya-Lehre, in der älteren Zeit wenigstens, nicht von ihr los. Sie gesteht der brahmanischen Lehre zu, daß sie die Gesamtheit aller Einzelseelen, obwohl diese nicht als eine Einheit gedacht sind, als das Brahman bezeichne und daß sie die Erlösung von dem Kreislauf der Wiedergeburten als Rückkehr in das Brahman auffasse. Ihr kommt es nur darauf an, die Lehre von der Wiedergeburt und dem Freikommen von ihr theoretisch in einwandfreier Weise zu begründen. Den brahmanischen Rahmen, obwohl er unnötig ist und nicht zu ihr paßt, kann sie sich gefallen lassen. Seinerseits hat das brahmanische Denken, soweit es sich nicht zur Māyā-Lehre bekennen will, ein großes Interesse daran, sich die von der Sāṃkhya-Lehre so großartig ausgedachte Vorstellung von der Materie zu eigen zu machen. Diese genügt den Anforderungen der Wiedergeburtslehre viel besser als die brahmanische.

Es ereignet sich also dies, daß die Sāṃkhya-Lehre die brahmanische Mystik des Einswerdens mit der All-Seele neben sich duldet und daß der Brahmanismus in der Wiedergeburtslehre Sāṃkhya-Anschauungen – besonders hinsichtlich der Materie und der Verbindung, die die immaterielle Seele mit ihr eingeht – vertritt.

So erklärt sich, daß eine der brahmanischen Mystik eingefügte Sāṃkhya-Lehre Jahrhunderte hindurch weiteste Verbreitung findet und die reine brahmanische Lehre fast ganz verdrängt. Dieser populäre Śāṃkhya-Brahmanismus findet sich fast in allen lehrhaften Partien des Mahābhārata-Epos. Er beherrscht die berühmte Bhagavad-Gītā. In dieser wird die Sāṃkhya-Lehre von dem Gotte Krishṇa sogar namentlich erwähnt. Und was

Śāṃkara (9. Jahrhundert n. Chr.) als exoterische Lehre der Upanishad's anführt, ist in der Hauptsache Sāṃkhya-Brahmanismus.

Neben dem Sāṃkhya-Brahmanismus hat es aber auch eine reine, ganz selbständig auftretende Sāṃkhya-Lehre gegeben, wie sich aus der Sāṃkhyakārikā und der Polemik, die Śaṃkara gegen die die Idee des Brahman ablehnende Sāṃkhya-Lehre führt, ergibt. Eine Rolle scheint sie besonders in den ersten nachchristlichen Jahrhunderten gespielt zu haben.

Die Sāṃkhya-Lehre ist eine großartige Leistung. Selten ist in dem Denken der Menschheit ein theoretisches Problem so klar erkannt worden; selten wurde eine Lösung mit solchem Scharfsinn unternommen und durchgeführt.

Durch die Sāṃkhya-Lehre sind der Jinismus und der Buddhismus erst möglich geworden. Sie sind Abarten derselben, in denen das Ethische eine größere Bedeutung erlangt. Gewisse der Sāṃkhya-Lehre entstammende Vorstellungen sind geistiges Gemeingut Indiens. Jeder Dorfbewohner ist mit der in den drei Guṇas enthaltenen Lehre vertraut.

Der Sāṃkhya-Lehre sind die Vorstellungen entnommen, auf denen sich die moderne Theosophie und Rudolph Steiner's Anthroposophie erbauen. Ganz wie in der Sāṃkhya-Lehre (siehe S. 55) hört auch bei Steiner die zwischen der ewigen, immateriellen Seele (er nennt sie Geist) und der psychischen Seele bestehende Verbindung dadurch zu bestehen auf, daß die psychische Seele zu völliger Läuterung gelangt. Nur deutet Steiner die Sāṃkhya-Lehre ins Ethische und ins Welt- und Lebenbejahende um. Der in die irdische Existenz eingehenden ewigen Seele ist, ihm zufolge, bestimmt, etwas für das Weltganze Wertvolles zu wirken.

V

DER JINISMUS

Die Sāṃkhya-Lehre setzt sich mit dem Problem des Freiwerdens von der Wiedergeburt hauptsächlich theoretisch auseinander, während der Jinismus und der Buddhismus das Problem in seiner praktischen Tragweite aufgreifen. Diese mächtigen, elementaren Bewegungen der Welt- und Lebensverneinung gehen darauf zurück, daß sich die Menschen das Problem der Befreiung von der immer neuen Wiedergeburt zu Herzen nehmen.

Die Bewegung geht, so viel wir wissen, von der Kriegerkaste aus und greift dann auf die anderen Kasten einschließlich der der Brahmanen über. Menschen aller Klassen verlassen in Scharen ihr Heim und ihren Beruf und ziehen als Bettelmönche und Asketen durch die Welt, um durch die Weltentsagung den Vorzug zu erlangen, nicht wieder in die Existenz zurückkehren zu müssen.

Kennzeichnend für die Weltflucht der Jinisten und Buddhisten ist, daß die Mönche nicht mehr jeder für sich leben, sondern Mönchsorden bilden.

Ursprünglich spielt die Welt- und Lebensverneinung in der Lehre von der Wiedergeburt, die sich zunächst nur mit Ethik und religiösen Zeremonien befaßt, keine Rolle. Dieser Lehre zufolge gehen diejenigen, welche gute Werke getan haben und für die die erforderlichen Opfer dargebracht worden sind, durch den Mond in die himmlische Freude ein, während die anderen wieder in die irdische Existenz zurückkehren müssen.[1]

Aber in den Upanishad's und in der Sāṃkhya-Lehre ist die Lehre von der Wiedergeburt mit der Idee der Welt- und Lebensverneinung verbunden. Die Idee der Welt- und Lebensvernei-

---

[1] Zur ursprünglichen einfachsten Form der Lehre von der Wiedergeburt, vgl. S. 36-38.

nung entstammt der brahmanischen Vorstellung von der immateriellen Welt-Seele und dem Eins-Werden des Menschen mit ihr. Einmal vorhanden, bemächtigt sich die Welt- und Lebensverneinung auch der Lehre von der Wiedergeburt, obwohl diese an sich nichts mit der Lehre von der Welt-Seele und dem Eins-Werden mit ihr zu tun hat. Die Idee der Reinigung, die natürlich in der Lehre von der Wiedergeburt enthalten ist, verbindet sich mit der Welt- und Lebensverneinung.

Erst im Verein mit der Lehre von der Wiedergeburt beginnt die Idee der Welt- und Lebensverneinung, die aus der Mystik des Eins-Werdens mit dem Brahman entspringt, ihre ganze Macht zu entfalten. Sie stellt sich jetzt in den Dienst einer ganz elementaren Vorstellung von der Erlösung. In der brahmanischen Mystik kann sich die Idee der Erlösung nicht voll entfalten. Diese beschäftigt sich nicht damit – und das kann man gar nicht genug betonen – Erlösung zu erlangen, sondern nur mit der Erfahrung der Weltentrücktheit. Der brahmanischen Lehre zufolge bedarf das Immaterielle in keiner Weise der Erlösung vom Materiellen. Das Immaterielle ist nicht in der Materie gefangen, sondern wird, wenn die Materie vergeht, ganz natürlich von ihr frei und kehrt in die All-Seele zurück.[1]

Jede Mystik setzt die Idee voraus, daß die Seele in wahrer Freiheit von der Welt lebt. Mystik ist die Verwirklichung, Verherrlichung und Offenbarung eines natürlich gegebenen Erlöstseins von der Welt und nicht ein Kämpfen und Ringen darum.

Von der Zeit an, da die Welt- und Lebensverneinung sich der Lehre von der Wiedergeburt bemächtigt, leitet sich die Forderung der Weltentsagung aus ihr ab. Wir wissen aus den Upanishad's, daß viele dieser Aufforderung nachkommen. Aber erst im Laufe des 8. und 7. Jahrhunderts v. Chr. dringt die neue von Welt- und Lebensverneinung beherrschte Vorstellung von der Wiedergeburt zum Herzen des Volkes vor. Im 6. Jahrhundert wird dann die Angst vor der Wiedergeburt zu einer Massenerfahrung.

---

[1] Siehe hierzu auch S. 31, 32 und S. 37–39.

Aber es besteht ein großer Unterschied zwischen der Welt- und Lebensverneinung der brahmanischen Mystik und der aus der Angst vor der Wiedergeburt erwachsenden. Die erste hat keinen Bezug zur Ethik, sondern ist überethisch. Die Welt- und Lebensverneinung hingegen, die aus der Sehnsucht nach dem Freiwerden von der Wiedergeburt entspringt, bemüht sich, als ethisch verstanden und gerechtfertigt zu werden. Sie verdrängt die Ethik nicht von dem Platz, den sie in der Lehre von der Wiedergeburt einnimmt, sondern nähert sich ihr als eine Art höchster Ethik, die zum wirklichen Rein-Bleiben erforderlich ist.

Man beachtet nicht genügend, daß wir es im alt-indischen Denken mit zwei Arten von Welt- und Lebensverneinung zu tun haben – der überethischen, die sich selbst genug ist, und einer Variante, die den Anspruch erhebt, die höchste Form der Ethik zu sein.

Zwar sprechen manche Stellen der Upanishad's von dem Freiwerden von der Wiedergeburt durch die überethische Welt- und Lebensverneinung, aber bei näherem Zusehen bemerkt man, daß sie die Mystik des Eins-Werdens mit dem Brahman voraussetzen, und daß die Idee der Wiedergeburt mit ihr in Verbindung gebracht und von ihr beherrscht wird. Wenn es, wie im Jinismus und bei Buddha, nur um das Problem des Freiwerdens von der Wiedergeburt geht, erhebt die Welt- und Lebensverneinung nicht den Anspruch, über aller Ethik zu stehen, sondern möchte höchste Ethik sein.

Aber die Frage ist, ob eine Loslösung von der Welt, wie sie sich aus der Welt- und Lebensverneinung ergibt, ethische Bedeutung annehmen kann. Ist sie nicht ihrem Wesen nach überethisch? Ist nicht die von der Ethik geforderte Loslösung von der Welt etwas ganz andersartiges als die aus der absoluten Welt- und Lebensverneinung folgende?

*

Wie die Sāṃkhya-Lehre erkennt der Jinismus (auch Jainismus genannt) der Materie Realität zu; wie sie nimmt er eine von Ewigkeit her bestehende Vielheit von immateriellen Einzelseelen an. Aber er weicht von ihr darin ab, daß er die immaterielle

Seele durch das Karman und die Erlebnisse des psychischen Ich tatsächlich betroffen sein läßt. Dementsprechend muß die Erlösung von der Wiedergeburt nun anders als in der Sāṃkhya-Lehre vorgestellt werden, nämlich so, daß die Seele sich von der erlittenen Befleckung durch reinen Wandel reinigt und sich vom Bösen überhaupt frei macht. Das Neue im Jinismus ist also die Bedeutung, die die Ethik erlangt. Die Vorstellung der Brahmanen und der Sāṃkhya-Lehre, daß die Erlösung allein durch Erkenntnis zustande komme, wird aufgegeben. An die Stelle der Idee des Erhaben-Seins über die Welt tritt – ein bedeutungsvolles Ereignis für das indische Denken! – die des Rein-Bleibens von ihr.

Ins Licht der Geschichte tritt der Jinismus durch Mahāvīra, einen Zeitgenossen Buddha's. Wie dieser gehört er der Kriegerkaste an. Sein Tod ist wohl auf 477 v. Chr. anzusetzen.

Der Stifter der Lehre soll Pārśvanātha (8. Jahrhundert v. Chr.?) gewesen sein. Ihren Namen hat sie daher, daß Pārśvanātha und Mahāvīra in der Überlieferung den Ehrentitel Sieger (Jina) führen, der dann auch Buddha beigelegt wird.

Der Jinismus hängt also mit der ältesten Sāṃkhya-Lehre zusammen, wie sich in ihm überhaupt viel Altertümliches findet. Erhalten hat er sich bis auf den heutigen Tag. Die Zahl seiner hauptsächlich dem Kaufmannsstand angehörigen Anhänger beträgt zur Zeit etwa eine Million.

Der Jinismus hält sich also nicht bloß an die überlieferte Ethik, wie es die brahmanische Lehre und die Sāṃkhya-Lehre tun, sondern sucht überdies noch der Welt- und Lebensverneinung eine ethische Bedeutung zu geben. Aus diesem Bestreben erklärt sich, daß das Nicht-Töten und Nicht-Schädigen lebendiger Wesen (Ahiṃsā) in ihm erstmalig zum großen Gebot erhoben wird.

Das Zeitwort hiṃs ist die Wunschform von han (töten, schädigen). Es bedeutet also Töten- und Schädigen-Wollen. Mit dem Substantiv A-hiṃsā ist also das Aufgeben des Töten- und Schädigen-Wollens gemeint.

*

Wie ist die Entstehung des Ahiṃsā-Gebotes zu erklären?

Es bildet sich nicht, wie man meinen sollte, in einer Gesinnung des Mitleids aus. Mitleid mit den kreatürlichen Wesen kennt das älteste indische Denken kaum. Wohl steht ihm von der brahmanischen Idee der All-Beseeltheit her die Zusammengehörigkeit aller Geschöpfe fest. Aber sie bleibt ihm eine rein theoretische Erkenntnis. Es unterläßt es, so unbegreiflich uns dies vorkommt, aus ihr die Folgerung zu ziehen, daß der Mensch mit den kreatürlichen Wesen als mit seinesgleichen Mitleid haben müsse.[1]

Wäre es wirklich das Mitleid gewesen, das das Gebot des Nicht-Tötens und Nicht-Schädigens geschaffen hätte, so bliebe unverständlich, wie es sich diese Grenze setzen und davon absehen konnte, auch wirkliches Helfen zu verlangen. Der Einwand, daß die Welt- und Lebensverneinung dem entgegengestanden habe, ist nicht stichhaltig. Zum mindesten hätte das Mitleid sich gegen die es beengende Beschränkung auflehnen müssen. Es geschah aber nichts dergleichen.

Das Gebot des Nicht-Tötens und Nicht-Schädigens entsteht also nicht aus der Gesinnung des Mitleids, sondern aus der Idee des Rein-Bleibens von der Welt. Es gehört ursprünglich der Ethik des Vollkommener-Werdens, nicht der des Handelns an. Um seiner selbst willen, nicht aus Mitempfinden für die andern Wesen, bestrebt sich der indische Fromme jener alten Zeiten, den Grundsatz des Nicht-Tuns, der sich aus der Welt- und Lebensverneinung ergibt, in seinem Verhalten zu den lebendigen Wesen mit aller Strenge durchzuführen. Die Gewalttätigkeit erscheint ihm als das am meisten zu meidende Tun.

Wohl setzt das Ahiṃsā-Gebot also die Lehre von der Gleichartigkeit aller Wesen voraus. Aber es entsteht nicht aus dem Mitleid sondern aus dem allgemeinen Grundsatz der Tatenlosigkeit, wie er sich aus der indischen Welt- und Lebensverneinung als solcher ergibt.

Da der Jinismus und die Brahmanenlehre die Anschauung von der Gleichartigkeit aller Wesen und den Grundsatz der Welt- und Lebensverneinung miteinander gemeinsam haben, kann das Ahiṃsā-Gebot ebensogut in jinistischen wie in brahmanischen Kreisen aufgekommen sein. Das letztere wird ge-

---

[1] Siehe darüber S. 32, 33.

wöhnlich angenommen. Aber das erstere ist wohl das Wahrscheinlichere. Im Jinismus nimmt die indische Welt- und Lebensverneinung erstmalig ethischen Charakter an. Auch legen die Jinisten dem Gebote des Nicht-Tötens und Nicht-Schädigens von jeher eine große Bedeutung bei, während es in den Upanishad's mehr nur nebenbei erwähnt wird. Überhaupt: Wie ist denkbar, daß die Idee der Verwerfung des Tötens bei den Brahmanen, die das Töten beim Opfern gewerbsmäßig betrieben, aufgekommen sei? Gar manches spricht also dafür, daß die Brahmanen das Ahiṃsā-Gebot vom Jinismus übernommen haben.

Nachdem das Ahiṃsā-Gebot einmal allgemeine Geltung erlangt hat, wirkt es erzieherisch. Es weckt mitleidige Gesinnung und hält sie wach. Mit der Zeit wird es dann aus dem Motiv des Mitleids erklärt und als das von dem Mitempfinden eingegebene Verhalten gepriesen. Daß es aber ursprünglich aus dem Grundsatz der Enthaltung vom Tun entstanden ist, zeigt sich darin, daß es sich innerhalb der Grenzen des mitleidigen Nicht-Tuns hält und vom helfenden Mitleid ganz absieht.

In dem Āyāraṃgasutta, einem wohl aus dem 3. oder 4. Jahrhundert v. Chr. stammenden Jina-Texte, wird die Ahiṃsā in folgenden Worten verkündet:[1]

„Alle Heiligen (Arhats) und Ehrwürdigen (Bhagavats) in der Vergangenheit, in der Gegenwart und in der Zukunft, sie alle sagen so, reden so, künden so, und erklären so: Keinerlei Lebewesen, keinerlei Geschöpfe, keinerlei besseelte Dinge, keinerlei Wesen darf man töten, noch mißhandeln, noch beschimpfen, noch quälen, noch verfolgen. Das ist das reine, ewige, beständige Religionsverbot, das von den Weisen, die die Welt verstehen, verkündet worden ist."[2]

Jahrhunderte später preist der Dichter Hemacandra (12. Jahrhundert n. Chr.), der auf Wunsch des von ihm zum Jinismus bekehrten Königs Kumārapāla die diesem teuer gewordene Lehre in einem Lehrgedicht behandelt, das Nicht-Töten und das Nicht-Schädigen in den herrlichen Versen:

„Einer liebevollen Mutter aller Wesen gleicht Ahiṃsā.
In der Wüste Saṃsāra ist Ahiṃsā wie ein Strom von Nektar.
Für des Leidens Waldbrand ist Ahiṃsā ein Zug von Regenwolken.

[1] Vgl. Winternitz, Geschichte der indischen Literatur, II (engl. Ausgabe, Kalkutta, 1933), S. 436.
[2] Vgl. Winternitz, II, S. 569.

Bestes Heilkraut für die Wesen, die da gequält sind von der Krankheit,
Die da heißt des Daseins stete Wiederkehr, ist Ahiṃsā."

Dem Ahiṃsā-Gebote gemäß verwerfen die Jinisten die blutigen Opfer, den Fleischgenuß, die Jagd und die Tierkämpfe. Sie machen sich auch zur Pflicht, darauf zu achten, daß sie beim Gehen nicht versehentlich Kriechtiere und Insekten zertreten. Die jinistischen Mönche gehen so weit, sich ein Tuch vor den Mund zu binden, um nicht beim Atmen kleinste in der Luft befindliche Wesen zu verschlucken. Der Jinismus sieht sich auch genötigt, die Feldarbeit zu verwerfen, weil das Umgraben der Erde ohne Schädigung von kleinsten Wesen nicht möglich ist. Deswegen betätigen sich die Jinisten hauptsächlich als Kaufleute.

Die Aufstellung des Gebotes des Nicht-Tötens und Nicht-Schädigens ist eines der größten Geschehnisse in der Geistesgeschichte der Menschheit. Von seinem in Welt- und Lebensverneinung begründeten Grundsatz der Enthaltung vom Tun aus gelangt das alt-indische Denken – und dies zu einer Zeit, da es in der Ethik sonst noch nicht besonders weit voran ist – zu der ungeheuren Entdeckung der Grenzenlosigkeit der Ethik! Klar ausgesprochen wird sie, soviel wir wissen, zum ersten Male durch den Jinismus.

Es bleibt das große Verdienst des indischen Denkens, an der ihm durch eine herrliche Fügung zuteil gewordenen Erkenntnis festgehalten und ihre Bedeutung eingesehen zu haben. Merkwürdig aber ist, daß es es unterläßt, sie nach jeder Seite hin in Augenschein zu nehmen und auf das Problem, das sie enthält, einzugehen. Grenzenlose Ethik ist ja nicht völlig erfüllbar. Mit dieser Tatsache setzt sich das indische Denken nicht auseinander. Es gesteht sie sich überhaupt nicht ein. In unbegreiflicher Weise hält es an der Illusion fest, als wäre das Nicht-Töten und Nicht-Schädigen für den, der es damit ernst nimmt, völlig durchführbar. So gehen gleich die Jinisten an dem großen Problem vorüber, als bestünde es nicht.

Auch wenn er sich noch so ernstlich vornimmt, sich des Tötens und Schädigens zu enthalten, kann der Mensch es doch nur mehr oder weniger vermeiden. Er steht unter dem Gesetze der Notwendigkeit, das ihn zu wissentlichem und unwissentlichem Töten und Schädigen zwingt. Vielfach kann der Fall eintreten, daß mit sklavischem Festhalten an dem Gebot des Nicht-Tötens dem Mitleid weniger gedient ist als mit seiner Übertretung. Dem nicht zu behebenden Leiden eines Wesens durch barmherziges Töten ein Ende machen, ist ethischer als davon Abstand zu nehmen. Haustiere, die man nicht mehr ernähren kann, eines qualvollen Hungertodes sterben zu lassen, ist grausamer, als ihnen mit Gewalt ein schnelles und schmerzloses Ende zu bereiten. Fort und fort sehen wir uns in die Notwendigkeit versetzt, zur Errettung eines Wesens ein anderes vernichten oder schädigen zu müssen.

Der Grundsatz des Nicht-Tötens und Nicht-Schädigens darf nichts für sich sein wollen, sondern hat dem Mitleid zu dienen und sich ihm unterzuordnen. Deswegen muß er sich in sachlicher Weise mit der Wirklichkeit auseinandersetzen. Die wahre Ehrfurcht vor der Ethik zeigt sich darin, daß man auf die Schwierigkeiten, die sie enthält, eingeht.

Wäre das indische Denken mit der ganzen Ethik, nicht nur mit der des Nicht-Tuns beschäftigt, so könnte es der sachlichen Auseinandersetzung mit der Wirklichkeit nicht so aus dem Wege gehen, wie es es tut, und hätte auch nicht ein solches Bestreben, sie zu meiden.

Aber gerade dadurch wiederum, daß es das Nicht-Töten und Nicht-Schädigen einfach als Dogma hinstellt, gelingt es ihm, den großen ethischen Gedanken, der damit verbunden ist, durch die Jahrhunderte hindurch sicher zu bewahren.

*

Auch die chinesische Ethik kommt dazu, sich mit dem Problem Mensch und Kreatur zu beschäftigen. Hier wird aber das gütige Verhalten allen Geschöpfen gegenüber aus der zwischen dem Menschen und ihnen bestehenden Wesensverwandtschaft und aus dem natürlichen Mitleid begründet. Auch bleibt es nicht auf das Nicht-Töten und Nicht-Schädigen beschränkt. Es wird tätiges Mitleid geboten.

Am weitesten geht in den Forderungen des Mitleids mit den Geschöpfen das Kan-Ying-P'ien (Das Buch von den Taten und der Vergeltung). Es handelt sich um eine populäre Schrift, die etwa zur Zeit der Sung-Dynastie (960–1227 n. Chr.), also in der Renaissance des chinesischen Denkens, entstand und heute noch zu den meistgelesenen Werken der chinesischen Literatur gehört. Sie enthält eine Sammlung von 212 meistens sehr kurzen Sätzen über Gut und Böse, die wohl viel älter sind als das Buch selbst.

Von diesem Buch gibt es Ausgaben, in denen jeder Spruch von einer kurzen Erklärung begleitet ist und durch mehrere Erzählungen erläutert wird.

Gebote des Kan-Ying-P'ien. – „Ein erbarmendes Herz haben gegen alle Geschöpfe." – „Auch Gewürm und Insekten und Pflanzen und Bäumen soll man kein Leid zufügen." – „Übel tut ... wer Vögel schießt, Tiere jagt, die Larven der Insekten ausgräbt, die nistenden Vögel aufschreckt, Höhlen verstopft, Nester aushebt, trächtige Tiere verwundet ... Mensch und Vieh nicht zur Ruhe kommen läßt."

Aus den Erklärungen zu den Geboten. – „Sieht man Tiere, die in Not sind, muß man darauf bedacht sein, ihnen beizustehen und ihnen das Leben zu erhalten."

„Laßt ja nicht zu, daß eure Kinder sich mit Mücken oder Schmetterlingen oder kleinen Vögeln als mit Spielzeug belustigen. Nicht nur, daß solches Tun Verletzung von lebendigen Wesen zur Folge haben kann: es weckt in den jungen Herzen den Trieb zur Grausamkeit und zum Morden."

„Der Himmel und die Erde geben allen Geschöpfen Leben und Wachstum. Wenn ihr sie verletzt, so befolgt ihr nicht die Güte des Himmels und der Erde."

Erläuternde Erzählungen zu den Geboten. – Die Frau eines Soldaten namens Fan war schwindsüchtig und dem Tode nahe. Als Heilmittel wurde ihr verordnet, die Gehirne von hundert Sperlingen zu essen. Als sie die Tiere im Käfig sah, seufzte sie und sprach: „Soll es denn so sein, daß für meine Genesung hundert lebendige Wesen getötet werden? Ich will lieber sterben als zulassen, daß ihnen Leid widerfahre." Sie öffnete den Käfig und ließ sie fliegen. Einige Zeit nachher wurde sie ihrer Krankheit ledig.

Tsao-Pin bewohnte ein verfallenes Haus. Seine Kinder ersuchten ihn, es instand zu setzen. Er aber antwortete ihnen: „In der Winterkälte bieten die Risse in der Mauer und die Zwischenräume zwischen den Ziegeln und zwischen den Steinen allerlei Lebewesen Schutz und Zuflucht. Man soll sie nicht in Gefahr bringen, zugrunde zu gehen."

Wu-Tang aus Liu-Ling pflegte seinen Sohn mit auf die Jagd zu nehmen. Eines Tages trafen sie einen Hirsch, der mit seinem Jungen spielte. Als er Tang erblickte, ergriff er die Flucht. Tang aber nahm einen Pfeil und tötete das Junge. Der erschreckte Hirsch machte sich unter schmerzlichem Geschrei davon. Als Tang sich im hohen Gras versteckt hatte, kehrte der Hirsch zurück und leckte die Wunde des Jungen. Wiederum spannte Tang seinen Bogen und tötete ihn. Nach einiger Zeit erblickte er einen andern Hirsch und sandte ihm einen Pfeil nach. Aber der Pfeil kam aus seiner Bahn und durchbohrte den Sohn. Da warf Tang seinen Bogen hin und umarmte seinen Sohn unter Tränen. In diesem Augenblick hörte er eine Stimme aus den Lüften, die zu ihm sprach: „Tang, der Hirsch liebte sein Junges ebensosehr wie du deinen Sohn."

Die durch das Kan-Ying-P'ien vertretene Ethik der Liebe gegen alle lebendigen Wesen hat man aus einer Einwirkung des indischen Ahiṃsā-Gebotes auf die chinesische Ethik erklären wollen. Dies geht nicht an. Wohl findet der Buddhismus in den ersten Jahrhunderten n. Chr. starke Verbreitung in China und gerade in der Gestalt des Mahāyāna-Buddhismus, der die Barmherzigkeit gegen alle Wesen noch viel eindringlicher zur Pflicht macht als Buddha selber. Aber nirgends macht sich im Kan-Ying-P'ien die Eigenart des indischen, sich ganz und gar aus einer Weltanschauung der Welt- und Lebensverneinung begründenden Mitleids, geltend. Von sich aus gelangt das chinesische Denken von der Idee der Liebe zu den Menschen, wie sie sich bei Konfuzius (Kung-Tse 551–479 v. Chr.), Mi-Tse (gestorben etwa 400 v. Chr.) und Meng-Tse (372–289 v. Chr.) findet, zu der der Liebe zu aller Kreatur. Das Bekanntwerden mit dem Buddhismus und dem indischen Ahiṃsā-Gebot hat diese Entwicklung sicherlich gefördert. Aber schon bei Meng-Tse, also lange bevor der Buddhismus nach China kommt, findet sich ein weitgehendes Mitleid mit den Geschöpfen. Meng-Tse lobt den König Süan von Tsi dafür, daß er Mitleid mit einem zum Schlachtopfer bei einer Glockenweihe bestimmten Ochsen hat und Befehl gibt, ihn laufen zu lassen. Eine solche Gesinnung, sagt er, genüge, um König der Welt zu werden.

Einzelne Sprüche des Kan-Ying-P'ien verraten Bekanntschaft mit dem indischen Ahiṃsā-Gebot. Aber der Geist seiner Ethik des grenzenlosen Mitleids ist nicht indisch. Das von der chinesischen Ethik geforderte Mitleid geht nicht von Theorien aus, sondern entspringt einem natürlichen Empfinden. Es beschränkt sich nicht auf die Welt- und Lebensverneinung, sondern fordert barmherziges Handeln.

*

An zweiter Stelle kommt im Jinismus das Gebot des Ablassens von der Unwahrhaftigkeit, das in der Ethik der Upanishad's, weil sie der Ahiṃsā noch keine solche Bedeutung zumißt, an erster Stelle steht.

Weiter verpflichtet sich der jinistische Mönch, Unredlichkeit und Unkeuschheit zu meiden und jeglichen Besitz aufzugeben.

Voll erfüllt können die Gebote der Jina-Lehre nur von den Asketen werden, die der Welt entsagen. Diese hauptsächlich aus der Kriegerkaste stammenden Mönche bilden einen Orden. Neben dem Orden steht eine Laiengemeinde, für deren Mitglieder an die Stelle des Gebotes der Keuschheit das der Heilighaltung der Ehe tritt. Sie dürfen arbeiten und verdienen. Aber ihr Herz soll von der Sorge um das Irdische und der Freude an ihm frei sein.

Die wahre Losgelöstheit von der Welt haben Mönche und Laien darin zu bekunden, daß sie das Böse, das ihnen die Menschen antun, gelassen hinnehmen und alle Regungen des Hasses und der Rache in sich unterdrücken.

Im Jinismus nimmt die Welt- und Lebensverneinung also bereits einen ausgesprochen ethischen Charakter an.

*

Auch die Ansicht, daß der Mensch überhaupt nichts dazu tun könne, um von der Wiedergeburt frei zu werden, findet sich im indischen Denken vertreten. In älterer Zeit wird sie besonders von Gosāla mit dem Beinamen Makkhali, einem Zeitgenossen Mahāvīra's, verfochten. Gosāla zufolge ist die Zahl der Wiedergeburten, die ein Mensch durchzumachen hat, durch das Schicksal bestimmt. „Glück und Leid sind wie mit Scheffeln zugemessen, und die Dauer der Seelenwanderung hat ihren bestimmten Termin; es gibt keine Verkürzung und keine Verlängerung derselben, keine Vergrößerung und keine Verkleinerung. Wie ein hingeworfenes Garnknäuel abläuft, nur indem es sich aufwickelt, gerade so werden Toren sowohl wie Weise, nur indem sie den Kreislauf der Seelenwanderung vollenden, des Leidens Ende herbeiführen."

Buddha bekämpft den Gosāla auf das heftigste. In einer Predigt läßt er sich über ihn also vernehmen: „Wie von allen gewebten Gewändern, die es gibt, ein hären Gewand das schlechteste heißt – ein hären Gewand, ihr Jünger, ist in der Kälte kalt, in der Hitze heiß, von schmutziger Farbe, schlecht riechend, rauh anzufühlen – so, ihr Jünger, heißt von jeglichen Lehren der andern Asketen und Brahmanen des Makkhali Lehre die schlechteste."

VI

BUDDHA UND SEINE LEHRE

Siddhārtha, der später den Namen Buddha, das heißt der Erleuchtete, führt, entstammt dem Kleinfürstengeschlechte der Śākya's, das im nordöstlichen Indien beheimatet ist. Sein Vater herrscht in der Stadt Kapilavastu.

Neunundzwanzig Jahre alt verläßt er Frau und Kind und zieht als Asket Gotama (Gotama ist ein Beiname der Śākya's) „aus dem Hause in die Hauslosigkeit" hinaus. Der Gedanke, daß alle Geburt nur zum Leiden und Sterben führt und daß die Aufeinanderfolge der Geburten ohne Ende ist, hat ihm die Lebensfreude genommen. Nun sucht er Erlösung von der Wiedergeburt.

Sieben Jahre verbringt er in Fasten, Selbstkasteiung und Übungen des Sich-Versenkens. Zuletzt läßt er von dem Fasten und der Selbstkasteiung ab. Unter einem Pipalbaum (Ficus religiosa) beim Dorfe Uruvelā, dem heutigen Bodh Gayā, südlich von Patna, erlebt er dann die Versenkung, in der ihm die erlösende Erkenntnis (Bodhi) des Freiwerdens von der Wiedergeburt zuteil wird.

Nun verbleibt er noch eine Reihe von Tagen an dieser Stätte, „die Seligkeit der Erlösung genießend" und mit sich selber kämpfend, ob er die erlangte Erkenntnis für sich behalten dürfe oder sie der Welt, die sie vielleicht nicht verstehen wird, mitteilen solle. Nachdem er sich zu letzterem entschlossen hat, begibt er sich nach Benares, wo er in einem Haine nahe bei der Stadt die erste Predigt hält und in fünf Mönchen, die er von früher her schon kennt, die ersten Jünger gewinnt. Er gründet einen Mönchsorden und findet auch viele Anhänger in Laienkreisen.

Viele Jahre zieht er nun lehrend umher. Er stirbt, 80 Jahre alt, zu Kusinārā, dem heutigen Kasiā im Gorakhpur-Distrikt, etwa um 485 v. Chr.

Die ältesten Nachrichten über Buddha und seine Verkündigung finden sich in dem Tripiṭaka (das Wort bedeutet Dreikorb), das aus drei Textsammlungen besteht. Die Texte des ersten Korbes (Vinayapiṭaka) enthalten die Ordensregeln, die des zweiten (Suttapiṭaka) die Reden des Buddha, die des dritten (Abhidhammapiṭaka) Abhandlungen über seine Lehre.

Von den Reden Buddha's ist ein Teil wohl schon im 3. Jahrhundert v. Chr., wenn nicht gar früher, schriftlich fixiert worden.

Die Sprache dieser Texte ist nicht das Sanskrit, sondern das Pāli, ein Dialekt des nordöstlichen Indien, der zur Kirchensprache des Buddhismus erhoben wird. Zum Sanskrit verhält er sich etwa wie das Italienische zum Lateinischen.

Buddha selber predigte in dem mit dem Pāli verwandten Dialekt des Magadha-Landes. Seinen Jüngern befahl er, daß jeder die Lehre in seiner eigenen Sprache verkünden solle.

Eine ausgezeichnete Darlegung der Lehre Buddha's bietet das Milindapañha („Die Fragen des Milinda"). Milinda ist der griechische Fürst Menandros, der etwa von 125 bis 95 v. Chr. über Baktrien herrscht und sein Reich weit nach Indien hinein ausdehnt. Nicht lange nach seinem Tode gehen die indischen Provinzen dem griechisch-baktrischen Reiche wieder verloren.

In dem Milindapañha stellt der Fürst, der der buddhistischen Lehre zugetan scheint, Fragen über sie an den buddhistischen Mönch Nāgasena, auf die dieser ihm trefflich zu antworten weiß. – Das Werk in seiner ursprünglichen Gestalt ist wohl zu Beginn unserer Zeitrechnung entstanden. Später wurden ihm dann noch viele jüngere Stücke beigefügt.

*

Buddha war ein Reformator und erinnert uns an Luther.

Auf dem Gebiet der Religion besteht eine verblüffende Ähnlichkeit zwischen ihnen. Beide ringen zunächst mit dem Problem der Erlösung. Luther beunruhigt die Frage, wie die Vergebung der Sünden erlangt werden könne, und Buddha, wie das Freiwerden von dem Elend des Kreislaufs der Wiedergeburten möglich sei.

In dem Ringen um die Erlösung erweisen sich beide als Freigeister. Sie wagen es, sich von dem Grundsatz des Strebens nach Werken, der die Frömmigkeit ihrer Zeit beherrscht, loszusagen. Luther erklärt, daß die mittelalterliche Rechtfertigung des Christen durch Werke und mönchisches Leben für die Erlösung keine Bedeutung habe, und Buddha verwirft die Askese und Selbstkasteiung seiner Zeit. Beide suchen die Erlösung zunächst auf dem Weg der Werke und beide erfahren, daß er nicht zum Ziele führt und wenden darum ihre Aufmerksamkeit einer vergeistigten Form der Religion zu.

Das Besondere der Lehre Buddha's besteht zunächst darin, daß er die von den Brahmanen und den Anhängern der Sāmkhya-Lehre und des Jinismus geübte Askese und Selbstpeinigung ebenso verwirft wie den Lebensgenuß. Weltentsagung, verkündet er, besteht vor allem darin, daß der Mensch das innerliche Losgelöst-Sein von den Dingen erreicht, nicht so sehr darin, daß er sie äußerlich bis ins Letzte durchführt. Wessen Geist von der Welt wirklich frei ist, der kann, ohne damit weltlich zu werden, den natürlichen Bedürfnissen ihr Recht zugestehen. Diese Überzeugung steht für Buddha aus dem Erlebnis fest, daß er die Erleuchtung nicht erlangte, als er seinen Leib kasteite und marterte, sondern als er wieder Speise zu sich nahm und aufhörte, ein „Selbstquäler" zu sein.

In der Welt- und Lebensverneinung, der er ergeben ist, wahrt sich Buddha also ein Stück Natürlichkeit. Dies ist das Große an ihm. Indem er die Strenge der Weltentsagung mildert, macht er der Welt- und Lebensbejahung ein neues und großes Zugeständnis.

In derselben Weise macht sich Luther durch die ihm eigene Natürlichkeit von der Welt- und Lebensverneinung des mittelalterlichen Christentums frei. Nur kommt er in der Welt- und Lebensbejahung weiter als Buddha. Er wagt zu sagen, daß eines Menschen Aufgabe und Arbeit heilig seien.

Wie andere Asketen hatte sich Buddha – wir erfahren es aus seinen Reden – damit abgequält, überhaupt nicht niederzusitzen oder sich nur auf die Fersen niederzulassen. Wie sie hatte er sich kein anderes Lager als ein mit Dornen belegtes gegönnt. Auch hatte er Kälbermist gegessen und Urin getrunken. Durch das Fasten war er zum Gerippe abgemagert.

Es gab auch Asketen, die das Gelübde taten, ganz als Hunde zu leben. Sie gingen auf allen Vieren und aßen nur, was man ihnen auf die Erde warf. Auf diese Weise meinten sie zu erreichen, als göttergleiche Wesen wiedergeboren zu werden. Buddha, nach seiner Erleuchtung, aber höhnt, daß sie dadurch erlangen, nach ihrem Tode in eine Hundeexistenz einzugehen.

Obwohl er als Bettelmönch lebt, nimmt Buddha nach seiner Erleuchtung auch Einladungen zu einem schmackhaft bereiteten Mahle an und erlaubt seinen Jüngern, dasselbe zu tun. Darob wird er von den andern Asketen bitter geschmäht.

Charakteristisch für Buddha's Denkweise ist ferner, daß er die brahmanische Lehre von der All-Seele und dem Eins-Sein der Einzelseele mit ihr mit aller Entschiedenheit ablehnt. Sie erklärt, behauptet er, und dies mit Recht, weder das Bestehen der Wiedergeburt noch die Erlösung von ihr. Darum sieht er sie als eitle Erfindung an und bekämpft sie.

Auf jede Weise verneint Buddha also die Existenz eines alleinen höchsten Seins. Insofern ist er Atheist. Hingegen stellt er nicht in Abrede, daß es Götter gebe. Diese aber sind für ihn nur vergängliche Wesen, wie der Mensch, nur daß sie einer höheren Art angehören als er. Sie können dem Menschen nicht helfen, und dieser hat ihnen nicht zu dienen.

Auch die Brahmanen denken gering von Göttern und von Götterdienst. Aber ihre Unterscheidung zwischen höherer und niederer Wahrheit erlaubt ihnen, dem Volk seinen Glauben zu lassen. Buddha hingegen legt es darauf an, es von den unzulänglichen religiösen Überzeugungen, in denen es lebt, zu befreien.

Wie von der Lehre der Brahmanen sagt sich Buddha auch von ihren heiligen Schriften los. Die vier Veda's, die Brāhmaṇa's und die Upanishad's gelten ihm nichts.

Als Freigeist zeigt er sich ferner darin, daß er seinen Mönchsorden auch den Angehörigen der verachteten Śūdra-Kaste öffnet. Welcher Kaste der Mensch auch angehört, läßt er sich in einer seiner Reden vernehmen, so kann er doch, wenn er das wahre Mönchtum lebt, die Vollendung erreichen. Ob das Feuer mit kostbarem Holz angerieben wird, oder mit Holz von einem Hundetrog, oder von einem Schweinetrog, oder von einem Waschtrog oder von einem Rizinusbaum: es hat die gleiche Flamme, denselben Glanz und die gleiche Leuchtkraft.

Buddha's Weitherzigkeit darf aber nicht so verstanden werden, als ob er sich überhaupt für die Aufhebung der Kastenunterschiede einsetzte. Seine Meinung ist die, daß nur die aus allen irdischen Verhältnissen herausgetretenen Mönche ihnen nicht mehr unterworfen sind. Für die Menschen aber, die noch im gewöhnlichen Getriebe der Welt stehen, behalten sie ihre Geltung. Der Gedanke, die Gesellschaft zu reformieren, liegt Buddha ebenso fern, wie dem Apostel Paulus. Beide sehen ihren Beruf einzig darin, den Menschen aus dem Irdischen herauszuführen und ihm die Vollendung, die er erreichen soll, vorzuhalten. Die irdische Welt ist für sie etwas, das zum Vergehen bestimmt ist. Sich um Besserung weltlicher Verhältnisse zu bemühen, erscheint ihnen ebensowenig angebracht als an einem zum Abbruch bestimmten Hause Reparaturen vorzunehmen. Darum beanstandet Buddha die Geltung der Kastenunterschiede im gewöhnlichen Leben nicht; darum unterläßt es Paulus, vom Grundsatze der christlichen Liebe aus die Abschaffung der Sklaverei zu fordern.

Nur mit Erlaubnis ihrer Herren dürfen die, die Unfreie sind, in den Orden Buddha's eintreten. Ebenso ist für alle Jugendlichen, welcher Kaste sie auch angehören, die Einwilligung der Eltern erforderlich.

Eine Tat bedeutet es auch, daß Buddha den Frauen das Recht auf das mönchische Leben zugesteht und einen Nonnenorden gründet. Freilich entschließt er sich dazu erst nach langem Widerstreben und nur auf Fürbitte seines Lieblingsjüngers Ānanda. Die Vorrechte der Mönche den Nonnen gegenüber werden voll gewahrt. Nach einer auf Buddha zurückgeführten Regel muß eine Nonne, auch wenn sie seit hundert Jahren ordiniert ist, vor jedem Mönch, auch wenn er eben frisch in den Orden eingetreten ist, die ehrfurchtsvolle Begrüßung vollziehen, vor ihm aufstehen, die gefalteten Hände erheben und ihn nach Gebühr ehren.

Auf seine Frage, warum man im öffentlichen Leben den Frauen nicht denselben Rang und dieselben Rechte zuerkenne wie den Männern, erhält Ānanda vom Meister zur Antwort: „Jähzornig, Ānanda, sind die Frauen; eifersüchtig, Ānanda, sind die Frauen; neidisch, Ānanda, sind die Frauen; dumm, Ānanda, sind die Frauen."

Von Buddha ist auch das Wort: „Weinen ist die Macht des Kindes; Zürnen ist die Macht der Weiber."

*

Die revolutionärste Tat Buddha's ist, daß er, um in der Lehre von der Erlösung völlig mit der Lehre der Brahmanen zu brechen, überhaupt bestreitet, daß der vergänglichen Sinnenwelt irgendwie ein unvergängliches und übersinnliches Sein zugrunde liege. Er leugnet also nicht nur die Existenz der All-Seele, sondern auch die der Einzelseele.

Um dies durchzuführen stellt er zwei Grundprinzipien zur Erforschung der Wahrheit auf. Nur was eine unmittelbar praktische Bedeutung für die Erlösung habe, solle den Geist beschäftigen; nur was sich aus unmittelbarer Feststellung ergebe, dürfe als Tatsache angesehen werden.

Dem ersten Grundsatz gemäß verbietet er seinen Jüngern, sich die Erlangung eines vollständigen Wissens von der Welt vorzunehmen. Das Forschen über das Wesen des Seins und der Erscheinungen und das zu seiner Zeit viel geübte Disputieren über Lehrmeinungen sieht er als unnütz an.

Einem Jünger, der sich darüber aufhält, daß er an so vielen Fragen vorübergehe, antwortet er in einem Gleichnis. Wenn ein Mann, führt er aus, von einem vergifteten Pfeile getroffen ist, wartet er nicht, um sich die Wunde behandeln zu lassen, bis er weiß, ob es ein Adeliger oder ein Brahmane oder ein Vaiśya oder ein Śūdra ist, der auf ihn geschossen, auch nicht bis er erforscht, wie der Mann heißt, welcher Familie er angehört, ob er groß oder klein oder von mittlerer Gestalt ist und wie die Waffe, deren er sich bediente, aussieht. Täte er dies, so würde er an seiner Wunde sterben. Nur wenn er sich alsbald dem von den Verwandten und Freunden herbeigerufenen Arzte anvertraut, kann er gerettet werden.

Insbesondere soll man sich nicht mit den Fragen abgeben, ob die Welt ewig ist oder zeitlich, ob sie endlich oder unendlich ist, ob Leben und Leib ein und dasselbe oder nicht ein und dasselbe sind und ob der „Vollendete" (das heißt der Erlöste) nach dem Tode noch existiert oder nicht mehr existiert. Über solches und ähnliches will Buddha keine Auskunft geben, weil ein Wissen davon zur Erlangung der Erlösung nicht notwendig ist.

Was nun aber kann und muß der Mensch, nach Buddha, wissen?

Zunächst gilt es einzusehen, daß es in der irdischen Welt keine wirkliche Freude gibt, sondern daß alles Leben Leiden ist. In der ersten Predigt zu Benares verkündet Buddha die „edle Wahrheit vom Leiden" in diesen Worten: „Geburt ist Leiden, Alter ist Leiden, Tod ist Leiden, mit Unliebem vereint sein ist Leiden, von Liebem getrennt sein ist Leiden, nicht erlangen, was man begehrt, ist Leiden."

Tiefer und wahrer als diese einseitig pessimistische Anschauung vom Leben ist die der Brahmanen. Sie lassen das irdische

Dasein aus Lust und Schmerz bestehen, sehen aber beides als eitel an. Wer das Eins-Sein mit der All-Seele erlebt habe, sei über das eine wie das andere erhaben. Aber schon finden sich in den Upanishad's auch Aussprüche, die, wie es dann Buddha tut, vergänglich und leidvoll einfach gleichsetzen. So schließt eine große Darlegung der Lehre vom Brahman in den Upanishad's mit den Worten: „Was von ihm (dem Brahman) verschieden ist, ist leidvoll."

Aber nicht nur, daß das irdische Leben leidvoll ist, gilt es, nach Buddha, einzusehen, sondern auch, daß dieses Dasein unser Los ist, weil wir in dem Wahne, als könne es uns Lust bringen, nach ihm Verlangen tragen. Der sinnlose Wille zum Leben – Buddha nennt ihn das Begehren nach Werden und nach Lust – ist es, der die Wesen von Wiedergeburt zu Wiedergeburt führt. Das Ende des Leidens kann also nur dadurch herbeigeführt werden, daß die Menschen den Willen zum Leben in sich ertöten. Tun sie dies, so erreichen sie es, daß sie nicht mehr wiedergeboren werden, sondern in das Nirvāṇa eingehen.

Buddha erklärt die Erlösung von der Wiedergeburt also nicht, wie die Brahmanen, die Sāṃkhya-Lehre und der Jinismus es tun, als ein Freiwerden der Seele von der Sinnenwelt, sondern, scheinbar einfacher, überhaupt als ein Aufhören des Lebens, das durch unmittelbare Absage an den Willen zum Leben erreicht wird.

Hält man sich nämlich, argumentiert er, an den Grundsatz, daß nur das, was sich aus unmittelbarer Feststellung ergibt, als Tatsache angesehen werden darf, so schrumpft unsere Kenntnis der Welt auf ganz wenig zusammen. Wir wissen nur von „Gestaltungen" (Saṃkhāra's), das heißt von Geschehen, das sich in körperlichen Erscheinungen abspielt. Weiter können wir noch feststellen, daß in diesem Geschehen gesetzmäßige Notwendigkeit waltet. Ein Erscheinungs-Geschehnis ergibt sich aus dem andern und folgt auf es. Als letztes läßt sich noch mit Sicherheit behaupten, daß alle Geschehnisse auf Willen zum Sein zurückgehen und ohne ihn nicht vorhanden wären.

Daß in der Welt sich alles nach gesetzmäßiger Notwendigkeit ereignet, behauptet Buddha gegen die Brahmanen, die das Weltgeschehen als ein regelloses Spiel betrachten. Das Kausalitätsprinzip ergibt sich ihm aber nicht aus irgendwelcher naturwissenschaftlicher Einsicht, sondern aus der Karman-Vorstellung. Wirken sich die Taten des Menschen durch unzählige Existenzen hindurch je nach ihrer Art in guter oder schlechter Wiedergeburt aus, so muß, folgert er ganz richtig, in dem ganzen Weltgeschehen das Gesetz von Ursache und Wirkung walten.

Auch das psychische Ich ist, nach Buddha, nicht ein beharrendes Selbst. Die Geschehnisse und Handlungen, die das Leben eines Menschen ausmachen, bilden nach seiner Ansicht gewissermaßen nur eine äußerliche, von einem sich stets erneuernden Willen zum Leben getragene Aufeinanderfolge.

Auf die Frage des Königs Milinda, wie er heiße, antwortet der buddhistische Mönch, der sich anerbietet, mit ihm zu disputieren, dem Milindapañha zufolge, daß er Nāgasena genannt werde. Dies sei aber, fügt er alsbald hinzu, ein bloßer Name. Ein wirkliches Ich, das ihm entspräche, sei nur scheinbar vorhanden. Daraufhin erklärt er dem erstaunten König diese Behauptung durch ein Bild. Wie die Flamme eines Dochtes, führt er aus, in Wirklichkeit nur die als Einheit gesehene stetige Aufeinanderfolge von Flammen ist, die aus demselben Brennstoff stets neu entstehen, also sei auch das, was wir als unser Ich ansehen, etwas, das sich in der Aufeinanderfolge der unser Dasein ausmachenden Geschehnisse stets neu bilde.

Diese Negation des geistigen Ich, für die sich Buddha so ereifert, kann er aber nicht wirklich durchführen. Die Ethik und die Karman-Lehre lassen es nicht zu. Nur wenn das Ich irgendwie etwas Beharrendes und mit sich selbst identisch Bleibendes ist, und also irgendwie Realität besitzt, ist es ethischen Überlegens und Verhaltens fähig und kann es durch das Karman seiner früheren Existenzen bestimmt sein. In seiner praktischen Lehre kann Buddha von seiner theoretischen Vorstellung vom Sein also keinen Gebrauch machen und tut es auch nicht.

Überhaupt gelingt es ihm nicht, die Lehre von dem Kreislauf der Wiedergeburten und dem Freikommen aus ihm von der ihr ursprünglich zugehörenden Vorstellung eines übersinnlichen Seins loszulösen und sie seiner rein empiristischen Anschauungsweise anzupassen. Fort und fort ereignet es sich, daß er von seiner Theorie, daß die Erlösung ein Aufhören des Seins ist, abweicht und sich so ausdrückt, daß sie auch, wie in der Sāṃkhya-

Lehre und im Jinismus, als ewige, selige Ruhe verstanden werden kann.

Was ist unter dem Nirvāṇa zu verstehen?

Nirvāṇa bedeutet Erlöschen. Schon vor Buddha wird dieses Wort verwendet. In Gebrauch kommt es im Jinismus. Die Jina-Lehre – wie auch die Sāṃkhya-Lehre – kann die Seligkeit nicht als ein Aufgehen der Einzel-Seele in der All-Seele begreifen, sondern muß sie sich als ein ewiges Zur-Ruhe-Kommen der Einzelseele als solcher vorstellen. Als Ausdruck für diesen Seligkeitszustand der Einzelseele, in dem sie das Bewußtsein ihrer selbst verloren hat, ist das Wort Nirvāṇa wohl aufgekommen. Später wird es dann von den Brahmanen übernommen und auch vor dem Aufgehen der Einzelseele in der All-Seele gebraucht.

Auf die Frage, wie man von der Seligkeit des Nirvāṇa reden könne, da es dort doch keine Empfindung gebe, antwortet Sāriputta, einer der Lieblingsjünger Buddha's: „Eben dies, o Freund, ist die Seligkeit, daß dort keine Empfindung ist."

Zuletzt gilt auch vom Nirvāṇa, daß ein genaues Wissen davon unnötig ist.

Um die Brahmanen völlig zu widerlegen, verneint Buddha, daß dem materiellen Sein irgendwie ein immaterielles zugrunde liege, ohne dies wirklich durchführen zu können. Einfacher wäre es für ihn gewesen, auf Erkenntnis des Seins überhaupt zu verzichten, sich mit der Feststellung zu begnügen, daß alles Leben in der Sinnenwelt Leiden ist, und es dahingestellt sein lassen, inwieweit dem Werden und Vergehen der Sinnenwelt ein übersinnliches Sein entspricht.

Von manchen Seiten sind neuerdings Zweifel laut geworden, ob die Verneinung der Realität des immateriellen Seins und des seelischen Ich überhaupt tatsächlich zur ursprünglichen Lehre Buddha's gehörte.

*

Buddha's Bedeutung liegt nicht auf dem Gebiete des theoretischen Denkens, sondern darin, daß er die Welt- und Lebensverneinung vergeistigt und ihr einen ethischen Odem einhaucht. Er macht sich die ethischen Errungenschaften des Jinismus zu eigen und führt das dort Begonnene weiter.

Weil Buddha verkündet, daß alles Leben leidvoll ist, hat man ihn – als man noch keine genauere Kenntnis des Jinismus besaß

– für den Schöpfer der Ethik des Mitleids gehalten und gemeint, daß das Gebot des Nicht-Tötens und Nicht-Schädigens von ihm ausgegangen sei. Dies trifft nicht zu. Das Ahiṃsā-Gebot findet er im Jinismus vor und übernimmt es von ihm.

Das Ahiṃsā-Gebot scheint im älteren Buddhismus nicht so streng beobachtet worden zu sein wie im Jinismus. Ein völliges Verbot des Genusses von Fleisch hat nicht bestanden. Anders wäre es unmöglich, daß in den heiligen Schriften des Buddhismus berichtet wird, Buddha sei nach Genuß eines aus Wildschweinfleisch bereiteten Gerichtes, das ihm der Schmied Cunda vorsetzte, gestorben. Erst europäische Gelehrte nehmen Anstoß an dieser Nachricht und suchen wahrscheinlich zu machen, daß das betreffende Wort (sūkaramaddavam) nicht notwendig Gericht aus Wildschweinfleisch bedeute, sondern daß darunter auch eine Speise verstanden werden könne, die aus Kräutern, Wurzeln oder Pilzen, die einen Namen führten, in dem das Wort Wildschwein vorkam, bereitet wurde.

Nun wissen wir aber aus einer von Buddha herrührenden oder schon in ältester Zeit ihm zugeschriebenen Äußerung, daß er Fleischgenuß in gewissen Fällen als statthaft ansah. Ein Hofarzt namens Jīvaka, so wird in den Reden Buddha's berichtet, hat davon gehört, daß der Meister gelegentlich auch Fleisch esse und stellt ihn deswegen zur Rede. Darauf erklärt ihm dieser, daß er Fleisch, von dem er wisse, daß es von einer eigens für ihn gemachten Schlachtung stamme, zurückweise. Er erlaube sich aber, solches, das man ihm bei einem Mahle, zu dem er gerade hinzukomme, vorsetze oder das man ihm in seine Almosenschüssel tue, zu genießen. Das Tier sei ja nicht seinetwegen getötet worden. Darum dürfe er dieses Fleisch als „untadelige Nahrung ansehen“.

Nach demselben Verfahren löst Paulus, im 8. Kapitel des 1. Briefes an die Korinther, die Frage, ob Christen von dem Fleische, das von den heidnischen Opfern herrührt, essen dürfen. Wenn man gesagt bekomme, daß es daher stamme, solle man, entscheidet er, es nicht genießen, da dies eine Sünde bedeuten würde. Erhalte man aber von Heiden bei einer Einladung Fleisch vorgesetzt oder kaufe man Fleisch auf dem Markte, so brauche man sich nach seiner Herkunft nicht zu erkundigen und könne es ruhig essen.

Daß die sophistische Unterscheidung zwischen Schlachtung, an der man schuldig und solcher, an der man unschuldig ist, von Buddha gemacht wird oder ihm zugeschrieben werden kann, zeigt, daß der ältere Buddhismus es mit dem Verbot des Fleischgenusses noch nicht ganz streng nahm. An diese Tradition halten sich die buddhistischen Mönche in Ceylon noch heute. Legt man ihnen Fleisch in die Almosenschale, so essen sie es.

Sich ein Tuch vor den Mund zu binden, um keine Lebewesen einzuatmen, gebietet Buddha seinen Jüngern nicht. Auch beanstandet er den Ackerbau nicht. Er verfolgt das Ahiṃsā-Gebot also nicht so in die Einzelheiten, wie es die Jinisten tun. Das Problem der Grenzenlosigkeit der Ethik kommt ihm noch nicht recht zum Bewußtsein.

*

Wenn auch das Gebot des Nicht-Tötens und Nicht-Schädigens nicht auf Buddha zurückgeht, so ist er dennoch der Schöpfer der Ethik des Mitleids. Er nämlich unternimmt es, dieses Gebot, das ursprünglich der Idee der Tatenlosigkeit und des Rein-Bleibens von der Welt entstammt, aus dem Mitleid zu begründen.

In einer Rede schildert er in ergreifenden Worten, wie die Knechte und Söldner, die von dem König, der ein großes Opfer veranstalten will, den Befehl empfangen haben, die dazu ausersehenen Tiere herbeizuholen, „aus Furcht vor Strafe, von Angst eingeschüchtert, mit tränenden Augen“ darangehen, ihn auszuführen.

Auf Grund der Vorstellungen der Seidenweber, daß sie sich zur Gewinnung von Seide an dem Leben so vieler kleiner Wesen versündigen müßten, soll er seinen Mönchen den Gebrauch seidener Decken verboten haben.

Buddha's Ethik des Mitleids ist aber unvollständig. Sie wird durch die Welt- und Lebensverneinung eingeschränkt. Nirgends erhebt der Meister die Forderung, daß der Mensch, weil alles Leben Leiden ist, sich bestrebe, nach Möglichkeit jedem Menschen und jedem Wesen Hilfe zu bringen. Er gebietet nur das Vermeiden des mitleidslosen Tuns. Das mitleidsvolle Helfen kommt für ihn nicht in Betracht. Es ist durch den aus der Welt- und Lebensverneinung kommenden Grundsatz der Tatenlosigkeit ausgeschlossen.

Und nicht nur der Grundsatz der Tatenlosigkeit, sondern auch die mit der Welt- und Lebensverneinung zusammenhängende Vorstellung vom Wesen des Leidens und von der Erlösung vom Leiden steht bei Buddha dem mitleidsvollen Handeln entgegen. Hat alles Leiden seinen Grund in dem Willen zum Leben, so kann es nur dadurch, daß dieser verneint wird – also nur durch eine Erkenntnis-Tat des betreffenden Wesens selber – behoben werden. Es im einzelnen oder von außen her lindern zu wollen, ist eigentlich zwecklos. Die Grundursache des Leidens bleibt ja bestehen und wirkt sich alsbald aufs neue aus.

Durch die Welt- und Lebensverneinung wird das Mitleid gegenstandslos. Sie nötigt den Menschen – wenn er sich dies einzugestehen wagt – das Bestreben, dem in Not befindlichen Leben Beistand zu leisten, als zwecklos einzusehen und aufzugeben.

Tatsächlich besteht Buddha's Mitleid auch vornehmlich in der steten Vergegenwärtigung der Tatsache, daß alle Wesen fort und fort dem Leiden unterworfen sind. Es ist mehr Verstandes-Mitleid als unmittelbares, den Drang zum Helfen in sich tragendes Herzens-Mitleid.

Daß Buddha liebevoll von den Tieren geredet und in einem herzlichen Verhältnis zu ihnen gestanden habe, wird in der älteren Überlieferung nicht berichtet. Er war kein Franziskus von Assisi.

Erst in den Jātaka's, den legendarischen Geschichten aus seinen früheren Existenzen, wird er als der große Tierfreund geschildert. Eine der bekanntesten dieser Erzählungen handelt davon, daß er sich einem hungrigen Tigerweibchen hingegeben habe, um es vor dem Verbrechen zu bewahren, seine eigenen Jungen aufzuzehren.

*

Weil das Tun für sie nicht in Betracht kommt, kann sich die Ethik bei Buddha nur als Gedanken-Ethik entwickeln.

Verlangt der Jinismus, daß der Mönch alle Regungen des Hasses und der Rache unterdrücke, so gebietet ihm Buddha noch darüber hinaus, daß er allen Wesen, ja der ganzen Welt, eine Gesinnung der Gütigkeit entgegenbringe.

„Dies habt ihr nun, meine Mönche, wohl zu üben: Nicht soll unser Gemüt verstört werden, kein böser Laut soll unserem Munde entfahren, freundlich und mitleidig wollen wir bleiben, liebevollen Gemüts, ohne heimliche Tücke; und diese unsere Person werden wir mit liebevollem Gemüte durchstrahlen; von ihr ausgehend werden wir dann die ganze Welt . . . mit weitem, tiefem, unbeschränktem, von Grimm und Groll geklärtem Gemüte durchstrahlen. Also habt ihr euch, meine Freunde, wohl zu üben."[1]

„Liebevollen Gemüts weilend strahlt er (der Mönch) nach einer Richtung, dann nach einer zweiten, dann nach einer dritten, dann nach der vierten, ebenso nach oben und nach unten: überall in allem sich wiedererkennend durchstrahlt er die ganze Welt mit liebevollem Gemüte."[2]

Bei den Brahmanen und in der Sāṃkhya-Lehre hat die Ethik nur die Bedeutung, daß sie eine bessere Wiedergeburt verleiht; im Jinismus hilft sie mit, der Seele ihre ursprüngliche Reinheit wiederzugeben; bei Buddha – und dies ist das Neue – ist ethische Geistesverfassung zur Erlangung der wahren Versenkung erforderlich. Will man den zurückgelegten Weg ermessen, so lese man zuerst in den schönsten Reden Buddha's und nehme nachher die Upanishad's vor.

Die Meditation begreift bei Buddha also ethische Gedanken-Exerzitien in sich. Nur wessen Sinn rein und dazu noch von heiterer Gütigkeit gegen die ganze Welt erfüllt ist, der soll fähig sein, in Versenkung die höchste Weltentrücktheit zu erleben.

Die Ekstase und die Übungen des Sich-Versenkens spielen bei Buddha keine geringere Rolle als bei den Brahmanen und den Bekennern der Sāṃkhya- und Jina-Lehre. Er unterscheidet vier „Schauungen". In der letzten und höchsten wird dem Menschen gewiß, daß er hinfort keine Wiedergeburt mehr erleben wird. Durch sie geht er eigentlich bereits ins Nirvāṇa ein, wenn auch seine leibliche Existenz noch nicht alsbald aufhört.

---

[1] Neumann, Reden Buddhas, I, 215.
[2] Ebenda, I, 447.

In der höchsten Schauung kann er die Erinnerung an seine früheren Daseinsformen, sogar an die in früheren Weltperioden, erlangen. Von sich selber behauptet Buddha, daß ihm solches zuteil geworden sei.

*

Nach Buddha hat die ethische Geistesverfassung aber nicht nur eine Bedeutung für den Menschen selber, sondern sie ist zugleich eine Macht, die von ihm ausgeht. Buddha besitzt sie in einzigartiger Weise. Sie macht das Geheimnis seiner so gewaltigen und so schlichten Persönlichkeit aus.

Nicht nur auf Menschen, sondern auch auf Tiere soll die von ihm ausgehende „Gütigkeits-Strahlung" gewirkt haben. Ein wilder Elefant, den sein ihm feindlich gesinnter Vetter Devadatta in einer engen Gasse auf ihn losließ, hielt, so wird erzählt, von der Kraft seiner Gütigkeit getroffen, im Laufe inne und senkte den schon zum Schlag erhobenen Rüssel.

Buddha ist der erste, der das fundamentale Gesetz ausspricht, daß ethischer Geist rein an sich eine Energie bedeutet, die Ethisches in der Welt wirkt.

Von der Kraft des Geistes, die mit ihm verbunden ist, empfängt das Wort das Vermögen, etwas auszurichten.

Aus der reinen und gütigen Gesinnung im Schweigen und Reden Gutes zu vollbringen, gehört, nach Buddha, zum Berufe des Mönches.

„Die Wahrheit spricht der Mönch, der Wahrheit ist er ergeben, standhaft, vertrauenswürdig, kein Heuchler und Schmeichler der Welt. Afterreden hat er verworfen, von Afterreden hält er sich fern. Was er hier gehört hat, erzählt er dort nicht wieder, um Jene zu entzweien, und was er dort gehört hat, erzählt er hier nicht wieder, um Diese zu entzweien. So einigt er Entzweite, festigt Verbundene; Eintracht macht ihn froh, Eintracht freut ihn, Eintracht beglückt ihn, Eintracht fördernde Worte spricht er ... Worte, die frei von Schimpf sind, dem Ohre wohltuend, liebreich, zum Herzen dringend, höflich, Viele erfreuend, Viele erhebend, solche Worte spricht er."[1]

Nicht nur um der zu erlangenden Vollkommenheit willen muß man Feindschaft ertragen und Böses verzeihen, sondern

---

[1] Neumann, Reden Buddhas, I, 423–424.

auch darum, weil damit etwas in der Welt ausgerichtet wird. „Durch Nicht-Zürnen", sagt Buddha, „überwinde man den Zorn; das Böse überwinde man mit Gutem; den Geizigen überwinde man mit Gabe; durch Wahrheit überwinde man den Lügner; durch Nicht-Feindschaft kommt Feindschaft zur Ruhe."

So heißt es auch beim Apostel Paulus: „Laß dich nicht das Böse überwinden, sondern überwinde das Böse mit Gutem" (Brief an die Römer. Kap. 12 Vers 21).

Von der Feindschaft, die durch Nicht-Feindschaft zur Ruhe kommt, handelt die Erzählung vom Prinzen Dīghāvu (Lebelang), die Buddha seinen Jüngern bei Gelegenheit eines Streites, der unter ihnen ausbricht, vorträgt. König Brahmadatta hat seinem Nachbarn, dem König Dīghīti (Leidelang), das Reich genommen. Später lebt dieser mit seiner Frau unerkannt als Bettelmönch verkleidet in der Stadt seines Feindes, wo ihm ein Sohn, dem er den Namen Dīghāvu (Lebelang) gibt, geboren wird. Einige Jahre später erfährt König Brahmadatta durch einen Verräter, wer der Bettelmönch ist, und läßt ihn und sein Weib hinrichten. Auf dem Gang zum Tode redet dieser zu seinem Sohne Dīghāvu von der Feindschaft, die durch Nicht-Feindschaft zur Ruhe gebracht werden müsse. Unerkannt tritt Dīghāvu in den Dienst des Königs und erwirbt seine Freundschaft. Auf der Jagd weiß er es dann einmal so einzurichten, daß er mit ihm ganz allein im Walde ist. Der müde König legt sein Haupt in seinen Schoß und schläft ein. Nun erachtet Dīghāvu den Augenblick für gekommen, Rache zu nehmen. Dreimal zückt er das Schwert über dem Haupte des Schläfers; dreimal läßt er es sinken, weil ihm das letzte Wort des Vaters in den Sinn kommt. Dem König aber träumt, daß Dīghāvu ihn ermorden wolle. Entsetzt fährt er auf, erblickt ihn vor sich mit dem Schwert in der Hand und vernimmt von ihm, wer er ist. Vor ihm niederfallend fleht er um sein Leben. Dīghāvu aber eröffnet ihm, daß er dem Worte seines Vaters gemäß ihm verzeihen müsse und bittet ihn, ihm seinerseits zu verzeihen, daß er ihn töten wollte. So findet die Feindschaft ein Ende. Dīghāvu wird von dem König wieder in die Herrschaft seines Vaters eingesetzt.

*

Indem Buddha ethische Gesinnung an sich oder in Worten kundgegeben als eine auf die Welt wirkende Kraft bewertet, tritt er aus der Ethik der Welt und Lebensverneinung, die den Menschen nur mit sich selber beschäftigt sein läßt, heraus. Aber die Ethik des Handelns in Liebe bleibt dennoch außerhalb seines Gesichtskreises liegen. Nur das Geistige in der Welt will er ändern, nicht die irdischen Zustände. Von dem Grundsatz der

Tatenlosigkeit abzugehen, kommt ihm nicht in den Sinn, obwohl der Tat-Gedanke in seiner Ethik bereits vorhanden ist.

Er, der so scharfsinnige erkenntnistheoretische Untersuchungen anstellt, geht an dem elementaren Problem, ob die Ethik sich wirklich auf das Nicht-Tun beschränken könne oder ob sie sich nicht auch auf das Gebiet des Tuns begeben müsse, wie mit Blindheit geschlagen vorüber. Die Welt- und Lebensverneinung steht ihm als etwas Selbstverständliches fest. Daß das Mitleid einen aus den Tiefen des menschlichen Wesens kommenden Protest gegen sie bedeutet, wird ihm nicht bewußt.

Wenn er die „Rechtschaffenheit des Mönches“ in dem herrlichen Satze beschreibt: „Er ist mitleidig und barmherzig und trachtet freundlich nach dem Wohl aller lebenden Wesen“, so ist er weit davon entfernt, ihm damit tätige Liebe zuzumuten. Er macht ihm nur die zur Vollendung und zum wahren Seelenfrieden gehörige Geistesverfassung der Gütigkeit zur Pflicht.

Zur Erlösung gelangt, lehrt er, wer den „heiligen achtfältigen Weg der rechten Erkenntnis, der rechten Gesinnung, der rechten Rede, des rechten Handelns, des rechten Wandelns, des rechten Mühens, der rechten Einsicht, der rechten Vertiefung“ begeht. Man lasse sich aber durch das Wort „rechtes Handeln“ nicht täuschen. Er versteht darunter nur das Vermeiden des Bösen.

„Was ist nun, Brüder, rechtes Handeln? Lebendiges umzubringen vermeiden, Nichtgegebenes zu nehmen vermeiden, Ausschweifungen zu begehen vermeiden: dies nennt man, Brüder, rechtes Handeln.“ (Aus einer Rede Sāriputta's, eines Lieblingsjüngers Buddha's, über den achtfältigen Weg.)

Tätige Liebe kann für Buddha's Mönche schon darum nicht in Betracht kommen, weil sie voraussetzt, daß man etwas in der Welt lieb hat und so irgendwie mit dem Herzen an ihr hängt. Dies aber würde eine Beschränkung des Frei-Seins von den irdischen Dingen bedeuten. Wie erschütternd lautet doch Buddha's Wort: „Freudenreich und von Schmerz frei sind, die nichts Liebes in der Welt haben.“ Einem Vater, dem sein Knäblein gestorben ist, weiß er nichts anderes zu sagen als: „Was einem lieb ist, gibt Wehe und Jammer.“

In harten Strichen zeichnet er das mönchische Vollkommenheits-Ideal in dem Spruche: „Wer nicht für andere sorgt, für den es keine Verwandten gibt, wer sich bezähmt, wer in der Wahrheit Kern befestigt ist, in dem die Grundübel erloschen sind, wer den Haß von sich geworfen hat: den nenne ich einen Brahmanen."

*

Daß Buddha, um der Welt- und Lebensverneinung willen, die er als oberstes Gesetz aufstellt, davon Abstand nimmt, seinen Mönchen das aus Mitleid und Liebe kommende Tun zuzumuten, ist begreiflich. In seiner Laien-Ethik aber steht er vor der Entscheidung, ob er es zur Pflicht machen soll oder nicht. Gesteht er – was mit seiner Lehre vom Leiden und von der Erlösung vom Leiden eigentlich unvereinbar ist – Menschen zu, daß sie weiter im tätigen Leben verbleiben, so sollte er ihnen eigentlich auch ein Tun aus Mitleid und Liebe gebieten. Dies würde aber ein die Welt- und Lebensverneinung aufhebendes Zugeständnis an die Welt- und Lebensbejahung bedeuten.

Bei Buddha ist die Ethik so stark entwickelt, daß sie bereits Selbstzweck ist. Dies gesteht er sich aber nicht ein. Er läßt sie weiter im Dienste der von der Welt- und Lebensverneinung beherrschten Erlösung stehen.

Ethische Welt- und Lebensverneinung ist eine in sich widerspruchsvolle und nicht verwirklichbare Idee. Die Ethik trägt ja auch Welt- und Lebensbejahung in sich. Was für ethische Welt- und Lebensverneinung angesehen wird, ist immer nur Ethik, die sich innerhalb der Grenzen der Welt- und Lebensverneinung hält und dementsprechend unvollständig ist.

Es kann also nicht anders sein: auch Buddha's Laien-Ethik ist von der Welt- und Lebensverneinung beherrscht. Sie vermag einige Forderungen der Tat-Ethik zu vertreten. Aber nie und nimmermehr darf sie ethisches Handeln in dem Maße und dem Umfange, wie es von dem Mitleid und der Liebe wirklich gefordert wird, zum Gebot erheben.

Nur selten spricht sich Buddha über die Laien-Ethik aus. Durchweg wendet er sich in seinen Reden an die Mönche.

Aus einer Rede über Laien-Ethik.[1] „Aber auch, wie des Hausvaters Lebensweise sein soll, will ich euch verkünden . . .: denn ihm, der Weib und Kind hat, bleibt die ganze Befolgung der Mönchsgebote unerreichbar . . . Er töte kein lebendes Wesen; er nehme nicht, was ihm nicht gegeben wurde; er lüge nicht; er trinke nichts Berauschendes; er lasse ab von der Unkeuschheit, . . . Pflichtgemäß sorge er für seine Eltern und betreibe ein frommes und rechtliches Geschäft."

Weiter gebietet Buddha den Laien noch: Freigebigkeit, frommen Wandel, liebevolle Sorge für Anverwandte, tadellose Werke, Ehrfurcht und Bescheidenheit, Duldsamkeit und Sanftmut, Zufriedenheit und Dankbarkeit, rechtzeitiges Anhören von Lehrvorträgen, Besuche von Asketen.

Die in Stein gemeißelten Inschriften des buddhistischen Königs Aśoka (3. Jahrhundert v. Chr.) empfehlen den Laien außer der Beobachtung des Ahiṃsā-Gebotes besonders wohlwollendes Verhalten gegen Sklaven und Diener, Ehrerbietung gegen ehrwürdige Personen und Freigebigkeit gegen Brahmanen und Asketen.

Das Dhammapada (Der Pfad der Wahrheit), das klassische Buch der altbuddhistischen Ethik – es gehört dem Suttapiṭaka, dem zweiten „Korb" der heiligen Schriften des älteren Buddhismus, an und enthält authentische Sprüche Buddha's und solche, die ihm zugeschrieben werden – bringt fast nichts über Laien-Ethik.

Buddha's Laien-Ethik enttäuscht also insofern, als sie es unterläßt, unter dem Zwang des Mitleids und der Liebe geschehendes Handeln zu fordern. Der so großartigen Gedanken-Ethik des Mitleids und der Gütigkeit sollte eine entsprechende Tat-Ethik zur Seite treten. Sie fehlt.

Man beachte: Kein Wort von der den Notleidenden geschuldeten Hilfe! Wo Buddha von Wohltätigkeit redet, meint er die Freigebigkeit gegen die Mönche! Den Lohn, der auf dieser steht, preist er in einer für uns anstößigen Weise.

Großen Wert legt er auf die Dankbarkeit. In einer seiner schönsten Reden äußert er sich über sie in den Worten: „Die Summe alles dessen, was einen schlechten Menschen ausmacht, ist die Undankbarkeit . . . Die Summe alles dessen, was einen guten Menschen ausmacht, ist die Dankbarkeit."

Von der Dankbarkeit gegen die Eltern.[2] „Wenn einer . . . seine Mutter auf der einen Schulter und seinen Vater auf der andern Schulter herumtrüge

[1] Suttanipāta, 385–404 (Winternitz, Der ältere Buddhismus, S. 81).

[2] Anguttara-Nikaya, II, 4, I ff.

und so hundert Jahre alt würde ..., so hat er damit noch immer nicht den Eltern Dank bezeigt und deren Wohltaten vergolten ...

Wer aber seine Eltern, wenn sie ungläubig sind, zum vollkommenen Glauben bringt ... wenn sie böse sind, zur vollkommenen Tugend bringt ... wenn sie geizig sind, zur vollkommenen Opferwilligkeit bringt ... wenn sie nicht weise sind, zur vollkommenen Weisheit bringt: der hat dadurch allein den Eltern Dank bezeigt, deren Wohltaten vergolten, ... ja mehr als vergolten.

Buddhas Ethik unterscheidet sich von der Ethik Jesu, insofern er nicht wirklich tätige Liebe fordert. Jesus und Buddha ist gemeinsam, daß ihre Ethik, da sie unter dem Einfluß der Welt- und Lebensverneinung steht, nicht eine Tat-Ethik, sondern eine Ethik der inneren Vollendung ist. Bei beiden jedoch wird die Ethik der inneren Vollendung vom Grundsatz der Liebe beherrscht. Daher trägt sie die Tendenz in sich, sich im Tun auszudrücken und hat auf diese Weise eine gewisse Verwandtschaft mit der Welt- und Lebensbejahung. Bei Jesus gebietet die Ethik der Selbstvollendung tätige Liebe: bei Buddha geht sie nicht so weit.

Man muß festhalten, daß sich die Welt- und Lebensverneinung Jesu nach Ursprung und Wesen ziemlich deutlich von der Buddhas unterscheidet. Sie macht bei der Unterscheidung zwischen dem materiellen und dem immateriellen Sein nicht halt, sondern gibt die natürliche Welt in der Erwartung, daß sie in eine übernatürliche und gute Welt verwandelt wird, als böse auf. Jesu Welt- und Lebensverneinung hat ihre Voraussetzung in der Ethik. Wegen dieses grundlegenden Unterschiedes in der Welt- und Lebensverneinung ist der immer von neuem unternommene Versuch, die Lehre Jesu aus buddhistischen Einflüssen zu erklären, als aussichtslos zu beurteilen, selbst wenn man das so überaus Unwahrscheinliche annehmen will, daß Jesus Kunde von indischem Denken gehabt habe.

Selbstverständlich nehmen sich die buddhistischen Laien das Recht, wo es ihnen geboten erscheint, dem natürlichen Emp finden ihres Herzens Folge zu leisten und tätige Liebe zu üben, ohne sich darum zu kümmern, ob sie mit der Welt- und Lebensverneinung vereinbar ist.

Brunnen zu graben und Rasthäuser für die Wanderer zu bauen gehört von jeher zu den von ihnen geübten guten Werken.

In den in Stein gemeißelten Geboten des Königs Aśoka beginnt das tätige Mitleid schon eine gewisse Rolle zu spielen.

*

Es gibt auch Fälle, in denen Buddha selber sich zum Handeln in Liebe fortreißen läßt. Eines Abends, bei einem Gang durch die Schlafstätten, trifft er einen an Dysenterie leidenden und durch sie bereits entkräfteten Mönch in seinem Unrat liegend an. Mit Hilfe Ānanda's, der mit ihm ist, wäscht er ihn ab und bettet ihn um. Nachher ruft er die Mönche zusammen und belehrt sie über das Helfen, das sie sich gegenseitig schulden. Dieses Dienen begründet er aber nicht aus einem allgemeinen Gebote der Liebes-Tätigkeit, sondern daraus, daß sie weder Vater noch Mutter bei sich hätten, die für sie sorgen könnten, und also einander Vater und Mutter ersetzen müßten. Die Ermahnung schließt mit dem Satze: „Wer, o Mönche, mich pflegen würde, der soll den Kranken pflegen."

In der menschlich so großen Persönlichkeit Buddha's ist die Ethik etwas so Starkes und Lebendiges, daß sie in der Welt- und Lebensverneinung mit ihrer Tatenlosigkeit eigentlich keinen Platz mehr hat. Aber sie lehnt sich nicht gegen sie auf und sprengt sie nicht, sondern geht, wo es sich von selber ergibt, über sie hinaus, wie gestaute Wasser an der und jener Stelle den Damm überfließen.

Über die Frage der Welterlösung äußert sich Buddha nicht. Eigentlich müßte er die Hoffnung aussprechen, daß mit der Zeit alle Wesen in das Nirvāṇa eingehen werden und daß auf diese Weise das leidvolle Werden und Vergehen einmal ganz zu Ende komme. Er gibt sich aber Rechenschaft davon, wie schwer das Welt-Nirvāṇa vorstellbar ist, wenn alles Sein, den Voraussetzungen der Wiedergeburtslehre zufolge, die Erlösung nur auf dem Umwege über ein der höchsten Erkenntnis fähiges Menschendasein erlangen kann.[1]

[1] Siehe darüber S. 39–40 und 55–56.

Nach Buddha grenzt es schon an das Unmögliche, daß ein Mensch, der auf Grund böser Tat in eine nicht-menschliche Daseinsform eingegangen ist, später wieder als Mensch wiedergeboren werde, „weil es in den niedrigen Daseinsformen nur gegenseitiges Morden und kein gutes Handeln gibt". Wenn ein einlochiges Joch ins Meer geworfen wird, und im Meere befindet sich eine einäugige Schildkröte, die nur einmal alle hundert Jahre emportaucht, so besteht, nach einem Gleichnisse Buddha's, viel mehr Aussicht, daß diese Schildkröte einmal ihren Hals in dieses einlochige Joch steckt, als daß der Tor, der einmal in niedrige Daseinsformen geraten ist, wieder zu Menschenexistenz gelangt.

Daß Buddha, der Prediger des Mitleids, den Menschen nur mit seiner eigenen Erlösung, nicht auch mit der aller Wesen beschäftigt sein läßt, ist eine Schwäche seiner Lehre.

*

Für uns Europäer – und nicht weniger für die modernen Inder – stellt es eine gewisse Schwierigkeit dar, uns von dem geschichtlichen Buddha und seiner Lehre ein wirklich zutreffendes Bild zu machen. Wir können uns nicht damit abfinden, daß der große Lehrer des Mitleids in der Theorie noch so vollständig von der Welt- und Lebensverneinung und dem Prinzip des Nicht-Tuns, das sich aus ihr herleitet, bestimmt ist. Das will nicht in das Idealbild passen, das wir von ihm zeichnen möchten. Es verleiht seinem Charakter einen Zug, der uns fremd erscheint. Seine Ethik beunruhigt uns, weil sie unvollständig ist.

Mit Buddha geht es uns ähnlich, wie wenn wir uns mit Jesus befassen. Es fällt uns schwer zuzugeben, daß Jesu Denken und Ethik von einer sehnsuchtsvollen Erwartung des Weltendes bestimmt sind.

Aber wir besitzen über beide Lehrer verläßliche Information in hinlänglichem Ausmaß, um sie mit zwingender Notwendigkeit so zu sehen, wie sie wirklich sind.

Buddha unternimmt es, die Welt- und Lebensverneinung zu vergeistigen und ihr ethischen Charakter zu verleihen; darin liegt seine Bedeutung. Er vergeistigt sie dadurch, daß er die Menschen lehrt, der Loslösung des Herzens von den materiellen Dingen mehr Bedeutung beizumessen als der wirklich geübten Weltentsagung. Gleichzeitig fordert er von seinen Jüngern, daß sich ihr inneres Losgelöst-Sein von der Welt in ethischem Verhalten äußern solle.

Da sein Denken von der Welt- und Lebensverneinung beherrscht ist, kann für ihn die Ethik der tätigen Hilfe nicht in Betracht kommen. So kann er diese exoterische Ethik nicht in Erwägung ziehen und sich nur mit der esoterischen Ethik jener haßlosen, friedfertigen und gütigen Gesinnung befassen, nach der der Mensch streben und die er im Umgang mit seinen Nebenmenschen bewähren muß. Damit wird er zum Schöpfer der Ethik der inneren Vollendung. In diesem Rahmen bringt er Wahrheiten von ewiger Gültigkeit zum Ausdruck und fördert die Ethik, nicht nur Indiens, sondern der ganzen Menschheit. Er zählt zu den größten ethischen Genies, die der Welt je geschenkt wurden.

Wie aber kommt es dazu, daß bei Buddha die Welt- und Lebensverneinung ethisch wird? Ist es wirklich so, wie er selber meint, daß die Welt- und Lebensverneinung für sich selbst eine Ethik schafft? Hierin täuscht er sich.

Die Welt- und Lebensverneinung kann zu nichts anderem werden, als was sie ihrem Wesen nach ist, nämlich Weltentrücktheit und Gleichgültigkeit gegenüber der Welt. Niemals kann sich Ethik aus ihr herleiten. Die Ethik setzt eine Anteilnahme am Wohl der Wesen, die dieser Welt angehören, voraus, und dieses Interesse für irdische Dinge weist auf eine, und sei es eine noch so schwach angedeutete, Lebensbejahung hin.

Die ethische Welt- und Lebensverneinung kann also nie aus der Schöpfung einer Ethik erwachsen, die mit sich selbst im Einklang ist, sondern kann nur entstehen, wenn die Ethik in der Welt und Lebensverneinung Ausdruck findet. Das trifft auf Buddha zu. Mit ihm tritt die Ethik in der indischen Welt- und

Lebensverneinung auf, wie durch Jesus die Ethik in der spätjüdischen, mit der Erwartung des Weltendes verknüpften, Welt- und Lebensverneinung Ausdruck findet.

Buddha glaubt, die Ethik und die Welt- und Lebensverneinung verbinden zu können, in Wirklichkeit jedoch wird er durch die Ethik der ihn noch beherrschenden Welt- und Lebensverneinung untreu. Seine Ethik der inneren Vollendung unterscheidet sich dem Geist nach von der Welt- und Lebensverneinung, obgleich sie sich noch in ihren Grenzen hält. Das von der Ethik geforderte innerliche Frei-Sein von der Welt mag der Freiheit gleichen, die sich aus der Welt- und Lebensverneinung ergibt, seinem Wesen nach jedoch ist es etwas anderes.[1] Es erwächst aus der Notwendigkeit größerer ethischer Vollkommenheit. Das Frei-Sein von der Welt, das die Welt- und Lebensverneinung als solche begleitet, zielt auf nichts ab, sondern ist Selbstzweck. Wie klarblickend sind hierin die alten Brahmanen, wenn sie die Welt- und Lebensverneinung als etwas nur mit sich selber Beschäftigtes darstellen und die Ethik als der Welt- und Lebensbejahung zugehörig ansehen!

Die Ethik der höheren inneren Vollendung beruht nicht auf der Welt- und Lebensverneinung, sondern sie ist in Wirklichkeit der innerste Kern der Ethik. Auch die Ethik, die der Welt- und Lebensbejahung zugehört, muß den Menschen zu dem Streben nach höherer innerer Vollkommenheit ansporn, die nur durch ein inneres Frei-Sein von der Welt erlangt werden kann. Um jedoch zu diesem Frei-Sein von der Welt zu gelangen, braucht der Mensch die Welt nicht als wesenlos zu betrachten. Er kann den irdischen Dingen Bedeutung zuerkennen. Die tiefste innere Freiheit von der Welt ist diejenige, nach der der Mensch strebt, um eine ethische Persönlichkeit zu werden und als solche der Welt zu dienen.

Buddha baut also die ethische Idee des Frei-Seins von der Welt in die Welt- und Lebensverneinung ein. Er glaubt damit der welt- und lebensverneinenden inneren Freiheit von der Welt einen ethischen Sinn zu geben. In Wirklichkeit aber setzt er die

[1] Hierzu vgl. auch S. 56 und 57.

grundsätzlich andersartige Vorstellung des ethischen Frei-Seins von der Welt an ihre Stelle.

Tatsächlich ist seine Ethik der größeren inneren Vollendung ein in die Welt- und Lebensverneinung eingeführtes fremdes und ihr schädliches Element.

In seiner Ethik des Mitleids wird dann sein Abweichen von der Welt- und Lebensverneinung vollends offenbar. Diese Form der Ethik setzt ein so stark entwickeltes Interesse an den irdischen Dingen voraus, sie trägt so starke Impulse des Tätigseins in sich, daß es unbegreiflich ist, wie Buddha annehmen kann, sie lasse sich mit dem in der Welt- und Lebensverneinung enthaltenen Prinzip der Tatenlosigkeit vereinbaren.

Die Ethik ist der heimliche Verbündete der Welt- und Lebensbejahung, und Buddha gewährt diesem gefährlichen Gegner Einlaß in die Festung der Welt- und Lebensverneinung.

Er gibt Indien etwas, was es noch nicht besitzt: eine aus dem Denken hergeleitete Ethik. Bis dahin kannte es nur eine traditionelle Tugend- und Pflichtmoral, also eine Ethik, die nur bis zu einem gewissen Grad entwicklungsfähig ist. Die endgültige Höherentwicklung der Ethik setzt erst ein, wenn das Denken beginnt, sich mit der Moral zu befassen und das Grundprinzip zu suchen, das alle Tugenden und alle Pflichten umfaßt. Als Buddha die mitleidsvolle Liebe zum Grundprinzip der Moral erhebt, haucht er der indischen Ethik einen neuen Lebensodem ein.

Er sät die Saat der Ethik auf dem Feld der Welt- und Lebensverneinung, aber der Wind trägt einen Teil des Samens auf anderen Boden. Im Laufe der Jahrhunderte reift im volkstümlichen Denken, das vom Dogma der Welt- und Lebensverneinung wenig oder gar nicht beeinflußt ist, aus der Saat seiner ethischen Ideen eine herrliche Ernte heran.

Diese Höherentwicklung der Ethik aber gereicht nicht der Welt- und Lebensverneinung, sondern der Welt- und Lebensbejahung zum Vorteil. Durch die von ihm verbreitete Ethik gibt Buddha der im indischen Geist vorhandenen Welt- und Lebensbejahung Waffen zur Überwindung der Welt- und Lebensverneinung an die Hand. Ohne den Einfluß seiner Ethik wäre die Höherentwicklung, die sich in den folgenden Jahrhunderten im Hinduismus vollzieht, undenkbar. Durch die auf Buddha zurückgehende Ethik erlangt der Hinduismus die Stärke, dem Buddhismus in Indien ein Ende zu bereiten.

Nach langem Schwanken sieht sich der indische Geist genötigt, Buddhas Welt- und Lebensverneinung im ganzen abzulehnen. Seine Ethik aber behält er bei.

VII

DER SPÄT-BUDDHISMUS IN INDIEN

Einem Worte zufolge, das er an Ānanda richtet, erwartet Buddha, daß die von ihm verkündete Wahrheit nur 500 Jahre bestehen werde. Alsdann müsse ein neuer Offenbarer der Erlösung auftreten.

Diese Weissagung geht nicht in Erfüllung. 500 Jahre nach Buddha's Tod, das heißt um die Wende unserer Zeitrechnung, beginnt die höchste Blüte seiner Lehre. Freilich, es ist nicht mehr ganz die, die er selber verkündet hat. Sie hat sich fortentwickelt.

Im späteren Buddhismus bildet sich die Anschauung aus, daß der Welt von jeher die zur Erlösung führende Wahrheit durch Buddha's verkündet worden sei. Gotama Buddha, aus dem Geschlechte der Śākya's, ist also nur einer unter den vielen. In jeder Weltperiode – der Spät-Buddhismus übernimmt von der Sāṃkhya-Lehre die Vorstellung aufeinanderfolgender Weltperioden – und in jeder Weltgegend (also nicht nur auf Erden) treten von Zeit zu Zeit Buddha's auf. Gotama Buddha ist nicht der letzte. Nach ihm werden noch andere kommen.

Der spät-buddhistischen Lehre zufolge gehen alle Buddha's auf einen himmlischen, durch sich selbst existierenden Ur-Buddha (Ādi-Buddha) zurück, von dem auch die Welt ihren Ausgang nimmt. Unter den sich direkt von ihm herleitenden ewigen Buddha's ragt Buddha Amitābha (der vom unermeßlichen Licht), der Schirmherr der jetzigen Welt, hervor. Seine Wohnstätte ist die Paradies-Welt Sukhāvatī. Auch Gotama Buddha ist nach der Dogmatik des Spät-Buddhismus ein himmlisches Wesen, das Menschengestalt annahm, um die Erkenntnis von der Erlösung in die Welt zu bringen. In einzelnen Schriften des Spät-Buddhismus wird er sogar, wie der Ur-Buddha, als der „aus sich selbst entstandene Vater der Welt" bezeichnet. Die spät-buddhistische Lehre von den Buddha's wird nicht einheitlich durchgeführt. Sie trägt viele Unklarheiten und Widersprüche in sich.

Der Spät-Buddhismus wird also zu einer Religion. Und zwar bleibt er nicht dabei stehen, nur die Verehrung der Buddha's gutzuheißen, sondern läßt auch den Kult der Götter überhaupt, dem Gotama Buddha jede Bedeutung abgesprochen hatte, wieder zu Ehren kommen.

Indem er sich so zu einer volkstümlichen Religion entwickelt, entfernt sich der Spät-Buddhismus von der Lehre des geschichtlichen Buddha, daß die Erlösung von der Wiedergeburt nur durch mönchisches Leben und Weltentsagung erlangt werden könne. Er behauptet, daß sie auch denen, die im gewöhnlichen Leben verbleiben, zuteil wird, wenn sie den göttlichen Buddha gläubig verehren und sich ihm vertrauensvoll hingeben.

Diese neue Lehre, die den für alle zugänglichen und leichter begehbaren Weg der Erlösung verkündet, nennt sich die Lehre von dem „großen Fahrzeug" (Mahāyāna). Die ursprüngliche, vom geschichtlichen Buddha herrührende, wird als die vom „kleinen Fahrzeug" (Hīnayāna) bezeichnet. Gemeint ist das Fahrzeug, das über den Strom der Wiedergeburten und des Leidens zum Ufer des Nirvāṇa übersetzt.

*

Über die Lehre des geschichtlichen Buddha geht der Mahāyāna-Buddhismus auch darin hinaus, daß er das Freiwerden von der Wiedergeburt nicht mehr als das höchste zu erstrebende Ziel ansieht. Die Idee des Mitleids ist in ihm so stark entwickelt, daß ihm unbegreiflich wird, wie Buddha den Menschen nur mit seiner eigenen Erlösung und nicht auch mit der der Welt beschäftigt sein lassen kann. Darum stellt er als Ideal auf, daß der Mensch, der das Freiwerden von der Wiedergeburt erlangt habe, darauf verzichte, ins Nirvāṇa einzugehen, um weiterhin immerfort auf Erden zu erscheinen und sich um die Erlösung aller Wesen zu bemühen. Diesen fort und fort wieder freiwillig Menschenexistenz annehmenden Heiligen erkennt der Mahāyāna-Buddhismus den Rang und die Würde von Bodhisattva's, das heißt von Anwärtern auf die Buddhaschaft, zu.

Der Mahāyāna-Buddhismus ist eine folgerichtige Weiterbildung des ursprünglichen Buddhismus.

Buddha denkt die Idee des Mitleids aus. Zugleich aber läßt er den Menschen noch in ganz egoistischer Weise nur auf sein eigenes Freiwerden von dem Kreislauf der Wiedergeburten sinnen.

Der Mahāyāna-Buddhismus gibt sich Rechenschaft davon, daß die Idee des Mitleids, wenn sie einmal vorhanden ist, sich nicht mit irgendeiner ihr zugewiesenen Rolle zufrieden geben kann, sondern das Denken ganz beherrschen will und also jegliche egoistische Erlösungssehnsucht beanstanden muß.

In großartiger Wahrhaftigkeit widersteht der Mahāyāna-Buddhismus der Versuchung, sich durch ein Zurechtmachen der Überlieferung auf Buddha selber zurückzuführen. Er stellt nicht in Abrede, daß Buddha die Menschen dazu anhielt, vor allem nach dem Freiwerden von der Wiedergeburt zu trachten, und daß er selber von seinem Eingehen ins Nirvāṇa redete. Dies habe er, erklären die Mahāyāna-Lehrer, aber nur deswegen getan, weil seine Zeitgenossen nicht fähig gewesen seien, die höhere Wahrheit, daß man auf das Nirvāṇa verzichten solle, zu begreifen. Darum sei die sich aus dem Geiste seines Mitleides ergebende Lehre über diejenige, die durch seinen Mund verkündet wurde, zu stellen.

Der Mahāyāna-Lehre zufolge ist Gotama Buddha also gar nicht in das Nirvāṇa eingegangen, sondern wirkt in den himmlischen Regionen fort und fort für das Bekanntwerden der Erkenntnis der Elösung in der Welt. „Er gießt den großen Regen der Religion hernieder und läßt die große Trommel der Religion erdröhnen."

Zur Ausbildung gelangt der Mahāyāna-Buddhismus im nordöstlichen Indien, wohl in den beiden ersten Jahrhunderten unserer Zeitrechnung. Seine heiligen Schriften sind nicht, wie die des älteren Buddhismus, in der Pāli-Sprache, sondern im Sanskrit abgefaßt.

Da der Mahāyāna-Buddhismus nach Tibet und nach China gelangt und sich hier erhält, während in Indien im Laufe der Jahrhunderte der Buddhismus überhaupt verschwindet, besitzen wir eine Reihe von wichtigen Mahāyāna-Texten, die im Sanskrit-Original verloren gegangen sind, noch in tibetischen und chinesischen Übersetzungen.

Das bekannteste Werk des Mahāyāna-Buddhismus ist das Saddharmapuṇḍarīka („Der Lotus der guten Lehre"). Es verherrlicht Gotama Buddha als ein göttliches Wesen, das unter Tausenden von Göttern und Buddha's und Bodhisattva's auf einem Berge thront. Entstanden ist diese Schrift wohl schon vor 200 n. Chr. Schon 223 und wieder 286 n. Chr. wird sie ins Chinesische übertragen.

Der Lalitavistara („Die ausführliche Erzählung von dem Spiel", zu ergänzen „des Buddha") schildert in legendarischer Art die Menschwerdung des göttlichen Buddha in der Familie der Śākya's und sein irdisches Wirken. Seinen ältesten Bestandteilen nach ist das Werk wohl noch vor unserer Zeitrechnung entstanden.

Der Sukhāvatīvyūha („Ausführliche Beschreibung des gesegneten Landes") handelt von Buddha Amitābha und dem Sukhāvatī-Paradies. Diese Schrift wird schon zwischen 147 und 186 n. Chr. ins Chinesische übersetzt.

Große Mahāyāna-Lehrer sind Nāgārjuna (2. Jahrhundert n. Chr.?), der aus einer Brahmanenfamilie stammt, und der gelehrte Dichter Sāntideva (7. Jahrhundert n. Chr.).

*

Im Mahāyāna-Buddhismus lebt sich also die Mitleidsidee Buddha's voll aus. Der Mahāyāna-Gläubige nimmt sich vor, die Vollkommenheit des „großen Mitleids" zu erreichen. Wie tief das Wort „Solange die Wesen leiden, ist keine Möglichkeit der Freude für die, die voll Mitleids sind"! Zum ersten Male im Denken der Menschheit ist die Weltanschauung von der Idee des Mitleids beherrscht.

Aber dieses mächtige Mitleid kann sich nicht in natürlicher Weise ausleben und auswirken. Wie der ursprüngliche Buddhismus ist auch der Mahāyāna-Buddhismus in Welt- und Lebensverneinung gefangen. Wie jener kann er also eigentlich nur die Tatenlosigkeit gutheißen. Wie jener vermag er dem auf die Behebung der materiellen Not gehenden Helfen keine wirkliche Bedeutung beizulegen. Wie jener kann er als die einzig wirksame Mitleidstat nur die Verbreitung der Erkenntnis, daß durch Verneinung des Willens zum Leben Erlösung erlangt wird, ansehen.

Der Mahāyāna-Buddhismus sorgt sich um die Erlösung aller Wesen. Wie sie aber möglich ist und zustande kommen soll, vermag er ebensowenig zu erklären wie die Sāṃkhya-Lehre und Buddha.

Dem Mahāyāna-Mitleid sind die Hände also in derselben Weise gebunden, wie dem Buddha's selber. Es ist im Grunde nichts anderes als das Gedanken-Mitleid, das Buddha seinen Mönchen zur Pflicht macht, nur ins Maßlose gesteigert. Darum kann es sich nicht mehr kontemplativ verhalten, wie bei Buddha, sondern lebt sich in Mitleids-Wünschen, oft in wahren Orgien von Mitleids-Wünschen, aus.

Der Mahāyāna-Gläubige betet für alle Wesen, daß sie keinen Mangel leiden, von Schmerz und Krankheit verschont bleiben, nicht verlassen und unterdrückt sind, ein glückliches Leben in sündloser Gesinnung verbringen und aus den niederen Daseinsweisen in die höheren, zur Erlösung führenden, eingehen. Lange Fürbittengebete dieser Art finden sich in den Mahāyāna-Schriften. Weil die Frauen unter die niederen Wesen gerechnet werden, wird für sie erfleht, daß sie als Männer wiedergeboren werden. Auch der in Ängsten und Qual befindlichen Höllenbewohner wird in diesen Gebeten gedacht. Das „große Mitleid" geht nicht nur auf die auf Erden lebenden Geschöpfe, sondern auf alle Wesen in allen Welten.

Aus Mahāyāna-Schriften.[1] „In allen Ländern mögen alle Leiden der Wesen aufhören." ... „Mögen alle Wesen in den zehn Weltgegenden, die schwach, krank, heruntergekommen und schutzlos sind, von ihrer Krankheit befreit werden." ... „Mögen die Geschlagenen von den Schlägen befreit, die mit dem Tode Bedrohten dem Leben wiedergegeben werden und die in Bedrängnis Geratenen von aller Furcht frei werden." ... „Mögen die an Hunger und Durst Leidenden Speise und Trank in Fülle erhalten."

„Die Blinden mögen Gestalten sehen, die Tauben immerdar hören, die Schwangeren schmerzlos gebären." ... „Mögen nirgends Laute des Schmerzes in der Welt ertönen. Möge auch nicht ein einziges Wesen Widerwärtiges erleben." ... „Mögen die Wesen den niedrigen Weg (der Wiedergeburt) vermeiden." ... „Mögen alle Frauen stets als Männer wiedergeboren werden, als tapfere Helden und weise Gelehrte." ... „Mögen sie die Buddha's in den zehn Weltgegenden schauen, behaglich sitzend in den herrlichen Edelsteinbäumen auf Thronen aus Beryll, und mögen sie die von ihnen gehaltenen Predigten hören." ...

---

[1] Zitiert nach Prof. M. Winternitz, Der Mahāyāna-Buddhismus (Tübisem 1930), S. 46/47, 53, 61.

„Zur Ruhe kommen mögen die Qualen und Ängste der Höllenbewohner.“ ... „Die Furcht, von einander gefressen zu werden, möge von den Tieren weichen; die Gespenster mögen glücklich sein.“ ... „Ich juble über die Befreiung der Wesen von den Leiden des Kreislaufs der Wiedergeburten.“

Aber nicht nur in Wünschen, sondern auch in Wunsch-Taten lebt sich das Mahāyāna-Mitleid aus. Die einfache natürliche Mitleidstat kommt für es ja nicht in Betracht. Wohl ist in den Mahāyāna-Schriften viel davon die Rede, daß die Hungrigen gespeist, die Durstigen getränkt und die Kranken gepflegt werden mögen. Aber vergebens sucht man in ihnen nach sachlichen Geboten liebevollen Helfens zur Linderung der Not. Der Mahāyāna-Buddhismus zieht letzten Endes nur Taten in Betracht, die zur wirklichen, völligen Erlösung vom Leidensdasein beitragen. Das „große Mitleid“ erlaubt dem Mahāyāna-Gläubigen nicht, sich wie Buddha mit der Verkündigung der erlösenden Wahrheit zu begnügen. Es zwingt ihn, in Gedanken gewillt zu sein, den Schatz guter Werke, den er sich erworben hat, für die Erlösung der andern dahinzugeben, die Leiden der andern auf sich zu nehmen, an ihrer Stelle in niedere Daseinsweisen einzugehen und für sie Höllenqualen zu erdulden. Statt einfach Mitleid zu üben, ist er mit den Großtaten heroischer Selbstaufopferung beschäftigt, die er als Bodhisattva vollbringen will.

Aus Mahāyāna-Schriften.[1] „Möge ich alle Wesen in die Stadt des Nirvāṇa führen.“ – „Möge ich um des Guten willen, das ich vollbracht, ein Besänftiger aller Leiden aller Wesen sein.“ – „Alle Verdienste, die ich ... erworben, gebe ich hier unbekümmert hin zur Wohlfahrt aller Wesen.“

„Ich bemühe mich nicht bloß um meine eigene Erlösung. Alle diese Wesen ... muß ich aus der Flut der Wiedergeburt (Saṃsāra) herausführen. Ich selbst muß die ganze Masse des Leidens aller Wesen auf mich nehmen. Soweit ich es vermag, will ich in allen schlechten Daseinsformen, wie sie in allen Weltteilen erlangt werden, alle Leiden auskosten. ... Ich bin entschlossen, in jeder einzelnen schlechten Daseinsform ungezählte Millionen von Weltzeitaltern zu leben. ... Besser ist es ja fürwahr, daß ich allein leide, als daß alle Wesen in die Stätten der schlechten Daseinsformen gelangen.“

„Die Bodhisattva's, die sich den Zusammenhang (zwischen sich und andern Wesen) vergegenwärtigen und die nur an der Linderung fremder Leiden Freude haben, stürzen sich in die Hölle wie Flamingos in einen Lotushain.“

---

[1] Zitiert nach Winternitz, Der Mahāyāna-Buddhismus, 1930, S. 39, 53, 34/35, 59.

So versteigt sich auch der Apostel Paulus zu dem Worte (Brief an die Römer Kap. 9 Vers 3), daß er gerne die Verdammnis erwählen würde, wenn er damit etwas für die Erlösung seiner Volksgenossen tun könnte.

Im Mahāyāna-Buddhismus tritt das Mitleid in solcher Stärke auf, daß es sich eigentlich gegen die Welt- und Lebensverneinung auflehnen und das Recht des helfenden Tuns für sich in Anspruch nehmen müßte. Aber die Welt- und Lebensverneinung steht dem Spät-Buddhismus absolut fest. Er bleibt ihr unterworfen, obwohl er noch lebendigere Tätigkeitsinstinkte, als sie sich bei Buddha selber finden, in sich trägt.

Weil das Mitleid im Mahāyāna-Buddhismus so stark entwikkelt ist, tritt auch in völliger Deutlichkeit zutage, wie unnatürlich es durch die Welt- und Lebensverneinung wird. Bei Buddha ist das Mitleid noch einigermaßen imstande, sich mit der Tatenlosigkeit zufrieden zu geben. Im Mahāyāna-Buddhismus kann es dies nicht mehr, sondern muß sich durch Phantasie-Tätigkeit über sie hinweg zu täuschen suchen.

Aber wie ergreifend, daß einmal in der Welt Millionen von Menschen von der Mitleidsgesinnung so ganz beherrscht waren!

*

Interessant ist, daß der Mahāyāna-Buddhismus das Mitleid erkenntnismäßig zu begründen unternimmt. Er greift dafür auf die Leugnung des Ich durch Buddha zurück. Gibt es kein Ich, argumentiert er, so gibt es auch keine Verschiedenheit des einen Ich von dem andern. Das Mitleid ist also eigentlich darin begründet, daß der denkende Mensch sich eingestehen muß, er könne sein eigenes Ich gegen andere nicht wirklich abgrenzen. Im Mitleidig-Sein wird diese Wahrheit von der Nicht-Unterscheidbarkeit des Ich und des Du (Parātmasamatā) gefühlsmäßig erkannt.

Aus Mahāyāna-Schriften.[1] „Aus Gewohnheit verbinden wir die Vorstellung des Selbstes mit dem eigenen Körper, der doch kein Selbst hat. Warum entsteht nicht ebenso auch aus Gewohnheit die Idee des Selbstes in bezug auf andere?" – „Der existiert ja gar nicht, dem das Leiden zu eigen

[1] Zitiert nach Winternitz, op. cit., S. 58–60, 44.

ist. Von wem also kann gesagt werden, daß es sein Leiden ist? Alle Leiden, ohne Unterschied, sind herrenlos. Weil sie Leiden sind, darum sind sie abzuwehren. Welchen Sinn hat da eine Beschränkung (das heißt, daß man nur Leid, das man für eigenes ansieht, abwehrt)?" – „Wenn meinem Nächsten so wie mir verhaßt sind Furcht und Schmerz, was unterscheidet dann mein Selbst, daß ich es mehr bewahr' als ihn?"

Auf Grund der Identität des Ich und des Du, wie sie sich aus der Lehre vom Brahman ergibt, erklären die Upanishad's alle Liebe als Eigenliebe. „Fürwahr", sagt Yājñavalkya zu seiner Frau Maitreyi, „nicht um des Gatten willen ist der Gatte lieb, sondern um des Selbstes willen ist der Gatte lieb" und „Nicht um der Wesen willen sind die Wesen lieb, sondern um des Selbstes willen sind die Wesen lieb."[2] Das heißt: Weil in den andern dasselbe Brahman wohnt, wie in uns selbst, ist das, was uns als Liebe zu andern erscheint, nur Liebe des Brahman zu sich selbst.

Aus der behaupteten Nicht-Unterscheidbarkeit des Ich und des Du wird in jener Upanishad also geschlossen, daß alle Nächstenliebe nur tiefste Eigenliebe sei. Der Mahāyāna-Buddhismus erweist aus ihr im Gegenteil, daß es keine Eigenliebe, sondern nur Nächstenliebe geben könne. Diese einander entgegengesetzten Behauptungen laufen auf dasselbe hinaus. Beide Male wird die Ethik durch die Erklärung, die man von ihr gibt, zunichte gemacht. Die wahre Ethik setzt die absolute Verschiedenheit des eigenen und des andern Ich voraus und betont sie. Sie ist nicht etwas Selbstverständliches sondern etwas Rätselhaftes.

*

Aber nicht nur daß der Mahāyāna-Buddhismus Buddha's Erkenntnistheorie zur Erklärung der Ethik benützt: er bildet sie auch als solche weiter aus. Es sind wohl aus dem Brahmanentum kommende Denker, die dies unternehmen. Anders wäre nicht recht zu verstehen, daß Buddha's Erkenntnistheorie einer Anschauung dienstbar gemacht wird, die ein Gegenstück der brahmanischen Māyā-Lehre bildet.

---

[2] Bṛhad-Āraṇyaka-Upanishad, 2, 4.

Nach der Ansicht der Mahāyāna-Lehrer hat Buddha der Sinnenwelt irgendwelche Realität nur zurerkannt, weil seine Schüler die Wahrheit, daß sie keine besitzt, nicht hätten fassen können. Tatsächlich habe er angenommen, daß die Außenwelt nur in unserem Bewußtsein existiere. Daß der Erkenner das Erkannte als etwas von ihm Verschiedenes und für sich Seiendes ansieht, beruht auf Täuschung (Māyā). Die Außenwelt ist ein Gebilde von Vorstellungen, die wir in uns tragen. Die Gesetzmäßigkeit, die in ihr wahrgenommen wird, geht darauf zurück, daß jede Vorstellung das Ergebnis einer früheren ist. In der Versenkung und in der Ekstase wird der Mensch von dem Wahne, daß die Sinnenwelt real sei, frei.

Da diese Lehre das Bewußtseins-Ich, entgegen der Ansicht Buddha's, für eine geistige Wirklichkeit hält, schreiten andere Mahāyāna-Lehrer, unter ihnen der berühmte Nāgārjuna (2. Jahrhundert n. Chr.?), zur Behauptung fort, daß weder eine materielle noch eine geistige Wirklichkeit anzunehmen sei. Sie stellen den Satz auf: „Alles ist nicht." Ihnen zufolge gibt es weder ein Sein noch ein Nicht-Sein, sondern nur das Nichts, das weder Sein noch Nicht-Sein ist. Nicht nur die Außenwelt, die der Mensch wahrnimmt, ist eine Illusion, sondern auch, daß er zu existieren und sie wahrzunehmen glaubt. Diese Lehre wird als die der absoluten „Leerheit" (Śūnyatā) bezeichnet. Sie setzt sich durch und erlangt im Mahāyāna-Buddhismus geradezu die Bedeutung eines Dogmas.

Was aber soll das Mitleid in der nicht-wirklichen Welt? Wie kann der Mahāyāna-Buddhismus seine Ethik mit seiner nihilistischen Lehre vom Sein vereinigen?

Dies ist ihm nur durch die Annahme einer zweifachen Wahrheit möglich. Wenn auch unsere Existenz und die der Welt nur ein Traumbild sind, so haben sie doch als solches für uns eine relative Wirklichkeit. Wir müssen uns so verhalten, wie es der vermeintlichen Welt und unserer vermeintlichen Existenz in ihr entspricht. Da diese Welt uns leidvoll erscheint, ist es unsere Pflicht, uns darum zu bemühen, das Leid in ihr zum Aufhören zu bringen. Dem gewöhnlichen Denken und Vorstellen folgend, hält sich der Mensch an diese relative Wahrheit und erlangt durch ein Leben in Mitleidsgesinnung und durch Glauben an die Gnade des göttlichen Buddha himmlische Seligkeit. Die Täuschung über die Pflichten (Kāryamoha) hat nichts auf sich. Sie ist nicht nur ungefährlich, sondern auch wohltätig.

In der Versenkung aber sieht der Mensch die höchste Wahrheit von der „Leerheit" ein und hat durch sie die wirkliche Erlösung von dem Seins-Wahn.

Buddha – und darin zeigt sich seine Größe – läßt sich nicht auf eine Lehre von der zwiefachen Wahrheit ein. Tatsächlich aber ist sie bei ihm doch vorhanden, wenn auch versteckt. Für die Ethik setzt er unbefangen das Selbst voraus, dessen Existenz er in seiner Erkenntnistheorie verneint. Im Mahāyāna-Buddhismus wird das, was bei Buddha verborgen ist, offenbar.

In dieser nicht durchführbaren Unterscheidung einer ethischen, relativen, und einer über aller Ethik stehenden absoluten Wahrheit gesteht sich das spät-buddhistische Denken ein, daß es aus Welterkenntnis keine Ethik gewinnen und Welterkenntnis und Ethik nicht mit einander vereinigen kann.

*

Ceylon, Birma und Siam bleiben dem älteren Buddhismus treu.

Nach Ceylon kommt der Buddhismus, der Überlieferung zufolge, durch Mahendra, den Sohn (oder Bruder) des berühmten buddhistischen Königs von Nordindien Aśoka (272–31). Der Name Aśoka, eine Kurzform für Aśoka-Vardhana, bedeutet Kummerlos.

Zu Beginn seiner Herrschaft tritt Aśoka wie sein Vater als Beschützer der Brahmanen auf. Vermutlich aus Reue über seine Eroberungen mit Feuer und Schwert bekehrt er sich zum Buddhismus. Sein Königreich umfaßt nicht nur die Täler des Ganges und des Indus, sondern auch große Territorien südlich von diesen Flüssen. Er erklärt sich zum Schutzherrn und Förderer des Buddhismus und sendet in alle Himmelsrichtungen buddhistische Missionare aus.

Siam empfängt den Buddhismus von Kambodscha aus, wo er im Jahre 422 n. Chr. bekannt zu werden anfängt. Nach Birma ist er vor dem 6. Jahrhundert n. Chr. gekommen.

Eine Veränderung erleidet der ältere Buddhismus in Ceylon, Birma und Siam nur insofern, als er dort auch der Volksreligion und dem Kultus Bedeutung zugesteht.

Zur Feier seines Regierungsjubiläums im Jahre 1893 veranstaltet König Chulalongkorn von Siam eine Gesamtausgabe der dem Tripiṭaka (Dreikorb) angehörigen heiligen Schriften des älteren Buddhismus.[1]

Heute findet sich der ältere Buddhismus nur noch in Ceylon und in Hinterindien. In dem eigentlichen Indien (Vorderindien) – außer in Nepal, einem Gebiete auf dem Südabhang des Himalaja – ist der Buddhismus überhaupt verschwunden. In Nepal, in China, in Tibet, in Korea und in Japan handelt es sich um den Mahāyāna-Buddhismus und Abarten desselben.

Wie kommt es, daß der Buddhismus in seinem Heimatland Vorderindien zu bestehen aufhört?

Er wird nicht durch Verfolgungen ausgerottet, sondern er verliert nach und nach an Anhängern, weil er den Wettbewerb mit der neu erstarkenden Brahmanenlehre und dem sich immer mehr ausbreitenden Hinduismus nicht durchhalten kann.

Der Niedergang beginnt etwa um 800 n. Chr. Um 1600 n. Chr. hat der Buddhismus in Indien (Vorderindien) – außer in Nepal – zu bestehen aufgehört.

Die Brahmanenlehre und der Hinduismus sind dem Buddhismus darin überlegen, daß sie Mystik sind. Sie vertreten die elementare Idee des Eins-Werdens des Menschengeistes mit dem Weltgeiste. Dadurch besitzen sie etwas Einfaches und Lebendiges, das dem Buddhismus abgeht.

Indem der Buddhismus die Idee eines höchsten und reinsten Seins und die der Seele verneint, wird er zu etwas Kompliziertem. Er verliert die Beziehung zu dem natürlichen Vorstellen und Denken und zur natürlichen Frömmigkeit des indischen Menschen.

Der Buddhismus (wie auch die Sāṃkhya-Lehre und der Jinismus) hat es nur mit der Idee des Frei-Werdens von der Wiedergeburt zu tun. Diese kann aber nie die Bedeutung einer wirklichen Weltanschauung erlangen. Sie ist zu eng dafür. Hingegen enthält die Idee des Eins-Werdens des Menschengeistes mit dem Weltgeiste Weltanschauung in sich. Die Weltanschauung kann auf die Idee des Frei-Werdens von der Wiedergeburt, wenn diese die Geister beschäftigt, irgendwie eingehen. Aber die Idee

---

[1] Über diese Schriften siehe Seite 70.

des Frei-Werdens von der Wiedergeburt kann nicht zu einer Weltanschauung werden. Dies ist der eigentliche Grund der Inferiorität des Buddhismus der Brahmanenlehre und dem Hinduismus gegenüber. Das Denken kann nicht davon ablassen, wirkliche Weltanschauung zu suchen.

Wenn der Buddhismus sich so viele Jahrhunderte lang gegen die Brahmanenlehre und den Hinduismus behaupten kann, so liegt dies daran, daß er die Schöpfung eines großen Geistes ist und daß seine Ethik der ihrigen überlegen ist. In dem Maße aber, als sich die Brahmanenlehre und der Hinduismus, durch den Buddhismus angeregt, in ethischer Hinsicht entwickeln – und dies ist insbesondere beim Hinduismus der Fall – macht sich ihre Überlegenheit ihm gegenüber geltend.

Im Vorteil sind die Brahmanenlehre und der Hinduismus auch dadurch, daß sie in natürlicher Verbindung mit der Volksreligion stehen. Der ursprüngliche Buddhismus sagt sich von ihr los. Wohl nimmt der Spät-Buddhismus dann die Beziehungen zu ihr wieder auf. Aber er kommt nicht mehr in dasselbe Verhältnis zu ihr wie die Brahmanenlehre und der Hinduismus.

Sicherlich trägt zum Untergang des Buddhismus in Indien auch bei, daß er die alten heiligen Schriften des Veda verwirft, während die Brahmanen sich von jeher auf sie berufen und der Hinduismus ihnen in steigendem Maße Ehrerbietung bezeugt. Dies wird dann im indischen Mittelalter – es setzt ungefähr um dieselbe Zeit ein wie das europäische – wo mehr und mehr Wert auf die Zeugnisse der Vergangenheit gelegt wird, dem Buddhismus zum Verhängnis. Wie er nicht in der Volksreligion wurzelt, so kann er auch die heiligen Schriften nicht für sich in Anspruch nehmen. Es rächt sich, daß Buddha nicht ein Reformator, sondern ein Revolutionär war.

Allgemein gesprochen ist der schwindende Einfluß des Buddhismus in Indien mit seiner kompromißlosen Haltung zu der Frage zu erklären, ob der verheiratete Mann nicht auch an der Erlösung teilhaben könne. Die brahmanische und hinduistische Lehre machen der Welt- und Lebensbejahung große Zugeständnisse, sie dulden die Ehe nicht nur, sondern erkennen sie als

Gebot des Naturgesetzes an. Ihnen zufolge kann der seine Pflichten als Hausvater erfüllende Mensch Seligkeit erlangen Manche Aussprüche brahmanischer Lehrer behaupten sogar, eine Voraussetzung für die Erlösung des Menschen bestehe darin, daß er zu einer Zeit seines Lebens Familienoberhaupt gewesen sei.

Buddha zufolge kann die Erlösung dagegen nur in einer völlig der Welt- und Lebensverneinung geweihten Existenz gewonnen werden. Auf Grund der Verachtung des Ehelebens, die mit dieser Theorie Hand in Hand geht, steht seine Lehre in Gegensatz zum volkstümlichen Empfinden, dem die Institution der Ehe dem Herkommen nach als heilig gilt. Deshalb muß seine radikale Welt- und Lebensverneinung mit der Zeit der gemäßigten Welt- und Lebensverneinung des Brahmanismus und des Hinduismus weichen.

Den Todesstoß versetzt dem indischen Buddhismus der Islam. In den Jahren von 1175 bis 1340 unterwerfen islamitische Eroberer, die von Persien her kommen, den größeren Teil Indiens ihrer Herrschaft. Und da der Buddhismus keinen festen Rückhalt an der Volksreligion hat, vermag er dem neuen Glauben nicht so zäh zu widerstehen wie die Brahmanenlehre und der Hinduismus. Auch auf Java, Sumatra und andern indischen Inseln ist es der Islam, der den Buddhismus verdrängt. Ebenso verliert der Jinismus durch den Islam die Stellung, die er früher inne gehabt hat.

Völlig freilich läßt sich nicht erklären, wie es zugeht, daß der Buddhismus in Indien, wo er entsteht und Jahrhunderte lang eine solche Macht auf die Gemüter ausübt, zu existieren aufhört. So manche Geschehnisse auf dem Gebiete der Geistesgeschichte tragen etwas Rätselhaftes an sich.

Aber daß der Buddhismus aufhört zu existieren, bedeutet nicht, daß Buddha keine Bedeutung für Indien mehr hat. Zu der Zeit, als das Volk sich von seiner radikalen Welt- und Lebensverneinung abwendet, sind seine ethischen Ideen bereits Allgemeingut geworden. Noch heute macht sich der Einfluß seiner Ethik bemerkbar.

Sogar seine radikale Welt- und Lebensverneinung übt heute noch eine Wirkung aus. So läßt sich vielleicht Gandhis Hochschätzung der Ehelosigkeit auf Buddha zurückführen.

VIII

DER BUDDHISMUS IN CHINA, IN TIBET UND IN DER MONGOLEI

Einer am Ende des 2. Jahrhunderts n. Chr. aufkommenden Überlieferung zufolge soll Kaiser Ming Ti von China (Spätere Han-Dynastie) auf Grund eines Traumes im Jahre 61 n. Chr. eine Gesandtschaft nach Indien geschickt haben, um buddhistische Lehrer, Schriften und Kultobjekte nach seinem Lande zu holen. In Wirklichkeit ist Kenntnis vom Buddhismus schon vor der Wende der Zeitrechnung, und zwar von Nordindien aus über Ost-Turkestan, nach China gelangt. Es ist also der nordindische Spät-Buddhismus, aus dem dann die Mahāyāna-Lehre hervorgeht, der sich in China verbreitet.

Um die Mitte des 3. Jahrhunderts n. Chr. zählt der Buddhismus schon in ganz China Anhänger und fängt bereits an eine Rolle zu spielen. Mit der Zeit verdrängt der Mahāyāna-Buddhismus hier die früheren Formen des Spät-Buddhismus.

Zwischen dem 4. und dem 11. Jahrhundert n. Chr. pilgern zahlreiche chinesische Bekenner des Buddhismus nach Indien, um die Stätten, wo der Meister weilte, zu besuchen und sich heilige Schriften zu holen. Gewöhnlich wählen sie den beschwerlichen Weg, der durch die mittelasiatische Wüste, durch das Tarim-Becken (Ost-Turkestan) und über den Himalaja führt, seltener den Seeweg von Hinterindien aus. Wertvolle Berichte solcher Pilgerfahrten besitzen wir von Fah-Hien und Hsüan Tschuang. Fah-Hien's Reise dauert von 399 bis 414 n. Chr., die Hsüan Tschuang's von 629 bis 645 n. Chr. Der Letztere bringt 657 buddhistische Schriften mit nach Hause.

Von den vielen Übersetzungen buddhistischer Werke aus dem Indischen ins Chinesische stammen die meisten aus der Zeit vor 1000 n. Chr.

Auf die beiden buddhistischen Missionare, die auf die Gesandtschaft Kaiser Ming Ti's hin, im ersten Jahrhundert n. Chr. nach China gekommen sein sollen, wird das sogenannte „Sūtra der 42 Abschnitte", sicher eine der ältesten Schriften des chinesischen Buddhismus, zurückgeführt. Es bietet eine kurze Zusammenfassung der spät-buddhistischen Lehre, die Buddha in den Mund gelegt wird. Die ethischen Gedanken sind in den

Vordergrund gerückt. Aber auch das Mahāyāna-Dogma, daß es überhaupt keine Wirklichkeit gebe, wird vorgetragen.

*

Wie kommt es, daß der welt- und lebenverneinende Buddhismus eine solche Anziehungskraft auf die Chinesen, die in unbefangener Weise der Welt- und Lebensbejahung zugetan sind, auszuüben vermag?

Sicherlich ist es vor allem die enthusiastische Mahāyāna-Ethik, die ihre Sympathie findet. Von Konfuzius (Kung-Tse, 551–479 v. Chr.) und seinen Nachfolgern her sind sie gewohnt, sich mit den ethischen Pflichten zu beschäftigen. Im Mahāyāna-Buddhismus finden sie nun eine Ethik, die nicht in trockenen Geboten befiehlt, wie die des Konfuzius, sondern sich aus tiefen Überlegungen über das Wesen des Seins begründet. Die Großzügigkeit und Innerlichkeit der Mitleids-Ethik tut es ihnen an.

Ferner kommt der Buddhismus ihrem religiösen Bedürfnis entgegen, das der Konfuzianismus ganz ignoriert und dem der Taoismus nur wenig bietet.

Der große Lehrer des Taoismus ist Lao-Tse (geboren etwa 550 v. Chr. oder etwas früher), der Verfasser des Tao-Te-King. Die ursprüngliche Bedeutung des Wortes Tao ist Weg. In übertragenem Sinne bezeichnet es das Grundprinzip des Weltgeschehens. Der Tao-Te-King lehrt in einer Sammlung von Aphorismen das Leben in Harmonie mit dem Weltgeschehen.

Neben Lao-Tse sind als bekannte Vertreter des Taoismus noch Lieh-Tse (etwa 440–370 v. Chr.) und Tschuang-Tse (etwa 380–310 v. Chr.) zu nennen.

Der Taoismus ist – wie dies besonders aus den Schriften des Lieh-Tse deutlich wird – eine weit in prähistorische Zeit zurückreichende Mystik des Eins-Werdens mit der in der Welt wirkenden Ur-Kraft, die sich ursprünglich aus magischen Ideen und ekstatischen Erlebnissen herleitet. Er hat also dieselbe Herkunft und ist im Grunde derselben Art, wie die magische Mystik, auf die die brahmanische zurückgeht. Lao-Tse ist nicht, wie so oft angenommen wird, der Schöpfer des Taoismus, sondern er findet ihn vor. Er veredelt und vertieft ihn, indem er aus ihm, wie es dann auch Lieh-Tse und Tschuang-Tse tun, geistige und ethische Wahrheiten entwickelt.

Neben dem von diesen Denkern ausgebildeten philosophischen Taoismus besteht der primitiv-religiöse weiter. In diesem ist die Idee des Eins-Werdens mit der Ur-Kraft von magischen Vorstellungen überwuchert. Auch wird in ihm dem Eins-Werden mit der Ur-Kraft vornehmlich die

Bedeutung beigelegt, daß man dadurch Zaubermacht erwirbt. So kommt es, daß unter Taoismus zugleich eine großartige, mystisch geartete philosophische Lehre und eine primitive religiöse Mystik, in der Zauberpraktiken eine große Rolle spielen, zu verstehen ist.

Eine andere Volksreligion als die taoistische kennt China nicht. Darum findet der Mahāyāna-Buddhismus, der die Liebe zu Buddha-Amitābha, die Erlösung durch seine Gnade und das Wiedergeboren-Werden zum seligen Leben in seinem himmlischen Paradiese lehrt, hier so viel Anklang.

Durch den Taoismus ist China gewissermaßen auf den Buddhismus vorbereitet. Die buddhistischen Übungen des Sich-Versenkens zur Erreichung der Ekstase sind den Taoisten nichts Neues. Sie betreiben Derartiges selber.

Durch den Taoismus ist das chinesische Denken auch in Stand gesetzt, sich mit der buddhistischen Welt- und Lebensverneinung zu befreunden. Lao-Tse und Tschuang-Tse lehren, daß der Mensch das In-Harmonie-Sein mit dem Weltgeschehen dadurch erreicht, daß er von dem Tun – auch von dem, das als ethisch gilt – abläßt. Alles nach menschlichen Plänen erfolgende Wirken bedeutet, ihnen zufolge, eine Störung des nach seiner geheimnisvoll-sinnvollen Ordnung ablaufenden Weltgeschehens. Das rechte Verhalten besteht also in gütiger Tatenlosigkeit.[1]

Zwar verlassen Lao-Tse und Tschuang-Tse den Boden der Welt- und Lebensbejahung nicht. Sie halten das in der Sinnenwelt sich abspielende Weltgeschehen für etwas Sinnvolles. Aber ihre Lehre von der gütigen Tatenlosigkeit hat tatsächlich viel Gemeinsames mit der des Buddhismus, obwohl sie auf ganz andern Voraussetzungen beruht als diese.

So erklärt sich, daß der chinesische Geist sich durch den Buddhismus so stark angezogen fühlen kann, daß er das Empfinden für den fundamentalen Unterschied zwischen der ihm geläufigen Welt- und Lebensbejahung und der buddhistischen Welt- und Lebensverneinung verliert und seine Welt- und Lebensbejahung für die Welt- und Lebensverneinung aufgibt. Wie stark muß der Zauber des fremden Gedankensystems auf sie

[1] Über die chinesische Ethik siehe auch Seite 65–67.

wirken, daß die Chinesen sich für das ihrem Empfinden und ihrer Überlieferung so fern liegende Ideal des mönchischen Lebens begeistern!

In den Jahrhunderten, in denen solches in China vor sich geht, werden in Europa die jungen Völker der Völkerwanderung durch die Welt- und Lebensverneinung des griechisch-römischen Christentums an der ihnen natürlichen Welt- und Lebensbejahung irre und gelangen zur Hochschätzung des mönchischen Lebensideals.

Die Chinesen fassen den Buddhismus also als eine Art von Taoismus auf. Die Ausdrücke für seine Begriffe und Vorstellungen entnehmen sie dem Sprachschatze des Taoismus. Seinerseits übernimmt der Taoismus Ausdrücke und Gedanken vom Buddhismus.

Noch heute enthält der Taoismus Buddhistisches in sich.

Taoistisches und Buddhistisches edelster Art finden sich nebeneinander in den Geboten der Ordensregel der taoistischen Mönche Chinas.

Aus den Mönchsgeboten des heutigen Kloster-Taoismus in China.[1] 1. Gebot. „Du sollst kein lebendes Wesen töten noch sein Leben schädigen." – 2. Gebot. „Du sollst keines lebenden Wesens Fleisch und Blut als Speise verzehren." – 3. Gebot. „Du sollst keine starken Getränke trinken." – 4. Gebot. „Du sollst die fünf Bitterkräuter nicht essen."[2] – 5. Gebot. „Du sollst nicht einschmeichelnd, noch doppelzüngig, noch unwahr reden." – 6. Gebot. „Du sollst keine boshaften noch beschimpfenden Reden führen." – 7. Gebot. „Du sollst nicht grundlose Lügen als begründet annehmen und unbezeugte Lügen als bezeugte." – 8. Gebot. „Du sollst nicht heimlich nach Frauen und Mädchen blicken und so auch nur die geringsten unzüchtigen Gedanken wecken." – 9. Gebot. „Du sollst Niemandem etwas stehlen noch rauben." – 10. Gebot. „Du sollst andere nicht (einmal) um eine Kupfermünze betrügerisch übervorteilen." – 11. Gebot. „Du sollst nicht Anschläge machen auf irgendwelchen Besitz anderer." – 12. Gebot. „Du sollst nicht ungerecht begehren nach dem Besitz anderer."

14. Gebot. „Du sollst gegen die Güte und Liebe deiner Lehrer nicht undankbar sein." – 15. Gebot. „Du sollst gegen Edle nicht neidisch und gegen Tüchtige nicht mißgünstig sein." – 18. Gebot. „Du sollst Alte und Kinder nicht betrügen noch hintergehen."

115. Gebot. „Du sollst Bettler nicht zurückstoßen und verächtlich behandeln." – 145. Gebot. „Du sollst nicht prahlen mit deiner Fähigkeit andere zu heilen." – 218. Gebot. „Du mußt darauf bedacht sein, zuerst andere zu erlösen, danach dich selber."

---

[1] H. Hackmann „Die 300 Mönchsgebote des chinesischen Taoismus." 1931.

[2] Gemeint sind Pflanzen aus der Familie Allium (Knoblauch).

Auch die aus dem Kan Ying P'ien bekannten Gebote des Mitleids gegen die Geschöpfe finden sich in diesen Mönchsregeln.[1] 34. Gebot. „Du sollst ... Haustiere nicht peitschen noch schlagen." – 35. Gebot. „Du sollst nicht mit Absicht Insekten und Ameisen zertreten." – 36. Gebot. „Du sollst nicht mit Angelhaken oder Pfeilen dich ergötzen, um dir ein Vergnügen zu machen." – 37. Gebot. „Du sollst nicht auf Bäume klettern, um Nester auszunehmen und die Eier zu vernichten." – 63. Gebot. „Du sollst nicht Vögel oder Vierfüßler in Schlingen und Netzen fangen." – 64. Gebot. „Du sollst Vögel, die im Neste brüten, nicht erschrecken und aufscheuchen." – 65. Gebot. „Du sollst nicht grundlos Blumen und Gras abpflücken und ausreißen." – 66. Gebot. „Du sollst nicht grundlos Bäume umhauen." – 67. Gebot. „Du sollst keine Triften noch Bergwaldungen abbrennen." – 68. Gebot. „Du sollst in den Wintermonaten keine in der Erde überwinternden Tiere ausgraben." – 112. Gebot. „Du sollst den Erdboden nicht mit heißem Wasser übergießen, um dadurch Insekten und Ameisen zu vertilgen."

Nach einer schon im 2. Jahrhundert n. Chr. in China aufkommenden Ansicht ist Lao-Tse – der, einer alten Überlieferung zufolge, nach der Niederschrift des Tao-Te-King nach Westen wanderte und dort in der Fremde endete – nach Indien gezogen und dort als Buddha aufgetreten. Tatsächlich sind Lao-Tse, Buddha und Konfuzius Zeitgenossen.

Seine Gönner und Anhänger findet der Buddhismus, wenigstens in der ersten Zeit, vornehmlich in den Kreisen der taoistischen Philosophie und der taoistischen Volksreligion.

*

Wie im indischen Buddhismus bilden sich auch im chinesischen eine Reihe von Schulen und Gemeinschaften (Tsung's) aus. Die Frage der Realität und Nicht-Realität des materiellen und des geistigen Seins wird in ihnen nach allen Seiten hin erörtert.

Der Hauptunterschied zwischen ihnen besteht aber darin, daß für die einen der Buddhismus hauptsächlich die Religion des Glaubens an Buddha Amitābha und an die Seligkeit im „reinen Lande", das heißt im Sukhāvatī-Paradies, ist, während in den andern mehr die echt buddhistische Meditation gepflegt wird.

---

[1] Über das Kan Ying P'ien siehe Seite 65–67.

Gründer der großen Meditations-Schule, die auch Schule der Innerlichkeit (Hsin-Tsung) genannt wird, ist der große indische Lehrer Bodhidharma, der etwa um 525 n. Chr. – auf dem Seewege – nach China kommt und hier bis zu seinem Tode (535 n. Chr.) wirkt. Bodhidharma weist seine Schüler an, das Sich-Versenken zu üben. Durch dieses allein, nicht durch Schriftgelehrsamkeit, sei die Erkenntnis der unaussprechlichen Wahrheit vom Sein und die Erlösung vom Seins-Wahn zu erreichen. Später – gegen Ende des 6. Jahrhunderts n. Chr. – schafft sich der chinesische Meditations-Buddhismus auch einen Kultus.

Auch ein niederer Buddhismus, der wie der primitivste Taoismus dem Aberglauben und Zauberglauben des Volkes Genüge zu tun sucht, bildet sich – besonders vom 8. Jahrhundert n. Chr. an – aus. Er nennt sich „Schule der Geheimnisse" (Mi-Tsung).

Um 1050 n. Chr. läßt ein buddhistischer Mönch eine Schrift mit dem Titel „Stützung der Religion" ausgehen, in der er die Ansicht des chinesischen Buddhismus entwickelt, daß Buddha, Lao-Tse und Konfuzius eine und dieselbe Lehre verkündet hätten. In der Folgezeit werden in den buddhistischen Klöstern und Kapellen die Statuen des Lao-Tse und des Konfuzius neben denen des Buddha aufgestellt. Lao-Tse erhält den Platz zu seiner Linken, der in China als Ehrenplatz gilt, Konfuzius den zu seiner Rechten.

Etwa um 1000 n. Chr. kommt die geistige Entwicklung des chinesischen Buddhismus zum Stillstand. Er besitzt eigentlich keine eigenen schöpferischen Kräfte, sondern lebt von den Anregungen, die er von Indien her empfängt. Nur so ist begreiflich, daß in ihm nicht irgendwie eine Auseinandersetzung zwischen der ethischen Welt- und Lebensbejahung des chinesischen Geistes und der ethischen Welt- und Lebensverneinung des Buddhismus stattfindet.

*

Nicht ständig darf sich der chinesische Buddhismus des Friedens erfreuen. Zu Zeiten hat er schwere Verfolgungen auszuhalten. Den Kampf gegen den fremden Glauben führt der Konfuzianismus.

Unter der T'ang-Dynastie überreichen die konfuzianischen Würdenträger Fu-Yi (624 n. Chr.), Yao-Tsch'ung (714 n. Chr.) und Han-Yü (819 n. Chr.) den Kaisern Anklageschriften gegen den Buddhismus. Im Jahre 844 n. Chr., unter dem Kaiser Wu-Tsung, bricht die erste schwere Verfolgung gegen alle fremden Religionen aus, die das Ende des Manichäismus und der Zarathustra-Religion in China bedeutet und dem Buddhismus Wunden schlägt, von denen er sich nie ganz erholt. Zum Glück macht Wu-Tsung's Nachfolger, Hsüan-Tsung, ihr ein Ende.

In den folgenden Jahrhunderten suchen die Herrscher dem Überhandnehmen der buddhistischen Klöster zu steuern. Die Gründung von Klöstern und der Eintritt in das mönchische Leben werden von der Erlaubnis der Behörden abhängig gemacht. Oft werden Klöster aufgehoben, ihre Güter eingezogen, ihre Bronzestatuen eingeschmolzen, um der Prägung von Münzen zu dienen, und ihre Mönche und Nonnen zur Rückkehr in das Erwerbsleben gezwungen. Im Jahre 1019 gewährt der fromme Kaiser Tschên-Tsung (998–1022) aus der Sung-Dynastie (960–1127) dem Buddhismus, wie auch dem Taoismus, vorübergehend volle Freiheit. In demselben Jahre treten an die 230000 Männer und 15000 Frauen in die buddhistischen Klöster ein! Tschên-Tsung's Nachfolger sehen sich genötigt, wieder zu den früheren Maßregeln zurückzukehren, um der Gefährdung des Volkslebens durch den Buddhismus entgegenzuwirken.

Kaiser Hui-Tsung (1101–1125), aus der Sung-Dynastie, verbietet, freilich ohne großen Erfolg, die Aufstellung der Statuen des Lao-Tse und des Konfuzius neben denen Buddha's.

Durch diese behördlichen Maßnahmen gegen den Buddhismus wird seine Verbreitung in den oberen Klassen gehemmt. Seinem Ansehen in den niederen Volksmassen vermögen sie nicht viel anzuhaben.

Es finden sich aber immer wieder auch Herrscher, die ihn mehr oder weniger begünstigen. Zu diesen gehören Dschingis-Khan (1162–1227), der mongolische Eroberer Pekings, und sein

Enkel Kublai-Khan (gestorben 1294), der erste mongolische Kaiser Chinas.

Unter der Ming-Dynastie (1368–1644) und der Tsch'ing (Mandschu)-Dynastie (1644–1912) kommt der Konfuzianismus zur Herrschaft. Der Buddhismus verliert immer mehr an Einfluß.

Mit dem äußeren Niedergang geht der geistige einher. Mehr und mehr wird der chinesische Buddhismus zu einer vulgären Religion, die sich an die ganz Ungebildeten wendet und kaum noch geistige und ethische Interessen hat.

In den letzten Jahrzehnten werden, von Japan aus, Versuche gemacht, den chinesischen Buddhismus zu heben und zu reformieren. Ob sie Erfolg haben werden, ist nicht abzusehen.

*

Nach Tibet gelangt der Buddhismus im 7. Jahrhundert n. Chr. unter König Srong-btsan-sgam-po, der eine chinesische und eine nepalesische Prinzessin zu Gemahlinnen hat. Auf deren Wunsch führt er ihn ein.

Den Priestern der neuen Religion gelingt es nach und nach, die Macht an sich zu reißen. Im 11. Jahrhundert machen sie dem Königtum ein Ende. Der Tibet-Buddhismus entwickelt sich zu einer stark organisierten, die weltliche Herrschaft ausübenden Kirche.

Um die Hebung des tibetischen Buddhismus macht sich der Mönch Tsung-kha-pa (Der Mann aus dem Zwiebeltal) verdient, der zu Beginn des 15. Jahrhunderts n. Chr. als Reformator in ihm auftritt. Er führt durch, daß die Mönche ehelos leben, und bekämpft den Aberglauben und das Zaubereiwesen.

Der durch Tsung-kha-pa reformierten buddhistischen Kirche Tibets stehen zwei Groß-Lama's (Lama bedeutet der Obere) vor, die als Buddha-Inkarnationen angesehen werden. Der eine – er führt von 1575 an den Titel Dalai-Lama (Der ozeangleiche Lama) – residiert in Lhassa, der andere, der Pantschen-Erdeni-Lama (das heißt der Lama, der das Juwel unter den Gelehrten ist), im Kloster Ta-schi-lhum-po. Der erstere gilt als die Inkarnation des göttlichen Bodhisattva Avalokiteśvara, der andere als die des Buddha Amitābha. Der Groß-Lama von Lhassa führt das weltliche Regiment; der andere ist mehr mit den geistigen Dingen beschäftigt. Die Nachfolger dieser Groß-Lama's sucht man unter den in ihrer Todesstunde zur Welt gekommenen Knaben. Diesem Brauche liegt die Annahme zugrunde, daß der Buddha, der in dem verstorbenen Groß-Lama wohnte, alsbald nach dessen Tode aufs neue in einem Menschen wiedergeboren werde.

Das Gebot des Nicht-Tötens lebender Wesen wird von den Buddhisten Tibets nur in ganz äußerlicher Weise beobachtet. Sie glauben ihm zu genügen, wenn sie vom blutigen Schlachten Abstand nehmen. Darum lassen sie das Herdentier, nach dessen Fleisch sie gelüstet, durch Zuhalten von Mund und Nase einen qualvollen Erstickungstod erleiden.

Von Tibet aus verbreitet sich der lamaistische Buddhismus im 13. Jahrhundert, in der Zeit, da die großen Mongolenherrscher sich Tibet unterwerfen, in der Mongolei. Unter Kublai-Khan macht die Bekehrung der Mongolen große Fortschritte.

Der lamaistische Buddhismus behält seine Selbständigkeit dem chinesischen gegenüber. Seitdem China, am Ende des 17. Jahrhunderts n. Chr., sich Tibet untertänig gemacht hat, residiert ein Vertreter des Dalai-Lama von Lhassa in Peking. Auch dieser wird als eine Buddha-Inkarnation angesehen. Dasselbe gilt von dem höchsten Würdenträger des mongolischen Lamaismus, der seinen Sitz zu Urga hat.

Die prächtigen, nach dem Ende des chinesischen Kaisertums ihrer Schätze beraubten Tempel zu Jehol, der nördlich von Peking, jenseits der großen Mauer gelegenen Sommerresidenz der chinesischen Kaiser der Mandschu-Dynastie, sind im 18. Jahrhundert für den lamaistischen Kult erbaut worden.

Dem chinesischen Buddhismus durften die Kaiser Chinas sich ungünstig gesinnt zeigen. Dem lamaistischen gegenüber mußten sie sich aber auch in Nordchina, wo er Verbreitung gefunden, wohlwollend verhalten, um ihre Herrschaft über Tibet und die

Mongolei nicht zu gefährden. Seit 1911 hängt der Dalai-Lama von Lhassa von England ab. Der Pantschen-Lama, der China Treue hält, hat Tibet seit Jahren verlassen, um in China zu leben. Auf die Dauer wird er aber nicht außerhalb Tibets residieren können.

IX

DER BUDDHISMUS IN JAPAN

Nach Japan gelangt der chinesische Mahāyāna-Buddhismus im 6. Jahrhundert n. Chr., von Korea aus. Alsbald findet er am Hofe und unter dem Adel Verbreitung.

Zu Beginn des 9. Jahrhunderts n. Chr. gehen der Buddhismus und die nationale Shintō-Religion eine Verbindung miteinander ein. Die Götter der Shintō-Religion werden als Erscheinungsweisen der himmlischen Buddha's und Bodhisattva's angesehen. Daß diese Verschmelzung zustande kommt, ist das Werk des buddhistischen Mönches Kōbō (774–835).

Ursprünglich ist die Shintō-Religion ein Polytheismus, in dem das Ethische kaum eine Rolle spielt. Die Götter sind personifizierte Naturkräfte, die um ihren Schutz angegangen werden. Als Hauptgottheit wird die weiblich gedachte Sonne angesehen. Daß der Shintōismus seinem Wesen nach die Ahnenkult-Religion gewesen sei, als die ihn die neuzeitlichen Japaner auffassen möchten, trifft wohl nicht zu.

Der Shintō-Buddhismus, Ryōbu-Shintō (zweiseitiger Shintō genannt), empfängt vom Buddhismus also religiöse und ethische Ideen. In der Ethik ist er überdies stark vom Konfuzianismus beeinflußt.

Nachdem der japanische Buddhismus mit dem chinesischen anfänglich nur durch den koreanischen in Verbindung gestanden, tritt er sehr bald in direkte Beziehung zu ihm und wird durch ihn stark beeinflußt. Japanische Mönche begeben sich, wie es schon Kōbō getan hatte, zum Studium nach China.

Vom Beginn des 10. Jahrhunderts an erfährt der Verkehr mit China eine etwa 250 Jahre dauernde Unterbrechung, da Japan sich aus politischen Gründen gegen es abschließt. Aber selbst in dieser Periode geschieht es, daß sich japanische Mönche nach China begeben. Neben dem Buddhismus findet auch der Konfuzianismus Verbreitung in Japan.

Vom Ende des 12. Jahrhunderts an, also von der Zeit an, da Japan wieder mit China verkehrt, macht sich im Shintō-Buddhismus starkes religiöses Leben bemerkbar. Es bilden sich in ihm Bewegungen aus, die den großen chinesischen Schulen entsprechen.

*

Durch Myōan Eisai (1141–1215), den Begründer der Zen-Sekte, breitet sich der Meditations-Buddhismus der von Bodhidharma im 6. Jahrhundert gegründeten „Schule der Innerlichkeit“ in Japan aus.[1] Ihre Anhänger hat die Zen-Sekte hauptsächlich unter den Angehörigen . . . der Kriegerkaste.

Um sich, wie die chinesischen Bodhidharma-Jünger, bei den nächtlichen Meditations-Übungen durch Tee wachhalten zu können, bringen, der Überlieferung zufolge, die Zen-Buddhisten Samen des Teestrauches von China nach Japan und führen dessen Kultur hier ein. Schon früher war der Teebau in Japan versucht, aber dann wieder aufgegeben worden.

Die ebenfalls zu Ende des 12. Jahrhunderts n. Chr. entstandene Jōdo-Sekte (Sekte des Reinen Landes, das heißt des Paradieses) vertritt die chinesisch-buddhistische Lehre der Erlösung durch die Gnade des Buddha-Amitābha, der in Japan Amida-Butsu (Butsu ist die japanische Bezeichnung für Buddha) heißt. Ihr Begründer ist der Mönch Genkū (1133–1212), der geistige Berater dreier japanischer Kaiser.

Von dem dritten dieser Kaiser, Go-Toba, wird er allerdings als 74-Jähriger auf drei Jahre nach der Insel Shikoku verbannt, weil er eine von dessen Lieblingsfrauen veranlaßt, Nonne zu werden.

Eine Weiterbildung erfahren die Gedanken Genkū's durch seinen Schüler Schinran (1173–1262), den Begründer der Jōdo-Shinshū-Sekte, das heißt der „wahren Sekte des Reinen Landes“. Während Genkū lehrt, daß der Eingang in das Paradies auf Grund des Glaubens an die Gnade des Amida-Buddha und guter Werke erfolge, behauptet Schinran, daß dafür allein der Glaube an die Gnade Amida-Buddha's in Betracht komme. Sich die Seligkeit irgendwie zu verdienen, dazu sei der Mensch nicht imstande. Trotzdem aber verlangt Schinran ethisches Verhalten und zwar, wie Luther, als Äußerung und Frucht des Glaubens an dic Erlösung.

---

[1] Über den Meditations-Buddhismus Bodhidharma's siehe Seite 113.

Wie Luther verwirft Schinran die Wallfahrten, die Bußübungen, das Fasten, den Aberglauben und alle Zauberpraktiken. Er schafft den Zölibat der Priester, der Mönche und der Nonnen ab. In der Familie und im weltlichen Berufe habe man die wahre Frömmigkeit zu bewähren. Den Laien empfiehlt er das fleißige Studium der heiligen Schriften. Auch verlangt er, daß das Volk durch gute Schulen von der Unwissenheit befreit werde.

Daß die Frauen zur Erlangung der Seligkeit nicht in derselben Weise befähigt seien, wie die Männer, läßt er nicht gelten.

Gleich Luther dichtet er Hymnen zum Preise der aus Gnade erfolgenden Erlösung, die für den Gebrauch im Gottesdienst bestimmt sind. Der Predigt weist er eine bedeutende Stelle im Kultus zu.

Auf die Verwandtschaft des Jōdo-Shinshū-Buddhismus mit der „lutherischen Ketzerei" werden die jesuitischen Missionare, die in der Mitte des 16. Jahrhunderts nach Japan kommen, alsbald aufmerksam. Pater Francesco Cabral berichtet darüber in einem Briefe von 1571.

In Japan entsteht also ein Buddhismus, in dem die Welt- und Lebensbejahung an die Stelle der Welt- und Lebensverneinung tritt. Sie setzt sich nicht mit ihm auseinander, sondern deutet in großartiger Unbefangenheit den Buddhismus in ihrem Sinne um. Was der chinesische Geist nicht vermochte, vollbringt also der japanische. Aber die ethische Welt- und Lebensbejahung des Konfuzius, die ihm seit Jahrhunderten vertraut ist, ist ihm dabei behilflich gewesen.

Dank seiner Ethik kann sich also der Buddhismus mit der Welt- und Lebensbejahung verbünden.

Obwohl Buddhismus und Christentum in der Welt- und Lebensverneinung wurzeln, sind sie dank dem in ihrer Ethik der innerlichen Vollendung enthaltenen Grundsatz der Liebe und dank dem in diesem Prinzip liegenden Drang zum Handeln mit der Welt- und Lebensbejahung verwandt. Sie lassen sich aus der Welt- und Lebensverneinung herauslösen und in die Welt- und Lebensbejahung verpflanzen.[1]

---

[1] Vgl. hierzu auch S. 87 und 88.

So wandelt die japanische Welt- und Lebensbejahung den Buddhismus um und bringt ihn in Einklang mit ihrem Geist. Ganz ähnlich deutet die moderne europäische Welt- und Lebensbejahung die Lehren Jesu in ihrem Sinn um. In beiden Fällen wird der Geschichte Gewalt angetan, aber eine Gewalt, die insofern gerechtfertigt ist, als die buddhistische und christliche Ethik der Liebe durch ihren Drang zum Tätigsein der Welt- und Lebensverneinung zu entkommen strebt, da sie sich nur in der Welt- und Lebensbejahung voll entfalten kann.

Wie sehr die welt- und lebensbejahende Frömmigkeit dem japanischen Wesen entspricht, zeigt sich in dem großen Anklang, den der Jōdo-Shinshū-Buddhismus findet. Heute bekennen sich mindestens zwei Fünftel der Bevölkerung zu ihm.

*

Natürlich bedeutet die Lehre Schinran's eine Vergewaltigung des Buddhismus. Gegen die Preisgabe des wahren Geistes des Buddhismus erhebt sich mit Leidenschaft der Mönch Nichiren (1222–1282). Der Name, den er sich selber beilegt, bedeutet Sonnen-Lotus. Er verurteilt miteinander die Zen-Sekte, die Jōdo-Sekte und die Jōdo-Shinshū-Sekte. Den Glauben an die rettende Gnade des Amida-Buddha bezeichnet er als eine verderbliche Irrlehre. Nur durch den „Weg der Heiligkeit", das heißt durch Weltentsagung, könne die Erlösung erlangt werden.

Nichiren glaubt sich von Buddha gesandt, um dessen wahre Lehre zu erneuern. In der Wertlegung auf die Weltentsagung und auf das mönchische Leben tut er dies auch. Seine Lehre vom Sein ist aber nicht die Buddha's. Er denkt nämlich pantheistisch. Alles was ist, hat, ihm zufolge, Anteil an dem Wesen des Ur-Buddha. Darauf gründet er seine Hoffnung auf Welterlösung. Er schließt daraus, daß auch die Tiere, die Pflanzen, die Steine und alle leblosen Gegenstände zur Erlangung der Buddha-Herrlichkeit berufen sind.

Weil Nichiren nicht nur als Ankläger des rationalistischen, welt- und lebenbejahenden Buddhismus, sondern auch der ihm

Duldung gewährenden Obrigkeit auftritt, erleidet er Verfolgung und jahrelange Verbannung. Er wird sogar zum Tode verurteilt. In letzter Stunde, da er schon niedergekniet ist, um enthauptet zu werden, wird er begnadigt.

Seine Lehre, die mit primitiver Religiosität zu paktieren versteht, verbreitet sich besonders in dem niederen Volk.

Das katholische Christentum, das der berühmte Jesuitenmissionar Francesco Xavier in Japan im Jahre 1549 zu verkündigen beginnt, hat dort anfangs bedeutenden Erfolg. Große Aussichten eröffnen sich ihm dadurch, daß nach drei Jahrzehnten der Reichsverweser Nobunaga, der die politische Macht der buddhistischen Priesterschaft brechen möchte, es begünstigt. Nach seiner Ermordnung im Jahre 1582 wird es in schweren Verfolgungen aber völlig ausgerottet.

Vom 17. Jahrhundert an kommt nach und nach eine nationale Bewegung auf, die sich die Wiederherstellung der durch den Adel beeinträchtigten kaiserlichen Macht und zugleich der reinen Shintō-Religion zum Ziele setzt. Durch eine Reihe von kaiserlichen Verordnungen, die zwischen 1868 und 1873 ergehen, wird die seit Jahrhunderten bestehende Verbindung von Shintō-Religion und Buddhismus aufgehoben und der Shintōismus zur Staatsreligion erklärt. Der Buddhismus verliert seinen Anteil an den Tempeln und seine Güter. Im Jahre 1884 aber hört der Shintōismus wieder auf, Staatsreligion zu sein; 1889 wird volle Religionsfreiheit gewährt. So kann der japanische Buddhismus, der sich durch seine welt- und lebenbejahende Ethik auf das japanische Wesen eingestellt hat und in sozialem Wirken so Bedeutendes leistet, sich neben dem Shintōismus wieder ungehemmt entfalten.

Ein Kampf zwischen beiden besteht kaum. Der moderne offizielle Shintōismus hat eigentlich nicht die Bedeutung einer Religion. Er verpflichtet alle Volksangehörigen, den Ahnen, dem Kaiser und der Nation Verehrung darzubringen. Dies verträgt sich aber mit ihrer Zugehörigkeit zu einer anderen, ihre persönlichen Bedürfnisse befriedigenden Religion.

Von dem modernen offiziellen Shintōismus ist die ursprüngliche Shintō-Religion zu unterscheiden. In ihr leben zahlreiche Japaner, besonders aus den Angehörigen der Landbevölkerung, heute wie vor Jahrhunderten. Viele von ihnen bekennen sich zugleich zum Buddhismus.

In den letzten Jahren fängt Japan an, sich sehr energisch für die Verbreitung des Buddhismus in der Welt einzusetzen. Die unlängst gegründete Internationale Buddhistische Gesellschaft hat ihren Sitz in Tokio. Diese Gesellschaft nimmt sich vor, einen Universal-Buddhismus zu schaffen, der auf den indischen Alt-Buddhismus zurückgeht.

Wie sie es aber fertig bringen will, den Alt-Buddhismus und den Spät-Buddhismus und insbesondere die Welt- und Lebensverneinung des indischen Buddhismus und die Welt- und Lebensbejahung des japanischen miteinander zu vereinen, läßt sich nicht absehen.

X

DIE SPÄT-BRAHMANISCHE LEHRE

Zurück nach Indien! Zurück in die alte Zeit!

Im Verlaufe ihrer durch Jahrhunderte hindurch geführten Auseinandersetzung mit der Sāṃkhya-Lehre, dem Jinismus und dem Buddhismus, empfinden die Brahmanen das Bedürfnis, die in den Upanishad's zusammenhanglos vorgetragene Lehre von dem Eins-Sein mit der All-Seele in den Hauptlinien festzulegen. Sie bezeichnen sie als Vedānta-Lehre, das heißt als die Lehre, die im Ende (Anta bedeutet Ende) des Veda enthalten ist und auf die der ganze Veda hinzielt. Die Upanishad's sehen sie nämlich als den Abschluß und die Krönung des Veda an.

Endgültig fixiert wird die Vedānta-Lehre in den Brahmasūtra's des Bādarāyaṇa, eines Schulhauptes wohl im 4. nachchristlichen Jahrhunderte.

Sūtra bedeutet Faden, in übertragenem Sinne Lehrsatz. Es handelt sich um ein dem Weben entnommenes Bild. Die Brahmasūtra's sind gewissermaßen die als Zettel ausgespannten Fäden, aus denen durch die als Einschlag hinzukommende mündliche Erklärung das vollständige Gewebe der Lehre entsteht. An sich sind diese Memoriersätze in ihrer Kürze oft fast unverständlich.

In den 555 Brahmasūtra's des Bādarāyaṇa ist die Lehre der Upanishad's so ausgesprochen, daß damit die Ansichten der Sāṃkhya-Lehre (soweit sie vom Brahmanismus nicht übernommen worden sind), des Jinismus und des Buddhismus abgewiesen werden.

Natürlich können die Brahmasūtra's der Lehre der Upanishad's keine wirkliche Einheitlichkeit, sondern nur ein einheitliches Aussehen verleihen. Das Unmögliche, die Mystik des Eins-Seins mit der All-Seele und die Lehre von der Wiedergeburt und dem Freikommen von ihr wirklich miteinander zu vereinen, kann ihnen nicht gelingen.[1]

---

[1] Über diese Frage siehe Seite 36–42.

Die Brahmasūtra's gehen den in den Upanishad's enthaltenen Problemen auch gar nicht auf den Grund, sondern bemühen sich, nicht ohne Geschick, um brauchbare Kompromiß-Entscheidungen. Sie sind der Beginn der Brahmanen-Scholastik.

Bemerkenswert ist, daß sie die Māyā-Lehre ablehnen. Sie schreiben der Sinnenwelt irgendwelche Realität zu. Damit vertreten sie die ursprüngliche Brahmanenlehre. Auf die Frage freilich, warum das Brahman Einzelseelen und eine Sinnenwelt aus sich hervorgehen läßt, wissen sie auch nichts anderes zu antworten, als daß es sich um ein Spiel handle. Der Ethik eine wirkliche Bedeutung zu geben, ist ihnen also nicht möglich.

Daß die Erlösung durch keinerlei Werke, sondern nur durch Erkenntnis zu erreichen sei, betonen sie stark. Eingehend beschäftigen sie sich mit den Übungen des Sich-Versenkens. Die alt-brahmanische Ansicht, daß die Erkenntnis von dem Eins-Sein mit dem Brahman in der Ekstase erlebt werden muß, ist ihnen etwas Selbstverständliches.

Alle späteren Darstellungen der brahmanischen Lehre nehmen die Form von Kommentaren zu den Brahmasūtra's an. Darin zeigt sich, daß der Brahmanismus nunmehr in scholastischen Bahnen wandelt.

*

Der größte Kommentator ist Śaṃkara (9. Jahrhundert n. Chr.), der aus einer südindischen Brahmanenfamilie entstammende Thomas von Aquino des Brahmanismus.

Śaṃkara hält sich nicht an die Ansicht der Brahmasūtra's, sondern legt seine eigene in sie hinein, auch wenn sie ganz anders lautet. Er sieht ein, daß die Māyā-Lehre in der Konsequenz der brahmanischen Anschauung vom Sein liegt. Wie die Vertreter des Spät Buddhismus nimmt er also an, daß die Sinnenwelt nur in unserer Vorstellung existiert. Als eine ständige Vorstellung hat sie aber, erklärt er, eine praktische Realität.

Der strenge Monismus Śaṃkara's wird als Lehre von der Nicht-Zweiheit (Advaita) bezeichnet, weil er eine andere Wirklichkeit neben dem Brahman nicht anerkennt. Er hat die jüngeren Upanishad's für sich.[1]

Wie im Spät-Buddhismus so tritt auch bei Śaṃkara eine niederere, exoterische Wahrheit neben die höchste, esoterische. Als höchste gilt ihm, daß der Mensch durch die Erkenntnis der Identität seines eigenen Selbst mit dem Brahman schon in diesem Leben sein Eins-Sein mit ihm und sein Frei-Sein von der Sinnenwelt erlebe. Die niederere Wahrheit besteht in einer auf die Wiedergeburtslehre eingestellten Erlösungslehre. Ihr zufolge können auch diejenigen, die des wahren Wissens vom Brahman nicht fähig sind, dennoch des Eins-Werdens mit ihm teilhaftig werden.

In der niedereren Wahrheit ist der Mensch befangen, wenn er der Sinnenwelt Wirklichkeit beilegt und die wahre Natur des Brahman nicht einsieht, sondern es für die höchste göttliche Persönlichkeit hält, es als solche verehrt und sich nach der Seligkeit im Brahman-Himmel sehnt. Das Recht, dem, was er als Irrtum ansehen müßte, dennoch die Bedeutung einer Wahrheit beizulegen, leitet Śaṃkara daraus ab, daß diese Vorstellungen durch das Brahman gewirkt sind, daß sie für den Menschen, weil er ständig in ihnen lebt, praktische Wirklichkeit haben und daß auch die Upanishad's ihnen Geltung zugestehen. Daß die Upanishad's von Brahman als von dem qualitätslosen Absoluten und auch als vom höchsten Gotte reden, legt er – natürlich mit Unrecht – so aus, daß sie zwischen einem höheren und einem niedereren Brahman unterscheiden. In Wirklichkeit handelt es sich nur darum, daß das Brahman in manchen Upanishadstellen die Züge einer Brahman-Gottheit an sich trägt.[2]

Um seine Lehre von der zwiefachen Wahrheit aus den heiligen Schriften begründen zu können – wozu er sich als Scholastiker verpflichtet fühlt – stellt Śaṃkara also die kühne Behauptung auf, daß schon in den Upanishad's eine höhere und eine niederere Wahrheit nebeneinander einhergehen.

---

[1] Siehe darüber Seite 45–46.
[2] Siehe darüber Seite 42–44.

Die Brahman-Gottheit ist nach Śaṃkara gewissermaßen das erste Erzeugnis des Zauberspieles, das die All-Seele sich selber aufführt. Aus der Brahman-Gottheit geht dann die Welt hervor. So kommt Śaṃkara der volkstümlichen Religion entgegen und gesteht auch dem Theismus Daseinsberechtigung zu.

In mancher Hinsicht steht seine Lehre von dem höheren und dem niedereren Brahman in Analogie zu der Annahme eines höchsten Gottes und eines aus ihm hervorgegangenen und unter ihm stehenden Demiurgen (Weltschöpfers) im orientalisch-griechischen Gnostizismus.

Diejenigen nun, die die Sinnenwelt für wirklich ansehen und das Brahman für eine Gottheit halten, können, der niederen Wahrheit zufolge, durch rechte Verehrung dieser Brahman-Gottheit dies erreichen, daß sie nach ihrem Tode nicht mehr wiedergeboren werden „sondern in das niederere Brahman eingehen", das heißt ein seliges Dasein in Gemeinschaft mit der Brahman-Gottheit führen.

Aus dieser niedereren Seligkeit gelangen sie dann später einmal ohne weiteres zu der des wirklichen Aufgehens in dem reinen Brahman. Am Ende jeder Weltperiode kehrt nämlich die Brahman-Gottheit, wie auch die aus ihr hervorgegangene Welt, in die All-Seele zurück. Mit ihr werden dieser Rückkehr die Seelen teilhaftig, die in ihre Seligkeit eingegangen sind. Auf diese Weise werden sie wieder eins mit der All-Seele. Niemals mehr, auch nicht in zukünftigen Weltperioden, gehen sie hinfort wieder in irdisches Dasein ein.

Die der Saṃkhya-Lehre entstammende Annahme von aufeinanderfolgenden Weltperioden erlaubt es Śaṃkara also, die provisorische Seligkeit des Freiwerdens von dem Wieder-Geboren-Werden, für die Dauer der in Gang befindlichen Weltperiode in die definitive des Eins-Werdens mit dem Brahman übergehen zu lassen. Auch seine Ansichten von der Materie, der Einzelseele und ihrer Beziehung zum Leibe enthalten viel Sāṃkhya-Gut. Die Vorstellungen der Sāṃkhya-Lehre und die der Mystik des Eins-Seins mit dem Brahman wirklich in befriedigender Weise miteinander zu vereinigen, gelingt natürlich auch Śaṃkara nicht. Er bemüht sich auch nicht darum.

Auch der Apostel Paulus unterscheidet eine provisorische und eine definitive Seligkeit. Die provisorische besteht im Teilhaben an dem messianischen Reiche, das als zeitlich begrenzt gedacht wird. Der Apokalypse Johannis (Kapitel 20 Vers 7) zufolge dauert es 1000 Jahre. Es beginnt mit der Parusie, das heißt mit der Wiederkunft Jesu in seiner messianischen Herrlichkeit. Anteil an diesem Reiche haben nur die Menschen der letzten auf Erden lebenden Generation, die die Kunde von Jesu vernahmen und auf Grund derselben an ihn als den Messias glaubten. Sind sie bei Anbruch des Weltendes bereits gestorben, so erleben sie eine besondere Auferstehung vor den andern Toten, die sogenannte Auferstehung der Gerechten; sind sie noch am Leben, so werden sie in überirdische Wesen verwandelt. Mit dem Messias triumphieren sie über die widergöttlichen Mächte, die die Welt beherrschten. Als letzter dieser Feinde wird der Tod überwunden. Alsbald darauf findet dann die Auferstehung aller Menschen, die je auf Erden gelebt haben, statt. Damit beginnt das Reich der ewigen Seligkeit, das das messianische ablöst. In dem ewigen herrscht nicht mehr der Messias, sondern Gott. Dieser ist nun wieder „Alles in Allem". Diejenigen, die an dem messianischen Reiche teilhaben, gehen alle ohne weiteres auch zur ewigen Seligkeit ein. Über die, die erst bei Anbruch des ewigen Reiches auferstanden, wird Gericht gehalten. Die einen ererben die ewige Seligkeit, die anderen verfallen dem ewigen Tode (I. Brief an die Korinther Kapitel 15 Vers 23–28).

Weil er sich Rechenschaft davon gibt, daß die brahmanische Lehre vom Sein, wenn sie folgerichtig ausgedacht wird, die Nicht-Wirklichkeit der Sinnenwelt behaupten muß, entschließt sich Śaṃkara zur Annahme einer zwiefachen Wahrheit. Er ist dazu in derselben Weise gezwungen, wie die Lehrer des Spät-Buddhismus, die von ihrer Ansicht vom Sein aus ebenfalls zur Behauptung der Nicht-Wirklichkeit der Sinnenwelt gelangen.

Zugleich hat Śaṃkara ein Empfinden davon, daß die Mystik des Eins-Seins mit dem Brahman und die der Lehre von der Wiedergeburt entsprechende Erlösungslehre zwei ganz verschiedene Dinge sind. Die Annahme einer zwiefachen Wahrheit setzt ihn in Stand, sie auseinanderzuhalten. So trägt er die Mystik des Eins-Seins mit dem Brahman als die höhere, mit der Tatsache der Nicht-Wirklichkeit der Sinnenwelt in Übereinstimmung befindliche Wahrheit vor. Neben dieser läßt er als niederere Wahrheit eine Lehre der Erlösung von der Wiedergeburt einherlaufen, die die Wirklichkeit der Sinnenwelt annimmt. Beide bringt er in äußerlicher Weise dadurch miteinander in Verbindung, daß er die von der Wiedergeburt erlöste Seele am Ende der Weltperiode auf ewig in das Brahman zurückkehren läßt.

Warum aber gibt er das von den Brahmanen bisher verfochtene und noch in den Brahmasūtra's streng gewahrte Axiom preis, daß die Befreiung von der Wiedergeburt und die Vereinigung mit dem Brahman durch nichts anderes als durch völlige Erkenntnis erlangt werden könne? Warum macht er der Volksreligion das vom Brahmanenstandpunkt eigentlich unmögliche Zugeständnis, daß dies auch durch fromme Verehrung des als Gott vorgestellten Brahman zu erreichen sei?

Er ist dazu genötigt, weil im Laufe der Zeiten eine höhere, monotheistisch geartete Volksreligion emporgekommen ist und es zu solchem Ansehen gebracht hat, daß ihrer Erlösungslehre Rechnung getragen werden muß. Diese Volksreligion ist der monotheistische Hinduismus.

Der Hinduismus lehrt, daß durch tiefe Hingebung an Gott Freiwerden von der Wiedergeburt und Aufgehen in Gott erlangt werden kann. Diese lebendige Mystik der Liebe zu Gott können die Brahmanen, da sie mit der Zeit so große Verbreitung gefunden hat, nicht mehr ignorieren. Sie müssen gegen sie Stellung nehmen oder ihr einen Platz in ihrer Lehre anweisen. Nur das Letztere kommt für sie in Betracht. Also lehren sie nun selber die Verehrung des als Gott vorgestellten Brahman als eine Mystik zweiter Ordnung.

Auch die spät-buddhistische Lehre von der Erlösung durch den Glauben an den göttlichen Buddha-Amithāba ist unter dem Einfluß des monotheistischen Hinduismus entstanden.[1] Sie ist das Gegenstück zur exoterischen Erlösungslehre des Spät-Brahmanismus. Śaṃkara ist nicht der Schöpfer dieser exoterischen Erlösungslehre. Er findet sie in dem Brahmanismus seiner Zeit vor und legitimiert sie. Die Brahmasūtra's tun ihrer aber noch keine Erwähnung, sondern halten sich streng an die Upanishad's.

---

[1] Über diese Lehre siehe Seite 94–95; 112–113; 119–121.

Man nennt Śaṃkara den Vollender der brahmanischen Lehre. Er ist es, aber auch zugleich der Beginn ihres Endes. Er denkt die brahmanische Mystik des Eins-Seins mit der All-Seele ins Einzelne aus und wahrt ihr ihre majestätische Größe. Zugleich aber erkennt er neben ihr eine andere Mystik an. Er ist wie die römischen Kaiser, die Fremdvölker in ihrem Reiche ansiedeln und meinen, damit die Gefahr, die sie für es bedeuten, zum Aufhören zu bringen.

Die hinduistische Mystik der Hingebung an Gott ist der brahmanischen durch ihre Lebendigkeit und auch darin überlegen, daß sie fähig ist, ethischen Charakter anzunehmen. Darum kann sie nicht für immer in der Vasallenstellung verharren, die ihr Śaṃkara zudenkt. Ihre praktische Überlegenheit über die brahmanische muß sich notwendigerweise einmal dahin auswirken, daß sie sich an ihre Stelle setzt und sie nur mehr dem Namen nach weiterbestehen läßt.

Nur der anderen Mystik, nicht auch der Ethik, macht Śaṃkara Zugeständnisse. Mit aller Schärfe tritt er der Meinung entgegen, als wäre die Erlösung von der Wiedergeburt nicht einzig vom höheren oder niedereren Wissen, sondern auch vom ethischen Verhalten abhängig. Wie nahe hätte es gelegen, daß er für den zweiten Weg der Erlösung neben der Verehrung der Brahman-Gottheit auch noch Hingebung an sie in ethischem Tun verlangt hätte. Dies aber scheint ihm mit brahmanischem Denken unvereinbar. Er faßt das niederere Brahman wohl als Persönlichkeit, nicht aber als ethische Persönlichkeit auf. Ausdrücklich bemerkt er, daß es für das Brahman, für das niederere wie für das höhere, weder Gutes noch Böses gebe.

Śaṃkara bleibt also der alten Lehre treu, daß ethisches Verhalten nur zu besserer Wiedergeburt verhilft, nicht aber Erlösung wirkt. Auch macht er kein anderes Motiv des Ethisch-Seins geltend, als das egoistische. Nur das, was der Mensch damit für die Verbesserung seiner Wiedergeburt erreicht, nicht das, was damit gewirkt und vollbracht wird, zieht er in Betracht. Es ist in ihm wie ein Ahnen von der Gefahr, die der brahmanischen Mystik von der Ethik her droht. Darum legt er es darauf an, es recht zu betonen, daß die Ethik nur der exoterischen Wahrheit zugehört und in ihr zudem noch eine untergeordnete Stellung einnimmt. Wer sich zur Māyā-Lehre bekennt, für den kann die Ethik nur eine ganz relative Bedeutung haben.

Daß Śaṃkara einen Weg der Erlösung anerkennt, der auch für den im gewöhnlichen Leben verbleibenden Menschen gangbar ist, bedeutet ein gewaltiges Zugeständnis der brahmanischen Welt- und Lebensverneinung an die Welt- und Lebensbejahung. Er spricht sich aber nicht darüber aus.

XI

BRAHMANISCHE WELTANSCHAUUNG IM GESETZBUCH MANU'S

Brahmanische Weltanschauung auf das gewöhnliche Leben angewandt findet sich in dem altberühmten Gesetzbuch Manu's (Manu-Smṛti).

Manu ist der göttliche Urvater des Menschengeschlechtes. Ihm soll die Brahman-Gottheit die für den Einzelnen und die Gesellschaft geltenden Gesetze offenbart haben. Sein Sohn Bhṛgu habe sie dann der Menschheit mitgeteilt.

Entstanden ist das Gesetzbuch Manu's etwa zwischen 200 v. Chr. und 200 n. Chr. Sicherlich enthält es aber auch Gut aus viel früherer Zeit.

Die 6 ersten Abschnitte des Werkes handeln von der Weltschöpfung und dem Brahmanenstand, der 7. vom König und seinen Pflichten, der 8. und 9. von den Gesetzen, der 10. von den Kasten und den Kasten-Mischlingen, der 11. von den Sühnehandlungen, der 12. von der Weidergeburt und der Erlösung.

Dem Gesetzbuch Manu's zufolge sind die Brahmanen von der Brahman-Gottheit zu Herren über alles, was in der Welt ist, eingesetzt. Sie sind als göttergleiche Wesen zu achten. Ein Brahmane, der 10 Jahre alt ist, hat als der Vater eines hundertjährigen Angehörigen der Kriegerkaste zu gelten. Auch wenn ein Brahmane alle Verbrechen begangen hat, darf er doch nicht zum Tode, sondern nur zur Verbannung verurteilt werden. Die schlimmste Sünde, die ein Mensch auf sich laden kann, ist die Ermordnung eines Brahmanen. Er hat sie mit dem Tode zu büßen und wird als böses Tier wiedergeboren. Wer einen Brahmanen bei den Haaren faßt, dem sollen die Hände abgehauen werden; wer ihm eine Kuh stiehlt, dem soll ein Fuß verstümmelt werden.

Stirbt ein Mann, ohne natürliche Erben zu hinterlassen, so soll sein Gut an die Brahmanen fallen.

Findet der Brahmane einen vergrabenen Schatz, so gehört er ihm ganz; findet der König einen solchen, so muß er ihn mit den

Brahmanen teilen. Durch ehrerbietiges Verhalten gegen einen Brahmanen erlangt der Angehörige einer niederen Kaste die Wiedergeburt in einer höheren.

Zugleich hält das Gesetzbuch Manu's den Brahmanen aber auch ihre Pflichten vor. Der unwissende Brahmane ist ihm zufolge ein unnützes Geschöpf. Es vergleicht ihn mit einem aus Holz geschnitzten Elefanten.

Der Brahmane sei ohne Habgier, ohne Hochmut, ohne Falsch, gastfrei und gütig. In jeder Hinsicht befleißige er sich eines untadeligen Wandels. Auch gegen die Angehörigen der niedersten Kaste verhalte er sich freundlich.

Zu weissagen, Zauberei zu treiben und sich mit Astrologie zu beschäftigen, ist ihm untersagt.

Das Gebot des Nicht-Tötens und Nicht-Schädigens (Ahiṃsā) soll er aufs strengste beobachten. Aber das Töten beim Opfer ist ihm erlaubt und das vom Opfer herrührende Fleisch darf er essen.

Das 1. Viertel seines Lebens verbringe er im Elternhaus und beim Lehrer; das 2. verlebe er als Hausvater; bei Beginn des 3., wenn seine Söhne Nachkommenschaft haben, ziehe er sich als Einsiedler in den Wald zurück; im Verlaufe des 4. löse er die letzten Bande, die ihn noch mit der Welt verbinden, um als Asket sein Sinnen ganz auf die Vereinigung mit dem Brahman gerichtet zu halten.

Die erlangte Freiheit von der Welt bewähre er in heiliger Gesinnung. Seine Worte seien geläutert in Wahrheit; sein Herz sei rein. Er ertrage Beleidigungen, mißachte niemand, habe auch mit niemand Feindschaft. Auch vergelte er nicht Zorn mit Zorn. Beleidigung erwidere er durch ein gutes Wort.

Daß das Gesetzbuch Manu's die alte Brahmanische überethische Welt- und Lebensverneinung – deren es auch noch Erwähnung tut – durch die ethische Welt- und Lebensverneinung ersetzt, geht wohl auf buddhistische Einflüsse zurück.[1]

---

[1] Über diese beiden Arten der Welt und Lebensverneinung siehe S. 58–60.

Den Tod soll der Brahmanen-Asket nicht suchen. Er warte auf ihn wie der Diener auf seinen Lohn.

*

Auch der König ist als eine Gottheit in Menschengestalt zu achten. Ihm liegt die Aufrechterhaltung des Rechts und die Beschützung der Schwachen gegen die Starken ob.

„Wenn der König nicht unermüdlich Strafe verhängte, würden die Stärkeren die Schwächeren wie Fische am Spieß braten; die Krähe würde den Opferkuchen fressen; der Hund würde das Opfermus belecken; der Besitz bestünde nicht mehr und alles ginge drunter und drüber."

„Die ganze Welt wird durch Strafe in Ordnung gehalten; ein (von Natur) tugendhafter Mann ist schwer zu finden."

Aber nur die vom tugendhaften König verhängte Strafe wirkt, was sie soll. „Nur wenn der König sich bemüht, seine Sinne zu beherrschen, kann er seine Untergebenen in Gehorsam erhalten." Zu meiden hat er die Jagd, das Würfelspiel, das Schlafen unter Tags, das Afterreden, die Weiber, das Trinken, den Tanz, die Musik und das unnötige Herumreisen.

Von den alten Brahmanen lerne er Bescheidenheit.

Der Gewalttätigkeit soll er sich enthalten und den Besitz seiner Untertanen nicht auf unrechtmäßige Weise an sich bringen.

Im Kampfe benehme er sich ritterlich. Den Gegner, der wehrlos ist, den, der sich auf der Flucht befindet, und den, der sich gefangen geben will, haue er nicht nieder. Auch gebrauche er keine vergifteten Pfeile und keine Hinterlist.

Seinen Untertanen gegenüber verfahre er gelinde. Muß er strafen, so tue er es zuerst durch einfache Worte, dann durch strengen Tadel, dann durch Geldbuße und erst, wenn es nicht anders geht, durch körperliche Züchtigung.

„Wie der Blutegel, das Kalb und die Biene in kleinen Schlücken trinken, so soll der König mit Bedacht und nur nach und nach die jährlichen Steuern erheben."

Auch dem Niedriggestellten sei er ein milder Herr. Wird er von denen, die im Unglück sind, beleidigt, so verzeihe er ihnen.

„Wie die Erde alle Geschöpfe erhält, so soll der König alle seine Untertanen erhalten." Immer sei er darauf bedacht, die Schwachen, die Witwen und die kinderlosen Frauen zu beschützen und für alle Notleidenden zu sorgen.

In der äußeren Politik hole er sich Rat bei erfahrenen Brahmanen. Eroberungen suche er auf gütlichem Wege zu machen. Bestechung zu üben, ist ihm im Interesse des Staates erlaubt. Gegen die Feinde mißtrauisch zu sein, gehört zu seinen Pflichten, wie auch Zwietracht unter ihnen zu säen. Immer aber sei sein Bestreben in erster Linie darauf gerichtet, sie sich durch gut geführte Verhandlungen zu gewinnen.

Auf die rechte Befestigung seiner Stadt verwende er Sorgfalt.

*

Die Gesetze handeln vom rechten Gerichtsverfahren, vom Entleihen, vom Vertrag, vom Kaufen und Verkaufen, von der Beleidigung, vom Diebstahl, von der Körperverletzung, von der Ehe, von der Verstoßung der Frau, vom Ehebruch, vom Erbrecht, von der Haftpflicht, von den Kastenpflichten und der Beobachtung der Kastenunterschiede.

Der Diebstahl wird streng geahndet. Auf Juwelendiebstahl und Menschenraub steht der Tod. Die Angehörigen der niederen Kasten werden gelinder bestraft als die der höheren.

„Das Spiel und die Wetten sind dem Diebstahl gleichzusetzen und sollen vom König nicht geduldet werden." Gegen diese „verkleideten Diebe" hat er Körperstrafen anzuwenden.

Mit dem Tode darf Diebstahl nur bestraft werden, wenn das gestohlene Gut beim Diebe gefunden ist und also kein Zweifel an seiner Schuld bestehen kann.

Als ein noch schwereres Vergehen als Diebstahl wird Gewalttätigkeit angesehen.

Der Mann, der das ihm zustehende körperliche Züchtigungsrecht gegen seine Frau, seine Kinder, seine Sklaven und seine Schüler ausübt, darf sie nur auf den Rücken, nicht auf den Kopf schlagen.

Wer eine Schuld nicht bezahlen kann, hat sie bei dem Gläubiger als Sklave abzuverdienen.

Einen getätigten Verkauf dürfen beide Teile innerhalb von 10 Tagen rückgängig machen.

Ist ein Mädchen in das heiratsfähige Alter gekommen, so hat es drei Jahre zu warten, ob es nicht zur Ehe begehrt wird. Nach Ablauf dieser Zeit ist ihm gestattet, sich, innerhalb seiner Kaste, selber einen Mann zu suchen.

„Die eheliche Treue soll bis zum Tode dauern. Dies hat als das höchste Gesetz für Mann und Frau zu gelten." Auf Ehebruch stehen, je nach den Fällen, Geldbußen, körperliche Strafen oder der Tod. Als erschwerender Umstand kommt in Betracht, wenn die Schuldigen sich dazu noch über die Kastenunterschiede hinwegsetzten.

Das Gesetzbuch Manu's spricht sich geringschätzig über die Frauen aus. Aber es wahrt doch ihre Rechte. Erst wenn eine Frau 7 Jahre unfruchtbar blieb, darf der Mann sie verstoßen. Sterben alle Kinder, die sie gebiert, so darf er dies nach 9 Jahren tun. Von einer guten und tugendhaften, aber ständig kranken Frau sich zu trennen, ist ihm nur mit ihrer Einwilligung erlaubt.

Eine schwangere Frau hat, wie der Brahmane und der Asket, das Recht, die Fähre über einen Fluß unentgeltlich zu benutzen.

Grundsätzlich spricht sich das Gesetzbuch Manu's gegen die Wiederverheiratung der Witwen aus. Aber es duldet sie als eine bestehende Sitte.

Von der Witwenverbrennung findet sich im Gesetzbuch Manu's kein Wort. Sie wird erst in den jüngeren Rechtsbüchern erwähnt. Aber die Sitte muß doch alt sein, da sie den griechischen Schriftstellern aus der Zeit Alexanders des Großen bekannt ist. Ursprünglich war sie wohl auf die Herrscherfamilien und die Kriegerkaste beschränkt und bildete auch hier nicht die Regel. Niemals war sie allgemein in Gebrauch. Im Jahre 1829 wird sie durch die englischen Behörden verboten.

Die Tschandâla's müssen außerhalb der Dörfer wohnen. Als Besitz sind ihnen nur Hunde und Esel und zerbrochenes Geschirr gestattet.

Der Genuß berauschender Getränke ist den Angehörigen der drei oberen Kasten verboten. Die Brahmanen und die

Angehörigen der Kriegerkaste sollen nicht Geld auf Zins ausleihen.

Not und Hunger heben alle sich auf die Kastenunterschiede beziehenden Gebote auf. Kann er sich keine andere Speise verschaffen, so ist es einem Angehörigen einer höheren Kaste sogar gestattet, Hundefleisch, das ihm von einem Tschandāla gereicht wird, zu essen.

Die Beobachtung des Gebotes des Nicht-Tötens und Nicht-Schädigens lebendiger Wesen – außer wo es sich um Opfer handelt – wird aufs strengste eingeschärft. Das Gesetzbuch Manu's versucht sogar, sich die jinistische Verurteilung des Ackerbaus zu eigen zu machen. Es führt als die Meinung „tugendhafter Leute" an, daß die Bearbeitung des Bodens keine lobenswerte Hantierung sein könne, weil dabei die Erde und die in ihr wohnenden kleinen Lebewesen verletzt würden. Zugleich gibt es aber auch zu, daß sie von andern auch als gut angesehen werde.

Für die Vernichtung von 1000 kleinen Wirbeltieren hat ein Brahmane dieselbe Sühne zu leisten, wie für das Töten eines Angehörigen der niedersten Kaste. Hat er Fruchtbäume, Sträucher, Schlingpflanzen oder Blumen abgehauen, so soll er 100mal einen bestimmten Veda-Text hersagen.

Überhaupt: Veda-Rezitation, Opfer und Askese tilgen Schuld. Auch auf das Bekennen des Vergehens wird Wert gelegt. „Wenn ein Mensch, der eine Sünde begangen hat, sie freiwillig beichtet, wird er von ihr frei, wie eine Schlange ihre Haut ablegt."

Die höchste sühnende Wirkung hat die Askese. Durch sie, wenn sie streng betrieben wird, können auch die größten Verbrechen abgebüßt werden. „Sogar Insekten, Schlangen, Schmetterlinge, Vögel und Pflanzen gewinnen den Himmel durch die Tugend der Askese." Das Problem der Welt-Erlösung ist dem Gesetzbuch Manu's also nicht fremd.

Zum Freiwerden von der Wiedergeburt gehören: Vedakenntnis, Askese, Beherrschung der Triebe, Beobachtung des Gebotes des Nicht-Tötens und Nicht-Schädigens, Erfüllung der Kasten-Pflicht, Reinheit und Übung des Sich-Versenkens.

Im „Antichrist“ (§ 56) nennt Friedrich Nietzsche das Gesetzbuch Manu's „ein unvergleichlich geistiges und überlegenes Werk, das mit der Bibel auch nur in einem Atem zu nennen, eine Sünde wider den Geist wäre“. Dieses Urteil begründet er damit, daß mit diesem Buche die vornehmen Stände, die Philosophen und Krieger, ihre Hand über die Menge halten. Darum findet er darin ein „Ja-Sagen zum Leben“. „Die Sonne liegt auf dem ganzen Buch“, schreibt er.

Sehr tief scheint er in seinen Geist nicht eingedrungen zu sein, sonst hätte er bemerkt, daß es voller Lebensverneinung ist und daß darin, wie im alttestamentlichen Gesetz, eine Humanitätsgesinnung im Entstehen begriffen ist. Obgleich es die Kastenunterschiede bestehen läßt, nimmt sich das Gesetzbuch Manu's der Schwachen gegen die Starken an und gebietet den Starken das Dienen. Es macht also auf die Hochschätzung Nietzsche's nicht mehr Anspruch als die Bibel.

Im „Wille zur Macht“ (§§ 142 und 143) findet Nietzsche im Gesetzbuch Manu's „Semitismus, das heißt Priestergeist, schlimmer als irgendwo“. Für das Große und Tiefe dieses Priestergeistes hat er kein Verständnis.

XII

HINDUISMUS UND BHAKTI-MYSTIK

Wie nun ist das hinduistische Denken aufgekommen, dem der spätere Buddhismus und der spätere Brahmanismus in ihrer Lehre Zugeständnisse machen müssen?

Etwa 1000 v. Chr. ist der indische Polytheismus, wie aus den späteren vedischen Hymnen ersichtlich wird, bereits in Bewegung auf den ethischen Monotheismus hin begriffen. Für diese in Gang befindliche Entwicklung setzen sich die Brahmanen aber nicht ein. Sie bringen der Veredelung der Volksreligion kein Interesse entgegen, weil sie in dem Nachdenken über das Brahman einen ganz andern Ausgangspunkt des Weges zu höherer Erkenntnis gefunden haben.[1]

Aber die in der Volksreligion auf den ethischen Monotheismus hintreibenden Kräfte bleiben lebendig. Daß die Brahmanen die in Gang befindliche Entwicklung nicht fördern, bedeutet sicherlich eine Hemmung derselben, aber nicht ihr Ende. Außerhalb des Brahmanentums treten dann Propheten-Persönlichkeiten auf, die der ethisch-monotheistischen Volksreligion zum Durchbruch verhelfen.

Von dem Verlauf dieser Höherentwicklung besitzen wir keine genaue Kunde, da wir für jene ältere Zeit ganz auf das, was die Brahmanen zu überliefern für gut befanden, angewiesen sind. Nur soviel wissen wir, daß der Monotheismus wohl erstmalig unter den Verehrern des Gottes Krishṇa aufkommt.

Die Entstehung des Krishṇa-Kultes wiederum liegt für uns im Dunkel. Krishṇa (das heißt der Schwarze), der Sohn des Vasudeva und der Devakī, ist wahrscheinlich ein vergotteter Stammesheros, der dann später als eine Erscheinung des Gottes Vishṇu gilt. In den vedischen Hymnen steht Vishṇu nicht in der ersten Reihe der Götter. Mit der Zeit gewinnt er aber immer

[1] Siehe darüber Seite 21–22.

mehr an Ansehen, bis er zuletzt, wohl in außer-brahmanischen Kreisen, als der all-eine Gott verehrt wird.

Diese sich zum Monotheismus bekennende Volksreligion behält aber den Polytheismus bei. Sie faßt die anderen Gottheiten als Erscheinungen (Avatāra's) des einzigen Gottes auf. In den Göttern wird ihr zufolge Gott verehrt. So heißt es schon in einem Hymnus des Rig-Veda: „Sie sprechen von Indra, Mitra, Varuṇa, Agni . . . Obwohl es nur ein Wesen ist, benennen die Sänger es auf vielerlei Weise".

In manchen hinduistischen Religionsgemeinschaften nimmt der Gott Śiva die Stelle Vishṇu's ein. In anderen ist die Brahman-Gottheit der All-Gott.[1]

Der Hinduismus ist nichts Einheitliches. Er begreift viele Kulte in sich, nicht nur solche, die arischen, sondern auch solche, die ur-indischen Ursprungs sind, und nicht nur solche, die schon monotheistische Orientierung zeigen, sondern auch solche, die noch durchaus im Polytheismus verbleiben.

Vermutlich war Krishṇa, der schwarze Gott, ursprünglich eine drawidische Urgottheit. Von Śiva und der Göttin Kālī, das heißt der Schwarzen, die im Hinduismus eine so große Rolle spielt, kann man das mit Sicherheit annehmen.

Wenn im Folgenden von Hinduismus die Rede ist, so ist damit nur die höher entwickelte Volksreligion gemeint, für die Krishṇa, Vishṇu, Śiva, Rāma, der Brahman-Gott und andere höchste Gottheiten nur Erscheinungen des all-einen Gottes sind.

Für diesen Hinduismus bilden Vishṇu, Śiva und die Brahman-Gottheit eine Art von Trinität (Trimūrti). Derselbe Gott hat drei Namen, denen drei Arten seiner Offenbarung und seines Wirkens entsprechen.

Die gewöhnliche Bezeichnung Gottes im Hinduismus ist Bhagavat, das heißt der Erhabene.

*

Die neben der Brahmanenlehre aufgekommene monotheistische Volksreligion stellt sich nicht in Gegensatz zu ihr. Sie kann es nicht. Die vedischen Schriften gelten der Volksreligion ja als heilig und die Brahmanen sind für sie die Vertreter des Priester-

[1] Über die Brahman-Gottheit siehe Seite 43–44; 126–127.

tums. Noch mehr: diese Volksreligion steht auch unter dem Einfluß des brahmanischen Denkens und deshalb entwickelt sie sich in der Richtung des Monotheismus. Der hinduistische Monotheismus unterscheidet sich von dem Zarathustra's und dem der israelitischen Propheten in zwiefacher Hinsicht. Er sieht Gott nicht als den neben und über der Welt existierenden Weltschöpfer an, sondern als den Urgrund, aus dem sie hervorgegangen ist. Ferner verlangt er von dem Menschen nicht einfach Gehorsam gegen Gott, sondern Eins-Werden mit ihm in völliger Hingabe (Bhakti) an ihn. Er ist also mystischer Art. Darin zeigt sich, daß er sich unter der Einwirkung brahmanischer Denkweise entwickelt hat. Die mystische Lehre des Hinduismus verhält sich zur brahmanischen wie ein Mond zu der Sonne, von der er seine Helligkeit empfängt.

Die Bhakti-Frömmigkeit geht auf die Religion der Urbevölkerung zurück. Die Vorstellung von der demütigen Hingebung an Gott ist den Ariern Indiens fremd. Aber unter dem Einwirken der brahmanischen Mystik nimmt die aus prähistorischen Zeiten herrührende Volksfrömmigkeit der Hingebung an Gott einen mystischen Charakter an.

Der Hinduismus ist also eine Volksreligion, die unter dem Einwirken der brahmanischen Mystik monotheistisch und mystisch wird.

Viele Gelehrte haben die begründete Auffassung geäußert, daß die Bhakti-Frömmigkeit im Hinduismus Südindiens beheimatet gewesen sei und dann auf den Norden übergegriffen habe.

Bemerkenswert ist, daß Śaṃkara, der brahmanische Lehrer, der als erster der Erlösungslehre, wie sie von der Bhakti-Religion gelehrt wird, neben der brahmanischen Mystik Berechtigung zugesteht, aus dem Süden kommt.[1]

Anders geartet als die brahmanische Mystik ist die hinduistische insofern, als es sich bei ihr nicht um ein Aufgehen der Einzelseele in der All-Seele, sondern um ein Eins-Werden der Menschenpersönlichkeit mit der Gottespersönlichkeit handelt. Der Hinduismus verliert sich nicht ins abstrakte Denken, sondern bestrebt sich, lebendige Frömmigkeit zu bleiben. Das Verhält-

---

[1] Zu Śaṃkara und seiner Lehre vgl. S. 125–131.

nis, in dem sich der Mensch Gott gegenüber befinden soll, beschreibt er als Liebe (Bhakti). Alle Verehrung, die Gott in kultischen Handlungen erwiesen wird, wertet er als etwas Nebensächliches, verglichen mit dem Streben nach immer völligerer Hingebung an ihn.

In manchen hinduistischen Liedern wird die Liebe zu Gott unter dem Bilde sinnlicher Liebe verherrlicht, wie bei den christlichen Mystikern das eigentlich von irdischer Liebe handelnde Hohelied auf die Sehnsucht der Seele nach ihrem Erlöser gedeutet wird.

Ein weiterer Unterschied der hinduistischen Mystik von der brahmanischen – und auch von der christlichen – besteht darin, daß ihr das quietistische Ideal fern liegt. Sie hält den Menschen nicht an, aus dem gewöhnlichen Dasein herauszutreten, sondern mutet ihm zu, sein Leben so zu verbringen, daß er in allem, im Denken wie im Tun, Hingebung an Gott bewahrt.

Obwohl er tätige Hingebung an Gott fordert, bekennt sich der Hinduismus dennoch zur Welt- und Lebensverneinung. So sehr steht er unter dem Einfluß des brahmanischen Denkens, daß er die der Volksreligion ursprünglich zugehörende Welt- und Lebensbejahung preisgibt. Er wagt es also nicht, die Ansicht zu vertreten, daß die Welt irgendwie einen Sinn habe und daß menschliches Wirken sich in ihr eine Aufgabe setzen könne. Nirgends stellt er die dem Christentum so selbstverständliche Forderung auf, daß die Liebe zu Gott sich in der Liebe zu den Menschen zu betätigen habe. Wie die Brahmanen fordert er kein anderes Tun als das, das durch die Kastenpflicht geboten ist.[1]

Weil er sich in solcher Abhängigkeit vom brahmanischen Denken befindet, gelangt der ältere Hinduismus auch nur zum Monotheismus, nicht zum ethischen Monotheismus. Gott ist ihm eine über Ethisch und Nicht-Ethisch völlig erhabene Größe.

*

[1] Über die Bedeutung des durch die Kastenpflicht gebotenen Tuns siehe Seite 35–36.

Nur in Einem also bewahrt sich der Hinduismus, bei aller Unterwerfung unter die brahmanische Welt- und Lebensverneinung, die Selbständigkeit: statt dem Tun nur Duldung zu Teil werden zu lassen, schätzt er es als etwas Wertvolles. Die Volksreligion kann nicht anders als dem natürlichen Empfinden Rechnung tragen.

So sieht sich der monotheistische Hinduismus, weil er Volksreligion ist und sich zugleich im Banne der brahmanischen Weltanschauung befindet, vor die Aufgabe gestellt, dem Tun Anerkennung in der Welt- und Lebensverneinung zu verschaffen. Wohl fordert er kein anderes Tun als die Brahmanen. Aber er fordert es anders. Er kann sich nicht damit begnügen, wie es die Brahmanen tun, dem durch die Kastenpflicht natürlich gebotenen Tun eine relative und begrenzte Berechtigung neben der Weltentsagung zuzugestehen, sondern er muß es als eine Leistung beurteilen, durch die der Mensch seine Hingebung an Gott so vollständig verwirklicht, daß sie der Hingebung an ihn in Weltentsagung gleichwertig ist.

In der Hochschätzung des Tuns, zu der der monotheistische Hinduismus als Volksreligion gezwungen ist, lehnt sich prähistorisch-indische und alt-arische Welt- und Lebensbejahung auf gegen brahmanische Welt- und Lebensverneinung, die dem Denken von Priestern entstammt. Durch die Autorität, die die brahmanische Weltanschauung genießt, läßt sich der Hinduismus dazu bringen, die Welt- und Lebensbejahung theoretisch aufzugeben. Es auch in der Praxis zu tun vermag er aber nicht. So trägt er einen Zwiespalt in sich.

Damit ist der Verlauf der Entwicklung, die ihm durchzumachen bestimmt ist, festgelegt. Notwendigerweise muß in ihm eine Auseinandersetzung zwischen der von ihm, in der Hochschätzung des Tuns, praktisch beibehaltenen Welt- und Lebensbejahung mit der von ihm theoretisch behaupteten Welt- und Lebensverneinung stattfinden.

Ursprünglich hat der Hinduismus also nicht die Absicht, sich gegen die Welt- und Lebensverneinung irgendwie aufzulehnen. Er will nur dem Tun Anerkennung in ihr verschaffen. Er meint ein bestimmtes Maß und eine bestimmte Art von Welt- und Lebensbejahung mit grundsätzlicher Welt- und Lebensverneinung vereinigen zu können.

Die ihm vorschwebende Versöhnung beider ist aber undurchführbar. Tatsächlich läuft jede Geltendmachung von Welt- und Lebensbejahung – auch die, die sich auf die Rechtfertigung eines bestimmten Tuns beschränkt – auf eine Außerkraftsetzung der Welt- und Lebensverneinung hinaus.

In dem hinduistischen Denken geht dann dies vor sich, daß eine mehr und mehr erstarkende Welt- und Lebensbejahung sich gegen die von den Brahmanen dem indischen Denken aufgezwungene Welt- und Lebensverneinung erhebt und sich zuletzt gegen sie durchsetzt. Aus eigener Kraft vollbringt sie dies aber nicht. Erst durch das Bündnis, das sie mit der Ethik eingeht, wird sie dazu fähig.

Ethik und Welt- und Lebensbejahung, jede für sich allein, sind nicht imstande, sich von den Fesseln der brahmanischen Welt- und Lebensverneinung zu befreien. Bei Buddha bleibt eine stark entwickelte Ethik in ihr gefangen. In dem alt-hinduistischen Denken beugt sich eine von dem natürlichen Volksempfinden getragene Welt- und Lebensbejahung unter sie. Im neuindischen Denken aber verbinden sich dann Ethik und Welt- und Lebensbejahung miteinander. Erst diese ethische Welt- und Lebensbejahung kommt von dem Wahne frei, daß die Welt- und Lebensverneinung eine unantastbare Wahrheit sei.

Die vornehmlichsten Quellen unserer Kenntnis der Denkart des älteren Hinduismus sind die Stücke mit religiös-philosophischem Inhalt, die den beiden großen indischen Epen, dem Mahābhārata und dem Rāmāyaṇa eingefügt sind, und die Purāṇa's. Purāṇa (eigentlich purāṇam ākhyānam) bedeutet alte Erzählung. Die Purāṇa's enthalten also Mythen und religiöse Geschichten mit der ihnen entnommenen Belehrung.

Das Mahābhārata und das Rāmāyaṇa gehören der Gestalt nach, in der sie uns erhalten sind, etwa dem 2. Jahrhundert n. Chr. an. In ihrer ursprünglichsten Fassung existierten sie wohl schon im 4. Jahrhundert v. Chr. Der in ihnen behandelte Stoff ist natürlich noch älter.

Die ältesten Purāṇa's mögen auch wohl bis ins 4. Jahrhundert v. Chr., wenn nicht noch weiter, zurückreichen.

Die hinduistische Bhakti-Religion ist möglicherweise älter als der Buddhismus, sicherlich aber jünger als die brahmanische Mystik, unter deren

Einfluß sie ja entsteht. Der Beginn dieser Höherentwicklung der Volksreligion sei also etwa auf 700 v. Chr. angesetzt.

Daß Buddha der Bhakti-Religion nicht Erwähnung tut, besagt nicht, daß sie zu seiner Zeit noch nicht vorhanden ist. Buddha setzt sich ja nur mit den verschiedenen Lehren der Weltentsagung auseinander. Auf die Volksreligion geht er nicht ein.

*

Die erste Auseinandersetzung zwischen hinduistischer Welt- und Lebensbejahung und brahmanischer Welt- und Lebensverneinung findet sich in der berühmten Bhagavad-Gītā, einer dem Mahābhārata eingefügten lehrhaften Dichtung.

Mahābhārata (Abkürzung für Mahābhāratākhyānam) bedeutet Erzählung von dem großen Kampfe der Bharata's. Das Epos zählt etwa 100000 Doppelverse. Es ist das größte der Weltliteratur.

Die Handlung spielt in der Gegend von Delhi. Die Fürsten aus dem Geschlechte der Bharata's, deren schon in den vedischen Hymnen Erwähnung geschieht, beherrschen das Volk der Kuru's. Sie liegen in Feindschaft mit ihren Vettern, den fünf Pāṇḍu-Prinzen (Pāṇḍava's), die zusammen – dies zeugt für das Alter des epischen Stoffs – die schöne Königstochter Draupadī zur Frau haben.[1] Unter den Pāṇḍava's ragen der gerechtigkeitsliebende Yudhiṣṭhira, der starke Bhīma und der geschickte Bogenschütze Arjuna hervor. Die Fehde wird im Würfelspiel ausgetragen. In einem ersten Spiele verlieren die Pāṇḍava's alles, was sie besitzen, und dazu noch ihre gemeinsame Frau Draupadī an die Gegner. Da diese Schmach aber zu groß ist, macht der greise und blinde Kurukönig Dhṛtarāṣṭra das Spiel zu nichte, indem er der Draupadī erlaubt, sich und die fünf Pāṇḍava's freizubitten. In einem zweiten verlieren die Pāṇḍava's wieder und müssen sich nun verpflichten, zwölf Jahre mit Draupadī im Walde in der Verbannung zu leben und ein dreizehntes unerkannt unter Menschen zuzubringen. Nachdem diese an Abenteuern reiche Zeit vorüber ist, verlangen sie von den Kurufürsten ihr Reich zurück, was diese aber verweigern. Zuletzt ermäßigen sie ihre Forderung auf fünf Dörfer. Nicht einmal diese werden ihnen zugestanden. Nun erklären sie ihren Vettern den Krieg. Alle umwohnenden Fürsten und Helden ergreifen für die einen oder die andern Partei. Nach einer achtzehntägigen Schlacht auf dem nördlich von Delhi gelegenen Kurufelde schließen die wenigen Überlebenden Frieden miteinander und herrschen fortan in guter Nachbarschaft über ihre

---

[1] Polyandrie soll sich noch bis in die neueste Zeit bei aus Tibet stammenden Bewohnern der südlichen (indischen) Seite des Himalaja finden.

Völker. Später begeben sie sich in die Einsamkeit und sterben fern von ihren Ländern.

*

Dieser Bericht macht nur etwa die Hälfte des Epos aus. Die andere besteht aus eingeschobenen Episoden: aus bei irgend einer Gelegenheit vorgetragenen Erzählungen oder aus Gesängen lehrhafter Art. Zu den bekanntesten und schönsten dieser Erzählungen zählen die von dem edlen König Nala, in den der Dämon des Würfelspiels fährt, und seiner treuen Gattin Damayantī und die von der Königstochter Sāvitrī, die den in der Waldeinsamkeit lebenden Prinzen Satyavant, obgleich sie weiß, daß er nach einem Jahre sterben muß, zum Manne nimmt und ihn dann von dem Todesgotte freibittet. Diese beiden Stücke gehören zu den großartigsten Schöpfungen der Weltliteratur.

Unter den eingeschobenen lehrhaften Gesängen des Mahābhārata steht an erster Stelle die Bhagavad-Gītā (Der Gesang des Erhabenen).[1] Der erhabene Sänger ist Krishṇa, der hier als Erscheinung des Gottes Vishṇu auftritt. Die Bhagavad-Gītā gehört den älteren Bestandteilen des Mahābhārata an und kann wohl, von einigen späteren Zusätzen abgesehen, aus dem 3. Jahrhundert v. Chr. stammen.

Man darf annehmen, daß sie ursprünglich eine eigenständige heilige Schrift einer Hindu-Brüderschaft war und erst später in das Mahābhārata eingefügt wurde.

Dort findet sie sich zu Beginn des 6. Buches und geht der Schilderung der 18tägigen Schlacht voraus.

Vor der Schlacht wird zwischen den beiden Parteien die rechtmäßige Kampfesweise vereinbart. Nur Gegner gleicher Art dürfen gegeneinander auftreten: Wagenkämpfer nur gegen Wagenkämpfer, Elefantenkämpfer nur gegen Elefantenkämpfer, Reiter nur gegen Reiter, Fußsoldaten nur gegen Fußsoldaten. Dem Kampfe muß die ordnungsgemäße Herausforderung des Gegners vorausgehen. Diejenigen, die sich gefangen geben, die kampfunfähig sind oder die auf der Flucht eingeholt werden, dürfen (wie dies auch im Gesetzbuch Manu's verboten ist) nicht niedergemacht werden.

---

[1] Der vollständige Titel lautet „Bhagavadgītā upaniṣadaḥ", das heißt „Die von dem Erhabenen vorgetragenen Geheimlehren".

Den Fuhrleuten, den Lasttieren, den Waffenträgern und den Musikanten und überhaupt allen Nicht-Kämpfern darf nichts geschehen.

Während die beiden Heere einander nun kampfbereit gegenüberstehen, kommen dem Helden Arjuna Bedenken, ob er das Zeichen zur Schlacht zwischen den einander verwandten Geschlechtern geben dürfe und die Schuld solchen Mordens auf sich nehmen könne. Unentschlossen, mit gesenktem Bogen, sitzt er in seinem Streitwagen. Da richtet Krishṇa, der ihm als Wagenlenker dient, das Wort an ihn und belehrt ihn, daß er dies nicht nur tun dürfe, sondern auch müsse.

Die Bhagavad-Gītā macht also gründliche Arbeit. Sie beschäftigt sich nicht nur mit dem allgemeinen Problem der Berechtigung des Tuns, sondern auch noch mit dem besonderen der Zulässigkeit des nicht-ethischen Handelns. Aus der Art, wie sie das Tun als solches rechtfertigt, ergibt sich ihr die Möglichkeit – und die Notwendigkeit – unter bestimmten Voraussetzungen auch das nicht-ethische gutzuheißen.

XIII

DIE BHAGAVAD-GĪTĀ

Auf welche Weise nun rechtfertigt die Bhagavad-Gītā das Tun in der Weltanschauung der Welt- und Lebensverneinung?

Vorbehaltslos bekennt sie sich zur brahmanischen Ansicht von der Welt. Die Welt, führt Krishṇa aus, hat keinen Sinn. Sie ist nur ein Spiel, das Gott mit sich selbst aufführt. „Durch seine Zauberkraft (Māyā) läßt er alle Wesen herumwirbeln wie Marionetten auf ihrer Bühne."

Aber die brahmanische Folgerung, daß der zu solchem Wissen von der Welt gelangte Mensch sich aus dem Spiele zurückzuziehen und sich als dessen untätiger und unbeteiligter Zuschauer zu verhalten habe, läßt Krishṇa nicht gelten. Er verlangt, daß er in Hingebung an Gott in dem von diesem veranstalteten Spiel, so unbegreiflich es für ihn sei, mitmache.

Zwar verwirft Krishṇa die brahmanische Tatenlosigkeit nicht völlig. „Das Aufgeben und die Ausübung der Werke", sagt er, „führen beide zum Teil; aber von diesen zweien ist die Ausübung der Werke vorzüglicher als das Aufgeben der Werke."

Nicht auf das äußerliche Aufgeben der Werke komme es an. „Weder gelangt der Mensch dadurch, daß er keine Werke unternimmt, in (den Zustand der) Werklosigkeit, noch erreicht er die Vollkommenheit durch bloße Weltflucht." Die wahre Werklosigkeit sei etwas Innerliches und Geistiges. Dahin müsse der Mensch gelangen, daß er keine Tat mehr um eines erwarteten Vorteils oder Genusses willen oder aus Haß und Rachsucht vollbringe, wie solche, die noch blind in der Welt dahinleben und in ihr Befriedigung suchen. Ist sein Herz frei geworden von den äußerlichen Motiven des Tuns, so kann er Werke verrichten, so viele es auch sein mögen: er verbleibt dennoch in Tatenlosigkeit.

Die Bhagavad-Gītā setzt fort, was Buddha begonnen. Aus seinem natürlichen Empfinden heraus lehnte sich dieser gegen die Askese und Selbstpeinigung auf und lehrte, daß vor allem das innerliche Frei-Sein von der Welt zu erstreben sei. Die Bhagavad-Gītā wendet, was er noch nicht wagte, diese Betrachtungsweise auch auf die Beurteilung des Tuns an. Die höchste Tatenlosigkeit, verkündet sie, ist, daß man Werke tut als täte man sie nicht.

Aus derselben Erkenntnis, daß die innerliche Freiheit von der Welt es nicht nötig habe, sich äußerlich zu bekunden, schreibt Paulus im 7. Kapitel des 1. Briefes an die Korinther: „Die da Weiber haben, daß sie seien als hätten sie keine, und die da weinen, als weinten sie nicht, und die sich freuen, als freueten sie sich nicht, und die da kaufen, als besäßen sie es nicht." Bei ihm kommt die Freiheit von der Welt aus dem Glauben an das nahe Weltende und das Anbrechen des Reiches Gottes. In dem äußerlichen Gehaben noch in dieser Welt leben, wie es das Dasein in ihr mit sich bringt, innerlich aber von ihr losgelöst sein und sich bereits in dem Reiche Gottes daheim fühlen: diese Lehre von dem noch zulässigen Gebrauche der Welt stellt er der in seinen Gemeinden laut werdenden Forderung einer äußerlich durchzuführenden Weltentsagung entgegen.

Die äußerliche Welt- und Lebensverneinung ist, Krishṇa zufolge, nicht von Gott gewollt und auch nicht durchführbar. Gott selber übt ja Tätigkeit aus, indem er die Welt hervorbringt und erhält. Wie kann dann der Mensch ohne Werke bleiben wollen? Er gestehe sich doch ein, daß er, so lange er lebt, nicht einen Augenblick ohne Tun sein könne. „Selbst die Erhaltung des Körpers", gibt Krishṇa dem Arjuna zu bedenken, „gelingt dir nicht, wenn du untätig bist." (Gītā, III. 8)

Die Bhagavad-Gītā stellt also fest, daß die Welt- und Lebensverneinung ohne weitreichende Zugeständnisse an die Welt- und Lebensbejahung nicht auskommen könne. Daraus zieht sie den Schluß, daß der Mensch sich ein für alle Male das alle erforderlichen Zugeständnisse in sich begreifende Recht nehmen müsse, das zur Erhaltung des Lebens und zur Erfüllung der natürlichen Pflicht erforderliche Tun zu vollbringen.

Die Bhagavad-Gītā greift den brahmanischen Gedanken der Berechtigung des durch die Kastenpflicht gebotenen Tuns auf und entwickelt aus ihm die Theorie der Gleichberechtigung des Tuns mit der Tatenlosigkeit.[1] Ist das Tun durch die Weltord-

[1] Über die Ansicht, daß das durch die Kastenpflicht gebotene Tun durch die göttliche Weltordnung gefordert und in gewissem Sinne von der Welt- und Lebensverneinung ausgenommen sei, siehe Seite 35–36; 143–144.

nung gefordert, so kann es, folgert sie mit Recht, nichts geben, das höher zu stellen sei. Übt Gott selber im Hervorbringen und Erhalten der Welt Tätigkeit aus, so hat auch der Mensch sich dem Tun zu ergeben.

Mit brahmanischen Argumenten entreißt die Bhagavad-Gītā dem Brahmanismus das Zugeständnis der Gleichberechtigung des Tuns mit der Tatenlosigkeit. Dies will heißen, daß die Welt- und Lebensbejahung, die sie für sich in Anspruch nimmt, die Souveränität der Welt- und Lebensverneinung anerkennt. Krishṇa verlangt äußerliche Vollbringung von Tun bei innerlicher Weltentsagung. Und wo er vom Tun redet, meint er immer nur die Ausübung der durch die Kaste gebotenen Tätigkeit, nicht auch ein aus inneren Impulsen und selbstgewählten Verantwortungen kommendes subjektives Handeln. Die brahmanische Engigkeit des Horizontes der Bhagavad-Gītā muß man in Betracht ziehen, um sie richtig zu verstehen.

*

Nicht um der Frucht willen, die er für sich und andere von seinem Werke erwartet, darf der Mensch tätig sein. Er hat alle Nützlichkeitserwägungen beiseite zu lassen. Nur aus reiner, absoluter, nicht empirisch begründeter Pflicht hat er zu handeln.

Kant ist nicht der erste, der die Lehre vom kategorischen Imperativ aufstellt. Sie wird schon von Krishṇa in den Worten „Dein Interesse sei nur auf das Handeln gerichtet, nie auf dessen Früchte," vorgetragen. Und während bei Kant der Inhalt der absoluten Pflicht im unklaren bleibt, gibt ihn Krishṇa genau an. Er bestimmt ihn als die Gesamtheit der dem Menschen seinem Stande nach natürlich zufallenden Obliegenheiten.

In liebender Hingebung an Gott ist alles Werk zu tun, weil es ja Gott ist, der alles wirkt in Allem. Mit dem Wahn, als ob sein Ich der wirkliche Täter sei, muß der Mensch fertig werden. Alles Handeln des Menschen ist Geschehen von Gott aus. Die Versöhnung der Unfreiheit des Willens mit der Willensfreiheit findet Krishṇa darin, daß der Mensch das, was Gott durch ihn wirkt, in geistiger Hingebung an ihn vollbringt.

Von der Höhe dieser Betrachtungsweise aus kann Krishṇa auch das nach menschlichem Ermessen als schlecht zu beurteilende Werk gutheißen. Die letzte Frage, die der Mensch sich vorzulegen hat, ist die, ob das Werk, zu dem er sich entschließt, ihm als eines, das vollbracht werden muß, zufällt und ob er es in lauterster Hingebung an Gott ausführt. Hat er diese Gewißheit, dann bleibt er frei von jeglicher Schuld, auch wenn er tötet.

„Von einer angeborenen Obliegenheit . . . soll man sich nicht lossagen, auch wenn sie mit Übelständen verbunden ist. Denn alle Unternehmungen sind von Übelständen umgeben, wie vom Rauche das Feuer." (Gītā 18, 48.)

„Selbst wenn ein arger Bösewicht mich liebt und nichts anderes (neben mir), so muß er für gut erachtet werden; denn er ist von rechtem Entschluß." (Gītā 9, 30.)

„Selbst wenn du der sündhafteste unter allen Sündern wärest, würdest du doch allein mit dem Boot der Erkenntnis über alle Schuld hinübersetzen." (Gītā 4, 36.)

Krishṇa wagt sich also zur einfachen Wahrheit zu bekennen, daß, wenn die Willensfreiheit verneint wird, auch nicht von Schuld geredet werden kann.

Auf Grund der Lehre, die er ihm so, mit vielen Wiederholungen, vorträgt, verlangt er von Arjuna, daß er gegen seine Verwandten kämpfe. Er solle einsehen, daß nicht er selber töte, sondern daß er nur ein von Gott beschlossenes Töten ausführe.

Überdies müsse er noch in Betracht ziehen, daß es nach der wahren Erkenntnis vom Sein eigentlich kein Töten und kein Getötetwerden gebe. Nur der vergängliche Körper, nicht das unvergängliche Ich werde ja vom Sterben betroffen.

„Auch ohne dich werden alle Krieger, die in den sich feindlich begegnenden Schlachtreihen stehen, nicht (am Leben) bleiben . . . Von mir sind diese schon vorher getötet: nur das Werkzeug sei du." (Gītā 11, 32, 33.)

„Gleichwie der Mensch abgenutzte Kleider ablegt und andere neue anzieht, so legt der Geist die abgenutzten Körper ab und geht in andere, neue ein." (Gītā 2, 22.)

„Denn dem Geborenen ist das Sterben sicher, und ebenso dem Gestorbenen das Geborenwerden. Deshalb darst du nicht um eine Sache klagen, die unvermeidlich ist." (Gītā 2, 27.)

„Ist deine durch das Nicht-Wissen bewirkte Verwirrung gewichen?" fragt Krishṇa den Arjuna nach beendigter Belehrung. „Gewichen ist die Verwirrung," antwortet dieser und gibt das Zeichen zur Schlacht.

*

Bei ihrem Bekanntwerden in Europa, am Ende des 18. und zu Beginn des 19. Jahrhunderts, findet die Bhagavad-Gītā begeisterte Aufnahme.[1] Wilhelm von Humboldt widmet ihr eine große Abhandlung in den Schriften der Berliner Akademie (1825–26) und schreibt in einem Briefe an Fr. von Gentz (1827): „Es ist wohl das Tiefste und Erhabenste, das die Welt aufzuweisen hat."

Die Bhagavad-Gītā macht einen so großen Eindruck auf die Europäer, weil diese durch sie erstmalig mit einer Mystik bekannt werden, die die liebende Hingebung an Gott durch das Handeln fordert. Sie kommt ihnen als die Mystik vor, die dem europäischen Geiste ethisch-christlicher Welt- und Lebensbejahung entspricht, die dieser aber, durch die antike und mittelalterliche kontemplative Mystik gehemmt, nicht hervorzubringen vermocht hatte.

In Wirklichkeit aber hat die Bhagavad-Gītā nichts von solchem Geiste an sich. Sie ist nur ein in einem großartigen, kalten Denken unternommener Versuch, von der Idee der Hingebung an Gott aus dem Tun in der Weltanschauung der Welt- und Lebensverneinung Anerkennung zu verschaffen und zu erweisen, daß der in seinem Hause und Berufe verbleibende Mensch dieselbe Heiligkeit und Erlösung zu erlangen vermag wie der Mönch, der in die Hauslosigkeit hinauszieht und sich der Tatenlosigkeit ergibt.

In der Bhagavad-Gītā gestattet die Welt- und Lebensverneinung der Welt- und Lebensbejahung, nachdem sie sie einmal

---

[1] 1785 erscheint die englische Übersetzung von Ch. Wilkins, bald darauf eine kritische Textausgabe durch August Wilhelm von Schlegel mit beigefügter lateinischer Übersetzung. Die erste deutsche Übersetzung ist von 1802.

entwaffnet hat, neben ihr auf dem Thron Platz zu nehmen. Dem Tätigsein gewährt sie Anerkennung, aber erst nachdem es seine natürlichen Motive und seinen natürlichen Sinn aufgegeben hat. Durch schlaue Manöver macht sie ihren Gegner unschädlich. Sie schafft den Begriff des entmaterialisierten Handelns.

In dieser Idee vom vergeistigten Tun, das nur den höchsten Beweggründen entspringt, liegt die Anziehungskraft der Bhagavad-Gītā.

Aber ein Tun, das nicht länger auf natürliche Weise zweckhaft ist, verliert seine Bedeutung. Von höherer Art ist einzig das Tätigsein, das sich natürliche Ziele setzt und diese in Hingebung an ein höchstes Ziel verwirklicht.

Jedes innere Freisein von der Welt erhält seine Bedeutung nur dadurch, daß wir durch es zur höchsten Form des Tätigseins in der Welt fähig werden.

Ihrem Grundgedanken nach steht die Lehre der Bhagavad-Gītā in naher Verwandtschaft mit der spekulativen Philosophie J. G. Fichte's (1762–1814). Auch diese läßt den Menschen an einem Spiele teilnehmen, das Gott sich selber veranstaltet. Fichte zufolge kann Gott, der Urgrund des Seins, nicht in dem Zustande des reinen Seins verharren, weil er unendlicher Tätigkeitswille ist. Darum setzt er sich in der materiellen Welt eine Schranke seiner selbst, um sie fort und fort zu überwinden und sich dadurch seiner selbst als Tätigkeitswille bewußt zu werden. Der Mensch, als Individuum gewordenes göttliches Ich, hat seine Bestimmung also darin zu sehen, mit diesem göttlichen Ich sich zu bemühen, „die ganze Sinnenwelt unter die Herrschaft der Vernunft zu bringen".

Weil er eine Weltanschauung ethischer Welt- und Lebensbejahung voraussetzt, muß Fichte dem Teilnehmen des Menschen an dem von Gott veranstalteten Spiele die Bedeutung eines ethischen Wirkens beilegen. Darum wagt er die Gewalttat, Ethik ganz allgemein als Unterwerfung der Sinnenwelt unter die Vernunft zu definieren. Von der Idee des göttlichen Wirkens ausgehend, die er selbst geprägt hat, gibt er der menschlichen Tätigkeit einen Sinn. In der Bhagavad-Gītā hingegen spielt der

Mensch rein aus Pflicht in dem Spiele mit, ohne dessen Sinn – und damit den Sinn seines Tuns – zu ergründen zu suchen.

Die Verwandtschaft der Fichte'schen Philosophie mit der Bhagavad-Gītā geht so weit, daß auch Fichte das Tun, durch das der Mensch in den Dienst der Weltordnung tritt, als das höchste ansieht. An erster Stelle stehen für ihn nicht, wie es dem Geiste seiner Zeit entsprechen würde, die allgemeinen, in dem ethischen Wesen des Menschen begründeten Pflichten, sondern diejenigen, die sich aus seinem Stande, seinem Berufe und seiner besonderen Begabung ergeben.

*

Zur Ethik steht die Bhagavad-Gītā in einem eigentümlichen Verhältnis. Ethisches und Nicht-Ethisches finden sich in ihr nebeneinander.

Wie Buddha, wenn auch nicht mit seiner Eindringlichkeit, fordert sie haßlose und gütige Gesinnung als Erweis des innerlichen Frei-Seins von der Welt. Der Hinduismus ist viel stärker für Ethik interessiert als die Brahmanenlehre.

„Wer keines von allen Wesen haßt, wer liebevoll und mitleidig, ohne Eigennutz und ohne Selbstsucht ist, wem Schmerz und Freude gleich gelten, wer geduldig, zufrieden, immerdar ergeben, voll Selbstbeherrschung und von fester Entschlossenheit ist, wer seinen Sinn und Verstand auf mich richtet und mich liebt, der ist mir teuer." (Gītā XII, 13, 14.)

Aber den Schritt, die ethische Tat zu fordern, tut der Hinduismus in der Bhagavad-Gītā noch nicht. Die Liebe zu Gott ist ihm Selbstzweck. Er läßt sie sich nicht in Liebe zu den Menschen auswirken. Weil sie die Idee der tätigen Liebe nicht erreicht, ist die Ethik in der Bhagavad-Gītā wie ein rauchendes Feuer, aus dem keine Flamme herausschlägt.

Immer muß man gegenwärtig haben, daß es sich in der Bhagavad-Gītā nicht um liebende Hingebung an den Gott der Liebe handelt. Gott ist für sie eine über Gut und Böse völlig erhabene Größe. Und weil sie tätige Hingebung an ihn verlangt, kommt sie in die Lage, auch die nicht-ethische Tat als eine Forderung Gottes ansehen zu müssen.

Für die brahmanische Mystik kommt etwas Derartiges nicht in Betracht. Sie läßt den Menschen in Tatenlosigkeit über Gut und Böse erhaben sein und in dem All-Einen aufgehen.[1] Für die Mystik der tätigen Hingebung an den überethischen all-einen Gott liegt die Sache aber viel schwerer. Sie muß im Tun über Gut und Böse erhaben sein. Gut und Böse hat sie als etwas Relatives anzusehen. Letzten Endes darf sie alles Handeln nur danach bewerten, ob es in Hingebung an Gott vollbracht wird oder nicht.

Wenn die Mystik aller Zeiten etwas Weltverneinendes an sich hat und die Nicht-Tätigkeit über die Tätigkeit stellt, so geht dies darauf zurück, daß die Mystik des tätigen Eins-Werdens mit dem unendlichen Sein das große Problem ist. In welcher Weise kann der Mensch sich in den Dienst der ihm rätselhaften schöpferischen Kraft stellen? Wie vermag er es zu vereinigen, ausführendes Organ der unbegreiflichen, überethischen Notwendigkeit und zugleich ethische Persönlichkeit zu sein? In dem Ringen um die wahre Weltanschauung, wie es sich im Denken der Menschheit abspielt, handelt es sich letzten Endes immer um dies eine, wie der Mensch nicht nur im Denken und im Erleiden, sondern auch im Wirken mit dem unendlichen Sein eins werde. Und immer sucht das Denken an dem Problem der Mystik der Tat vorbeizukommen.

Der große unbekannte Denker, der in der Bhagavad-Gītā seine Weltanschauung entwickelt, wagt es, sich mit dem Problem der Mystik der Tat auseinanderzusetzen. Er kann es nicht umgehen, weil er in der Weltanschauung der Welt- und Lebensverneinung das Tun nicht als solches, sondern nur als in Hingebung an Gott getan zu rechtfertigen vermag. Aber er sieht sich genötigt, in seiner Mystik der Tat auf die völlige Aufrechterhaltung der Unterscheidung von Gut und Böse zu verzichten. Dies ist der Preis, den er zahlen muß, um dem Tun in der Weltanschauung der Welt- und Lebensverneinung Anerkennung zu verschaffen.

Die Bhagavad Gītā hat Sphinx Charakter.

---

[1] Siehe darüber Seite 32–33.

Weil sich in ihr so wunderbare Sätze von der innerlichen Losgelöstheit von der Welt, von der haßlosen und gütigen Gesinnung und von der liebenden Hingebung an Gott finden, pflegt man das Nicht-Ethische, das sie enthält, zu übersehen. Sie ist nicht nur das meist gelesene, sondern auch das meist idealisierte Buch der Weltliteratur.

XIV

VON DER BHAGAVAD-GĪTĀ ZUR NEUZEIT

In der Bhagavad-Gītā erkämpft sich der Hinduismus die geistige Gleichberechtigung mit dem Brahmanismus dadurch, daß er durch Künste des Denkens das, was er an Welt- und Lebensbejahung vertritt, mit der brahmanischen Welt- und Lebensverneinung in Einklang bringt.

Im Laufe der Jahrhunderte entwickelt er sich dann zur religiösen Großmacht in Indien. Viel mehr als der Brahmanismus ist er an der Zurückdrängung des Buddhismus beteiligt. Das, was die Stärke des Buddhismus ausmacht, die ethische Innerlichkeit, besitzt er im gleichen Maße wie dieser. Überlegen ist er ihm darin, daß er volkstümliche religiöse Mystik ist. Er erlaubt den Menschen, in der Religion, der sie zugehören, zu verbleiben, und läßt sie die Vollendung und die Erlösung im tätigen Leben erlangen.[1]

Wenn Indien sich gegen den Islam, durch den es vom 11. Jahrhundert n. Chr. an bedroht ist, zu behaupten vermag, so kommt das Verdienst in erster Linie dem Hinduismus zu.[2]

In der Zeit der Scholastik stellt sich dann die Frage, ob der Hinduismus sich für die von ihm beanspruchte geistige Gleichberechtigung mit dem Brahmanismus auch auf das Zeugnis der heiligen Texte berufen könne. Śaṃkara (9. Jahrhundert n. Chr.), der große Scholastiker des Brahmanismus, entscheidet sie dahin, daß er die brahmanische und eine mit der hinduistischen sich deckende Lehre nebeneinander in den Upanishad's enthalten sein läßt, die brahmanische als die niederere Wahrheit.[3]

---

[1] Über die Gründe des Verschwindens des Buddhismus in Indien siehe Seite 106–103.

[2] Über das Eindringen des Islam in Indien siehe Seite 107.

[3] Siehe darüber Seite 126–130.

Aber das Selbstbewußtwein des Hinduismus ist nun bereits so stark entwickelt, daß er sich mit dieser ihm zuerkannten Stellung nicht zufrieden geben kann. In seinem großen Kommentar zu den Vedānta-Sūtra's behauptet der berühmte hinduistische Lehrer Rāmānuja (1055–1137), daß diese, wie auch die Upanishad's, die brahmanische Lehre von dem Eins-Sein mit dem Brahman überhaupt nicht vertreten, sondern nur die hinduistische von der liebenden Hingebung an den all-einen Gott. Er faßt das Brahman als persönlichen Gott auf und identifiziert es mit Vishṇu. Natürlich tut er damit den Texten Gewalt an. Er hat kein Verständnis für die Größe der brahmanischen Mystik.

Der Hinduismus erhebt sich nicht über den Brahmanismus, sondern er setzt sich – nachdem er in der Bhagavad-Gītā neben ihm Platz genommen hat – an dessen Stelle, indem er seine eigene Lehre in die brahmanische und zugleich in die heiligen Texte hineindeutet. Dies beginnt mitRāmānuja und setzt sich bis in die heutige Zeit fort. Rabīndranāth Tagore vollendet, was Rāmānuja unternommen.

Die reine brahmanische Mystik kann sich neben der hinduistischen nicht behaupten, weil sie als Weltanschauung zu arm ist. Sie besteht ja nur in der Feststellung, daß das immaterielle Ich des Menschen, wie alles in der Sinnenwelt in Erscheinung tretende immaterielle Sein, mit der All-Seele eins ist. Zudem ist die brahmanische Weltanschauung schwer durchzuführen, da sie absolute Losgelöstheit von der Welt und völliges Erhaben-Sein über sie verlangt. In der hinduistischen Mystik hingegen ereignet sich etwas zwischen dem Menschen und dem höchsten Sein. Der Mensch tritt in lebendige Beziehung zu ihm. Auch kann er seine Zugehörigkeit zu ihm bestätigen, ohne das naturgemäße Dasein aufzugeben.

Die brahmanische Mystik ist etwas formal Vollendetes, aber Lebloses, die hinduistische etwas Unfertiges, aber Lebendiges. Das Lebendige jedoch ist dem Unlebendigen überlegen. So kommt es, daß mit der Zeit die reine brahmanische Mystik einer hinduistisch-brahmanischen, in der die Form brahmanisch und der Geist hinduistisch ist, Platz macht.

*

Das Ethische kommt bei Rāmānuja insofern stärker zur Geltung als in der Bhagavad-Gītā, als er das überethische Wesen Gottes nicht mehr so hartnäckig betont wie diese, sondern auch von der Güte Gottes, die den Menschen helfend entgegenkommt, redet. Auf das Problem, wie Gott, der überethische Urgrund der Welt, zugleich ethische Persönlichkeit sein könne, geht er aber nicht ein. Der Gedanke, daß die Liebe zu Gott sich in tätiger Menschenliebe auszuwirken habe, liegt ihm eben so fern wie der Bhagavad-Gītā. Nur ist bei ihm die Gottesliebe schon etwas Innigeres und Wärmeres als in dieser.

Inbrünstige Gottesliebe besingen in Liedern, die für den Vishṇu-Kult bestimmt sind, die religiösen Dichter des Marāṭhalandes im südwestlichen Indien. Die berühmtesten unter ihnen sind Nāmdev (1270–1350?) und Tukārām (etwa 1608–1649).

Wann und wie kommt nun aber im hinduistischen Denken neben der Idee der liebenden Hingebung an Gott die der tätigen Liebe zu den Menschen auf?

Sie dringt nach und nach aus der Volksethik in dieses Denken ein.

Daß der Brahmanismus, der Buddhismus und der Alt-Hinduismus keine Ethik der Tat lehren, will nicht heißen, daß diese den alten Indern etwas Unbekanntes ist. Im indischen Volke sind Welt- und Lebensbejahung und Ethik vorhanden. Wo immer bei vorhandener Welt- und Lebensbejahung die Ethik eine gewisse Höhe erreicht, kann es nicht ausbleiben, daß sich die Idee tätiger Liebe ausbildet. Bei den Indern – wie auch bei den Griechen – hat diese Ethik subjektiven Tuns Mühe, neben der durch Herkommen und Gesetz objektiv festgelegten und von der Gesellschaft geforderten Pflicht-Ethik emporzukommen. Irgendwie aber tritt sie dennoch ins Dasein.

Der Fall liegt also so, daß die Idee der tätigen Liebe in dem Volksdenken wohl irgendwie vorhanden ist, daß das brahmanische, das buddhistische und das alt-hinduistische Denken sie in ihrer Welt-Anschauung aber nicht unterzubringen vermögen! Der von ihnen vertretenen Welt- und Lebensverneinung wegen können sie sich nicht auf die Welt- und Lebensbejahung, die sich in der Ethik der Tat in höchster Stärke bekundet, einlassen. Darum beschränkt sich die Bhagavad-Gītā – was für uns Europäer zunächst so unbegreiflich ist – allein auf die Rechtfertigung des auf Grund von Geburt und Kaste objektiv notwendigen Tuns. Dieses Zugeständnis an die Welt- und Lebensbejahung hält sie – obwohl dies in Wirklichkeit nicht zutrifft – mit der Aufrechterhaltung der Welt- und Lebensverneinung noch für vereinbar. Das subjektive Handeln aber, und gar noch in dem Umfange, wie es durch die Ethik der Liebe gefordert wird, kann die Weltanschauung der Welt- und Lebensverneinung nicht gutheißen, ohne sich dadurch außer Geltung zu setzen. Hieraus erklärt sich das so überaus Befremdliche, daß das indische Denken durch lange Jahrhunderte hindurch bei einer so unvollständigen Ethik stehen bleibt!

Zuletzt aber wird es durch die sich ohne solche Hemmungen entwickelnde Volksethik dennoch genötigt, auf die Ethik der tätigen Liebe einzugehen und sich damit über die Weltanschauung der Welt- und Lebensverneinung hinwegzusetzen. Dies zu unternehmen, ist natürlich nur der Hinduismus in der Lage.

*

Daß in der indischen Volksethik die Idee der tätigen Liebe schon in ziemlich alter Zeit auftritt, wissen wir aus manchen uns in der Literatur begegnenden Erzählungen und vor allem durch ethische Sprüche, die sich in dem Kurral, einem wohl dem 2. Jahrhundert n. Chr. angehörenden Werke, finden.

Der Kurral ist eine Sammlung von 1330 Sprüchen in Distichonform, die dem Weber Tiruvaḷḷuvar zugeschrieben werden. Mit dieser Verfasserschaft verhält es sich wohl so, daß nicht alle Sprüche von Tiruvaḷḷuvar sind, sondern daß er auch solche, die alter Volksbesitz waren, in Versform brachte.

Kurral bedeutet Kurzstrophe. Tiruvaḷḷuvar ist eigentlich kein Name, sondern ein Titel, den die unter den niederen Kasten in Südindien wirkenden religiösen Lehrer führen.

Abgefaßt ist das Werk in der Tamilsprache. Diese ist, wie das ebenfalls in Südindien beheimatete Kanaresische, ur-indisch (draviḍisch), nicht indoarisch.

Von dem Leben Tiruvaḷḷuvar's wissen wir nichts Sicheres.

Die Legende berichtet, daß er verheiratet war und einem Manne, der ihm die Frage vorlegte, welches das Rechte sei, als Hausvater oder als Einsiedler zu leben, die Antwort vordemonstrierte. Er rief seine Frau, als sie gerade am Brunnen war. Sie ließ das Wassergefäß im Brunnen hängen und eilte herbei, nach seinem Wunsche zu fragen. Als sie ihm, tamulischer Sitte gemäß, kalten Reis, der vom Abendessen übrig geblieben war, zum Frühstück vorsetzte, behauptete er, er brenne ihn auf der Zunge. Alsbald blies sie über die Speise hin, um sie abzukühlen. Zur Mittagszeit ließ er etwas fallen und rief nach einem Licht, um es aufzuheben. Alsbald brachte sie eine Lampe. „Ich habe die Antwort!" sagte darauf der Frager. „Fällt einem ein so treffliches Weib zu, so ist die Übung der Haustugend vorzüglicher; wo nicht, so werde man lieber Einsiedler."

Welch ein Unterschied zwischen dem Kurral und dem etwa 4 Jahrhunderte vor ihm entstandenen Gesetzbuch Manu's! In dem vom brahmanischen Geiste beherrschten Gesetzbuch Manu's wird die Welt- und Lebensbejahung neben der Welt- und Lebensverneinung eben noch geduldet. Im Kurral steht die Welt- und Lebensverneinung nur wie eine ferne Wolke am Himmel. In 250 Sprüchen – sie bilden den Beschluß des Werkes – wird die irdische Liebe gepriesen. Die spätere Zeit deutet sie, weil sie ihr Anstoß bereiten, allegorisch auf die Liebe der Seele zu Gott.

Ganz ähnlich legt das Christentum das Hohe Lied Salomonis, ursprünglich wohl ein bei Hochzeiten vorgetragenes Liebeslied, das später in das Alte Testament aufgenommen wurde, als Beschreibung des Verhältnisses der Seele zu ihrem himmlischen Erlöser aus.

Auch in der Ethik des Kurral's macht sich, wie in der des Gesetzbuchs Manu's, die Lohnidee geltend. Der Weg der Tugend wird empfohlen, weil er zur besseren Wiedergeburt oder zum Freiwerden von der Wiedergeburt führt. Daneben findet sich auch die naive, in der chinesischen Ethik so stark hervortretende Anschauung, daß ethisches Verhalten irdisches Wohlergehen, unethisches Unglück zur Folge hat. Dennoch aber ist die Ethik im Kurral durch die Lohnidee nicht so völlig beherrscht wie im Brahmanismus, im Buddhismus und in der Bhagavad-Gītā. Bereits findet sich hier die Erkenntnis, daß das Gute um seiner selbst willen zu tun sei. Sie leuchtet aus dem und jenem Spruch heraus.[1]

[1] Zitiert nach Karl Graul, Der Kurral, Leipzig, 1856.

„Wenn man auch spräche »Es gibt keine obere Welt«, so bleibt doch geben gut.“ (222) – „Wahre Freigebigkeit verlangt nicht Vergeltung. Was vergilt denn der regnenden Wolke die Welt?“ (211)

Während die Bhagavad-Gītā das Verbleiben im tätigen Leben auf gezwungene und kalte Weise damit motiviert, daß es der Weltordnung gemäß sei, rechtfertigt es der Kurral – welch ein Fortschritt! – aus der Idee des ethischen Wirkens. Arbeit und Erwerb setzen den Menschen in Stand, wohlzutun.

„Alles Beharren im Haus und Warten des Haushalts hat zum Zweck Gast-Pflege und Almosen-Spende.“ (81) – „Alles durch emsig Müh'n ermachte Gut ist für die Wackern zur Wohltats-Übung da.“ (212)

Pflicht ist dem Kurral zufolge nicht nur, wie für die Bhagavad-Gītā, was der Kastenberuf mit sich bringt, sondern überhaupt „alles, was gut ist“.

Von der Stärke der im Kurral vorhandenen Welt- und Lebensbejahung zeugen Sprüche über die Freude am Wirken, die man aus indischem Munde nicht erwarten würde.

„Ließ auch das Geschick es nicht gelingen: das Anstreben selbst lohnt des eigenen Leibs Anstrengen.“ (619) – „Nimmt man die Last als Lust, so kommt eine Herrlichkeit heraus, nach der die Feinde selbst lüstern sind.“ (630)

Wie Buddha und die Bhagavad-Gītā verlangt der Kurral innerliche Freiheit von der Welt und Gesinnung der Haßlosigkeit. Wie sie vertritt er das Gebot des Nicht-Tötens und Nicht-Schädigens.[1] Alle wertvollen ethischen Ergebnisse des Denkens der Welt- und Lebensverneinung hat er sich zu eigen gemacht. Aber zu dieser Innerlichkeits-Ethik kommt bei ihm noch lebendige Ethik der Liebe.

„Der Liebelose eignet alles sich zu; der Liebevolle eignet selbst sein Gebein andern zu.“ (72) – „Das Leben einer liebelosen Seele ist wie eines dürren Baumes Sprießen auf Steinboden.“ (78) – „Was helfen alle äußeren Glieder, wenn des Leibes inneres Glied, die Liebe, fehlt?“ (79) – „Erwägt man den Wert der ohn' Erwägung des Vorteils getanen Wohltat: ihre Güt' ist größer als das Weltmeer.“ (103) – „Die Stillung des tödlichen Hungers der Mittellosen ist der Bemittelten Schatzkammer.“ (226) – „Reichtum an Huld ist des Reichtums Reichtum. Reichtum an Besitz ist auch beim Pöbel.“ (241)

---

[1] Gegen Buddha entscheidet der Kurral, daß man Fleisch auch dann nicht essen dürfe, wenn man an der Tötung des Tieres keine Schuld trage.

Mit sicheren Strichen zeichnet der Kurral das Ideal schlichten, ethischen Menschentums. Über die verschiedensten, das Verhalten des Menschen zu sich selbst und zur Welt betreffenden Fragen, äußert er sich in feiner und sinniger Weise. In kaum einer Spruchsammlung der Weltliteratur findet sich so viel edle Weisheit.

„Fallen Güter dem gütigen Manne zu, so ist's, wie wenn in Dorfes Mitte ein Fruchtbaum reift." (216) – „Das von der Liebe geborene Kind ‚Barmherzigkeit' lebt durch die wohlhabende Wärterin ‚Wohlstand'." (757) – „Der Reichtum des, der den Armen nichts reicht, ist wie wenn eine sehr feine Frau für sich hin altert." (1007)

„Die Gab' ist nicht der Gabe Maß: sie hat ihr Maß in des Empfängers Hochherzigkeit." (105)

„Besser als heiteren Herzens spenden ist's, wenn man heiteren Angesichts süße Rede zu führen imstande ist." (92) – „Denen, die nicht freundlich zu sein verstehen, liegt die große weite Welt, auch am hellen Tag, in Nacht." (999)

„Unter allen zu erlangenden Schätzen ist keiner wie der, wenn man zur Neidlosigkeit gegen alle gelangt." (162)

„Gutes vergessen ist nicht gut; Nicht-Gutes auf der Stelle vergessen, ist gut." (108) – „Heilig wie ein Büßer ist, wer bitt're Rede aus des Aufgeregten Mund verschmerzt." (159)

„Selbstbeherrschung führt zu den Unsterblichen; in dichtes Dunkel stürzt Nicht-Beherrschung." (121) – „Wer, nicht nach Lust lüstern, den Schmerz als natürlich weiß, wird unbetrübt bleiben." (628)

„Äußere Reinheit kommt durch Wasser: in Wahrhaftigkeit weist sich Reinheit des Innern aus." (298)

„Die ohne Schaden für ihre Pflicht in Nachsicht wacker sind: die Welt gibt gern sich ihnen zu eigen hin." (578) – „Es ruht die Welt in des wakkeren Fürsten Tüchtigkeit, der Feindschaft in Freundschaft zu wandeln weiß." (874)

„Wenn sie auch hoch stehen, Nicht-Hochgesinnte sind doch nicht hoch; wenn sie auch niedrig stehen, Nicht-Niedriggesinnte sind doch nicht niedrig." (973)

„Tust du deinem Nächsten ein Leid am Vormittag, so kommt das Leid von selbst zu dir am Nachmittag." (319)

„Den Pfad erfragend, geht das Glück von selbst zu dem, der unerschütterten Geistes ist." (594) – „Wer da spricht »Für die Familie wirken will ich«, vor dem geht gleich die Göttin des Glückes her, das Kleid fest schürzend (d. h. als Mitarbeiterin)." (1024)

„Dich gelüste, auch wenn du gewinnen solltest, nicht nach dem Spiel. Ist doch selbst Gewinnen, wie wenn ein Fisch des Angelhakens Metall verschlingt." (931)

„Wohlgearteter Männer Freundschaft hat wie der Neumond Zunehmens-Art; der Toren Freundschaft hat wie der Vollmond Abnehmens-Art." (782)

„Die Ackersleute sind am Wagen der Welt der Achsen-Nagel (d. h. der Nagel, der das Rad am Wagen festhält); sie geben Halt allen, die, nicht ackern mögend, anders hantieren.“ (1032)

Solche natürliche und ethische Welt- und Lebensbejahung ist also im indischen Volk zu Beginn unserer Zeitrechnung vorhanden, obwohl im Brahmanismus, im Buddhismus und im Bhagavad-Gītā-Hinduismus nichts davon zu finden ist. Durch die aus den niederen Kasten stammenden, im Volke lebenden und mit ihm fühlenden großen religiösen Lehrer dringt sie dann nach und nach in das hinduistische Denken ein.

*

Von Bedeutung für die Entwicklung des Ethischen im Hinduismus ist auch, daß in ihm, vom Mittelalter an, Rāma, der durch und durch ethische Gott, die gleiche Verehrung wie Vishṇu, Śiva und Krishṇa zu genießen beginnt.

Rāma ist, wie Krishṇa, ein Nationalheros, der nachher vergöttlicht und zuletzt als eine Erscheinung Vishṇu's angesehen wird. Von ihm handelt das dem Sänger Vālmīki zugeschriebene und wohl aus dem 4. Jahrhundert v. Chr. stammende Rāmāyaṇa-Epos.

Die erweiterte Fassung, in der wir es besitzen – es besteht in ihr aus 24000 Doppelversen und verhält sich also zum Mahābhārata wie der Pilatus zum Mount Everest – gehört wohl dem 2. Jahrhundert n. Chr. an.

Die Rāma-Sage selbst ist natürlich viel älter. Beheimatet ist sie im nordöstlichen Vorderindien, im Kosala-Lande, also in der Gegend, in der auch der Buddismus aufkam.

Rāma ist der Lieblingssohn des Königs Daśaratha und soll von ihm, da er den Tod nahen fühlt, zum Nachfolger eingesetzt werden. Aber eine seiner Frauen, Kaikeyī mit Namen, verlangt von ihm, daß er den ihm von ihr geborenen Bharata dazu erwähle. Da er ihr früher einmal zwei Wünsche freigestellt hat, muß er ihr darin zu Willen sein und überdies den Rāma noch für vierzehn Jahre verbannen. Rāma fügt sich willig in beides, damit der Vater das einst blindlings gegebene Wort halte. Sein treues Weib Sītā – der Name bedeutet Ackerfurche – folgt ihm in den Wald. Nach des Königs Tod kommt Bharata, der Sohn der Kaikeyī, zu ihm und bittet ihn bußfertig, daß er die ihm zukommende Herrschaft antrete. Rāma aber weigert sich. Er müsse das von seinem Vater kommende Wort erfüllen. Im Walde nun wird Sītā von dem Dämon Rāvaṇa durch die Lüfte nach der Insel Laṅkā im Ozean (gemeint ist wohl Ceylon), wo er als König in Menschengestalt herrscht, entführt. Sie weigert sich aber, sein Weib zu werden. Daraufhin setzt er sie in einer Grotte gefangen und droht sie zu töten, wenn sie innerhalb eines Jahres nicht anderen Sinnes würde.

Durch den klugen Affenkönig Hanumat, einen Sohn des Windgottes, erfährt Rāma, wo seine Frau sich befindet. Hanumat zieht auf Kundschaft aus, fliegt nach Süden, gelangt ans Meer, setzt in vier Tagen durch die Lüfte zur Insel hinüber, verwandelt sich in eine Katze und findet den Weg zu der Gefangenen. Von dieser erfährt er, was ihr drohe und daß die gestellte Frist in zwei Monaten ablaufe. Darauf kehrt er zu Rāma zurück und bricht mit ihm und einem großen Affenheer in Eile gegen die Insel auf. In wenigen Tagen bauen die Affen aus Felsen und Bäumen eine Brücke über den Ozean. Rāvaṇa's Stadt wird belagert. Nach schweren Kämpfen gelingt die Eroberung. Rāma tötet den Rāvaṇa im Zweikampfe und zieht mit Sītā – die vierzehn Jahre sind unterdes abgelaufen – in sein Reich zurück.

Nach der späteren Fassung, in der uns das romantische Epos vorliegt – sie gehört wohl dem 2. Jahrhundert n. Chr. an – ist Rāma mit Vishṇu identisch. Da der Dämon Rāvaṇa den Göttern gefährlich wird, aber nur von Menschen bekämpft werden kann, willigt Vishṇu ein, als Sohn des Königs Daśaratha geboren zu werden, um ihn zu vernichten.

Die Hingebung in Liebe an Rāma lehrt Rāmānanda (etwa 1400 n. Chr.), aus der Schule Rānānuja's hervorgegangen.[1] Aber in seiner Mystik spielt die Ethik bereits eine viel größere Rolle als bei seinem Vorgänger. Bei Rāmānanda findet sich schließlich der Gedanke entwickelt, daß die Hingebung an Gott sich als Liebe zu den Menschen zu erweisen habe. Er begreift Gott als ethische Persönlichkeit.

Die Forderung nach allumfassender Liebe unter den Menschen führt Rāmānanda zur Verwerfung der Kastenunterschiede. In seinem Bemühen um die Anerkennung der Menschenwürde und Menschenrechte der Ärmsten und Verachtetsten im Volke zeigt sich, daß die Idee des ethischen Wirkens sich im Hinduismus auszubilden beginnt.

Rāmānanda kommt aus dem Süden und wirkt im Norden; durch ihn gewinnt der Geist des Südens einen großen Einfluß auf den Norden. Obgleich er in der Kenntnis des Sanskrit aufgewachsen ist, drückt er seine Gedanken in der Hindi-Sprache aus, damit das Volk sie sich aneignen kann und gebietet auch seinen Schülern, ein gleiches zu tun.

Er hat zwölf Schüler, unter ihnen zwei Frauen, einen Paria und zwei Muslims. In seiner Weitherzigkeit gibt er sogar ihnen als heilige Leitsätze fürs Leben Sprüche aus dem Veda.

---

[1] Über Rāmānuja siehe S. 158.

In seiner freien Nachdichtung des Rāma-Epos – sie führt den Titel Rām-carit-mānas, das heißt See der Taten Rāma's, und ist in der Hindī-Volkssprache des östlichen Indiens verfaßt – verherrlicht der berühmte Dichter Tulsī-Dās (1532–1624) die Liebe zu Rāma und stellt ihn den Menschen zugleich als sittliches Vorbild hin. Tulīs-Dās lehrt die Bruderschaft aller Menschen und legt dem Gotte Rāma Vatergüte bei.

Der bedeutendste Jünger Rāmānanda's ist der Weber Kabīr (1440–1518), der im nordöstlichen Indien, in der Gegend von Gorakhpur wirkt. Durch den Islam, in dem er aufgewachsen ist, beeinflußt, spricht er sich gegen die hinduistische Duldung des Polytheismus aus.

In den Kämpfen, die die Bewohner Nordindiens gegen die muhammedanischen Herrscher führen, organisiert sich die auf Kabīr und seinen großen Schüler Nānak von Lahore (1469 bis 1539) zurückgehende religiöse Genossenschaft zu der politischen Theokratie der Sikh's. Sikh bedeutet Schüler.

Dank ihrer Mystik sind Kabīr und Nānak über die Unterschiede zwischen dem Islam und dem Hinduismus erhaben. Ein Geist tiefer Demut gegenüber Gott beherrscht ihre Mystik.

Bekannt ist der Versuch Akbar's des Großen (1542–1605), des Herrschers aus der Dynastie Tamerlans, der 1556–1605 den Thron von Delhi innehat, aus dem Hinduismus, dem Buddhismus, dem Islam und der Religion Zarathustra's, mit Zuziehung des Christentums, das er durch portugiesische Missionare kennen gelernt hatte, eine Universalreligion zu schaffen. Seine Gründung hatte keinen Bestand.

XV

DAS NEU-INDISCHE DENKEN

In der Neuzeit erlangt dann die ethische Welt- und Lebensbejahung im Hinduismus mehr und mehr Bedeutung. Diese Entwicklung wird durch die Namen Rām Mohan Rai (1772 bis 1833), Debendranāth Tagore (1817–1905), Keshab Candra Sen (1838–1884), Dayānand Sarasvatī (1824–1883), Rāmakrishṇa (1834–1886), Svāmin Vivekānanda (1862–1912) und Rabīndranāth Tagore (1861–1941) Mahatma Gandhi (1869–1948) und Aurobindo Ghose (geb. 1872) charakterisiert.

Daß diese Persönlichkeiten es energischer, als es bisher geschah, unternehmen, mit der Ethik des innerlichen Vollkommener-Werdens die zu vereinigen, die sich ein Wirken in der Welt vornimmt, hängt natürlich damit zusammen, daß sie mit der neuzeitlich-europäischen Welt- und Lebensbejahung und der christlichen Ethik der Liebe bekannt geworden und durch sie beeinflußt sind. Durch diese Anregung von außenher wird aber nur eine bereits von sich aus in Gang gekommene Entwicklung aktiviert.

Rām Mohan Rai (1772–1833), einer bengalischen Brahmanenfamilie entstammend, gibt sich mit der Erforschung aller Religionen ab und empfängt starke Eindrücke von Jesu Persönlichkeit und Verkündigung. 1820 veröffentlicht er ein Buch über seine Lehre (The Precepts of Jesus). Er urteilt, daß diese Ideen enthalte, denen das indische Denken nicht genügend Bedeutung beilege. Zugleich aber ist er überzeugt, daß sie auch in den Upanishad's, wenn diese nur richtig ausgelegt werden, zu finden seien. In den Upanishad's, die ihm als die höchste Offenbarung gelten, entdeckt er also die Lehre von der ethischen Gottespersönlichkeit und der Hingabe an sie, die sich in tätiger Liebe zu den Menschen auswirkt. Er, der Brahmane, deutet die brahmanische Mystik und die heiligen Schriften in ethischem Sinne und meint auf diese Weise der indischen Lehre ihre ursprüngliche Reinheit wiederzugeben. Seine Auslegung der Upanishad's tut diesen also noch mehr Gewalt an als die des Rāmānuja.

Rām Mohan Rai tritt als Reformator des sich als den wahren Brahmanismus ausgebenden Hinduismus auf. Im Jahre 1828 gründet er den Brāhma Samāj (Gesellschaft der Brahmagläubigen), eine Genossenschaft zur Pflege der höchsten Religion, die zu großer Bedeutung gelangt und bis auf den heutigen Tag besteht.[1] Ihre Mitglieder gehören hauptsächlich den höheren Kreisen der Bevölkerung Bengalens an.

Rām Mohan Ray ist der große Pionier des neu-indischen Denkens. Seine Kenntnis der Weltreligionen ist ebenso bemerkenswert wie seine Sprachkenntnis; er beherrscht Bengali, Sanskrit, Persisch, Arabisch, Englisch, Griechisch und Hebräisch.

Zu dieser Zeit ist es für einen Inder unerhört, mit der europäischen Gelehrsamkeit und Philosophie in Verbindung zu stehen und sie ernstlich zu studieren. Deshalb greifen ihn orthodoxe Brahmanen mit der größten Heftigkeit an. Nur eine so starke Persönlichkeit wie er kann ihren Terrordrohungen zu trotzen wagen.

Mit Ernst verwendet sich Rām Mohan Rai für soziale Reformen. Er wagt es, die Abschaffung der Witwenverbrennung (Sati) und anderer mit den Forderungen der Ethik unvereinbarer Bräuche zu fordern.[2] Auf Grund seiner Propaganda kann es die englische Regierung im Jahre 1829 wagen, die Witwenverbrennung zu verbieten. Auch gegen das Kastenwesen spricht er sich aus. Zugleich aber trifft er Vorsorge, daß in den jeden Samstag stattfindenden gottesdienstlichen Versammlungen des Brāhma Samāj die vedischen Hymnen nicht in Gegenwart von Angehörigen der niederen Kasten vorgetragen werden!

1830 geht er nach England, hauptsächlich, weil Gefahr besteht, einer von den Brahmanen organisierten Widerstandsbewegung könne es gelingen, das Gesetz gegen die Witwenverbrennung aufzuheben.

---

[1] Anfangs führt die Genossenschaft den Namen Brāhma Sabhā.

[2] Über das Aufkommen der Witwenverbrennung siehe Seite 136.

Während seines Aufenthaltes kommt er mit Jeremy Bentham (1748–1832), dem greisen, aber noch immer feurigen Propheten der vernunftgemäßen Menschenliebe, zusammen und wird von ihm als „bewunderter und geliebter Mitarbeiter im Dienste der Menschheit“ begrüßt. Am 27. September 1833 stirbt er in Bristol, wo er auch begraben liegt.

*

Debendranāth Tagore (1817–1905), ebenfalls einer bengalischen Brahmanenfamilie angehörend, setzt das Werk Rām Mohan Rai's fort.[1] Er organisiert den Brāhma Samāj und stellt für ihn eine Art Glaubensbekenntnis auf (1843).

Gott, ist ein persönliches Wesen mit höchsten moralischen Eigenschaften. – Er wird niemals inkarniert. – Er hört und erhört die Gebete der Menschen. – Gott soll nur auf geistige Weise verehrt werden. Hindu-Askese, Tempel und feste Kultformen sind überflüssig. Menschen aller Kasten und Rassen können Gott auf eine ihnen angemessene Weise verehren. – Er verlangt keinen Kultus, sondern will im Geiste verehrt werden. – Nur durch Reue und Ablassen von der Sünde können die Menschen Verzeihung und Erlösung finden. – Gott offenbart sich unmittelbar und in der Natur. Kein Buch ist bindend. –[2]

Die Upanishad's hält Debendranāth Tagore nicht für inspiriert, wie es die denggläubigen Brahmanen tun. Aber sie gelten ihm doch als die Quelle der höchsten Wahrheit.

Im Jahre 1848 stellt er, durch das englische Book of Common Prayer angeregt, Texte aus den Upanishad's, dem Gesetzbuch Manu's, dem Mahābhārata und anderen als heilig geltenden Schriften zusammen, die sein Glaubensbekenntnis erläutern und ausführen.

Daß die Liebe zu Gott sich in Liebe zu den Menschen zu erweisen habe, ist für ihn selbstverständlich. Aber ins Glaubensbekenntnis nimmt er diesen Satz nicht auf.

Keshab Candra Sen (1838–1884), einer bengalischen Ärztefamilie entstammend, ist anfangs ein Anhänger Debendranāth

[1] Tagore ist eine Anglisierung des bengalischen Namens Thākur.

[2] Vgl. Hastings' Encyclopædia of Religion and Ethics, II, S. 816, J. N. Farquhar, 1850.

Tagore's. Später aber vertritt er eine Lehre, die sich zur brahmanischen Überlieferung noch freier verhält als die seine. Sein Ziel ist die Schaffung einer alle historischen Religionen in sich begreifenden Universalreligion. Während Debendranāth Tagore nur von den heiligen Schriften Indiens Gebrauch macht, stellt Keshab Candra Sen (1866) für seine Anhänger ein Erbauungsbuch aus hinduistischen, buddhistischen, christlichen, muhammedanischen und chinesischen Texten zusammen. Auch verlegt er den Gottesdienst auf den Sonntag. Der europäisch-christliche Einfluß macht sich bei ihm so stark geltend, daß er in seinem Glaubensbekenntnis Gott den Vater aller Menschen, statt, wie er es als Inder sollte, aller Wesen nennt.

Auf tätige Ethik legt er großes Gewicht. Durch eine Englandreise (1869–70) wird er in seinem Eifer für soziales Wirken noch bestärkt.

In den letzten Jahren seines Lebens tritt das Rationalistische und Ethische bei ihm aber mehr und mehr hinter dem Indisch-Mystischen zurück. Er erkennt den volkstümlichen Kulten wieder Bedeutung zu und legt wieder großen Wert auf das Erleben der Gemeinschaft mit Gott in der Ekstase.

Dayānand Sarasvatī (1824–1883), mit seinem eigentlichen Namen Mūl Śaṇkar, stammt aus einer im Erwerbsleben stehenden Brahmanenfamilie.

Es ist möglich, daß er den Namen Sarasvatī von dem blinden Guru (Lehrer) Virajanand Sarasvatī übernimmt, den er als seinen wahren Vater ansieht, als er, dem eigenen Vater entfremdet, 1845 das Elternhaus endgültig verläßt, weil er sich dem polytheistischen Kult nicht anschließen will.

Seine Entwicklung ist durch Debendranāth Tagore und Keshab Candra Sen bestimmt. Später (1881) sagt er sich von ihnen los. Die Stätte seiner Wirksamkeit ist das nordwestliche Indien. Hier gewinnt er Anhänger für die von ihm 1875 gegründete Genossenschaft des Ārya Samāj (Gemeinschaft der Āryas), einem Gegenstück des Brāhma Samāj. Das Charakteristische des Ārya Samāj ist die energische Art, in der er seinen Mitgliedern die Übung tätiger Liebe im Interesse des Wohlergehens der Gesellschaft zur Pflicht macht.

Aus den zehn Glaubensartikeln des Ārya Samāj:

„Das Hauptziel des Samāj ist es, durch Verbesserung der physischen, geistigen und sozialen Zustände innerhalb der Menschheit der Welt Gutes zu tun."

„Alle sollen mit Liebe und Gerechtigkeit nach ihren Verdiensten behandelt werden."

„Die Unwissenheit soll zerstreut, das Wissen verbreitet werden."

„Niemand soll sich mit seinem eigenen Wohlergehen begnügen, sondern ein jeder soll sein Glück als mit dem anderer verknüpft betrachten."[1]

Unter „Āryas" versteht Dayānand Sarasvatī nicht so sehr die Angehörigen einer bestimmten Rasse, als edelgesinnte Menschen im allgemeinen. Dementsprechend bestimmt er, daß Angehörige aller Kasten Mitglieder des Ārya Samāj werden können. Ihm zufolge sind all jene, die die Gesinnung von Āryas besitzen, berechtigt, die heiligen Schriften zu studieren und befähigt, sie während des Gottesdienstes auszulegen. Debendranāth Tagore hatte an der Regel festgehalten, daß dies ein Vorrecht jener bleiben müsse, die von Geburt Brahmanen sind.

Dayānand Sarasvatī befürwortet auch die Ehe zwischen Angehörigen verschiedener Kasten, wendet sich aber gegen die Kinderehe.

Nach der Zahl seiner Anhänger – die in die Hunderttausende geht – und dem Gewicht seines Einflusses ist der Ārya Samāj weit größer als der Brāhma Samāj.

Seine von so freiem und fortschrittlichem Geiste eingegebene Lehre glaubt Dayānand aber ganz aus den vedischen Schriften ableiten zu müssen und zu können. Unter den Glaubensartikeln des Ārya Samāj finden wir: „Der Veda ist das Buch allen wahren Wissens."

Dies aber gilt nur für die vier ursprünglichen und ehrwürdigsten Teile (Saṃhitās) des Veda, den Rig-Veda, den Sāma-Veda, den Yajur-Veda und den Atharva-Veda. Alle späteren Schriften, angefangen bei den Brāmaṇas, enthalten, selbst wenn sie zum

---

[1] Vgl. J. N. Farquhar, Modern Religious Movements in India, 1918, S. 120.

Veda gezählt werden, nach Dayānand nicht die ursprüngliche Offenbarung selbst, sondern lediglich menschliche Auslegungen und Erklärungen, die zwar wertvoll, aber teilweise von Irrtum überwuchert sind.[1]

Nicht nur alle wahre Religion, sondern überhaupt jegliches Wissen ist, ihm zufolge, im ursprünglichen Veda enthalten. Alle wissenschaftlichen Entdeckungen der Vergangenheit wie die der Zukunft sollen in ihm angedeutet sein. Zwischen der Offenbarung Gottes in der Natur und der in den vedischen Schriften bestehe volle Übereinstimmung. Sogar die Lehre vom Universum, wie es Kopernikus beschreibt, sei schon im Veda zu finden.

In Auslegungskünsten muß also Dayānand dem Rāmānuja und allen seinen Nachfolgern noch bedeutend überlegen sein. Große Verdienste hat er um das Schulwesen und die Verbreitung von Bildung.

Seine Anhänger behaupten, er sei von seinem Koch auf Anstiftung der Konkubine eines Fürsten, den er wegen seines Lebenswandels getadelt hatte, vergiftet worden.

*

Rāmakrishṇa (1834–1886), mit seinem eigentlichen Namen Gadādhar Chatterji, ist der Sohn einer armen Brahmanenfamilie aus Bengalen. Schon als Kind erlebt er Zustände von Ekstase. Mit zwanzig Jahren wird er Priester in einem Heiligtum der großen Göttin Kālī bei Kalkutta, wo er zehn Jahre lang dient. Später führt er das Leben eines wandernden Bettelmönches.

Eine Nonne brahmanischer Abstammung und ein betagter Asket üben einen großen Einfluß auf ihn aus. Der Asket weiht ihn in die Vedānta-Lehre ein. In einer Vision erfährt er das Einswerden mit Krishṇa, wonach er sich so lange gesehnt hat. Später studiert er die Bhakti-Lehre und macht auch Bekanntschaft mit dem Islam und dem Christentum. Von dieser Zeit an sieht er in

---

[1] Über die vier ursprünglichen Teile (Saṃhitās) des Veda vgl. S. 16; über die späteren Teile S. 24–25.

Jesus wie in Krishṇa und in Buddha eine Inkarnation des Göttlichen. In der Ekstase wird er eins mit Ihm.

Obgleich er mit Debendranāth Tagore und Dayānand Sarasvatī bekannt ist, tritt er in keine nähere Beziehung zu ihnen. Für Keshab Chandra Sen hingegen hegt er eine tiefe Verehrung, die voll erwidert wird. Keshab Chandra Sen erkennt die Größe des Mönches, obgleich dieser im Sanskrit unwissend und kaum fähig ist, zu schreiben, und lenkt die Aufmerksamkeit seines eigenen großen Anhängerkreises auf ihn. Zuvor war er nur wenigen bekannt gewesen. Diese beiden so verschiedenen Persönlichkeiten geben einander viel und empfangen viel voneinander. Rāmakrishṇa sympathisiert mit den Bemühungen des Brāhma Samāj.

Einer der letzten Besucher, die der sterbende Keshab empfängt, ist Rāmakrishṇa.

In seiner kindlichen Demut ist er Franziskus von Assisi verwandt. Um auch die letzte Regung von Kastenstolz in sich zu ertöten, übt er sich in der Verrichtung niedrigster Arbeit.

Dieser Mystiker, dem die Erfahrung der Ekstase soviel bedeutet, ist zugleich vom Geiste wärmster Menschenliebe beseelt. „Oh Mutter,“ bittet er die Göttin Kālī, die er bis an sein Lebensende tief verehrt, „laß mich mit der Menschheit in Verbindung bleiben; laß mich nicht zum harten Asketen werden.“

Dogmatische Fragen gibt es für ihn nicht. Die Frage, ob Gott Persönlichkeit beizulegen sei oder nicht, entscheidet er dahin, daß die Menschen sich ihn je nach ihrer Veranlagung als Persönlichkeit oder Nicht-Persönlichkeit vorstellten.

Ganz hinduistisch urteilt Rāmakrishṇa, daß Gott selbst in einer Statue irgendwie gegenwärtig sei und die dieser erwiesene Verehrung auf sich beziehe.

Um die alle Religionen in sich fassende universelle Religion, mit der sich Debendranāth Tagore, Keshab Chandra Sen und Dayānand Sarasvatī auseinandersetzen, bemüht er sich nicht. Die Glaubensvorstellungen hält er für etwas Nebensächliches. Nur auf die Frömmigkeit komme es an. Jede Religion, welches auch ihre Lehre sei, werde zu der wahren, wenn der Mensch in ihr sich Gott in Liebe hingebe und seinem Nächsten in Liebe diene. Es habe also keinen Sinn, daß man eine Religion für eine andere aufgebe. Die Christen sollten im Christentum, die Muhammedaner im Muhammedanismus und die Hindus im Hinduismus das Eins-Werden mit Gott suchen.

*

Der bedeutendste Schüler Rāmakrishṇas ist Svāmin Vivekānanda (1862–1912), mit seinem eigentlichen Namen Narendra Nāth Datta.

Er entstammt einer angesehenen Familie in Kalkutta, die der Kśatriya (Krieger)Kaste angehört. In seiner Jugend wird er mit der indischen Gelehrsamkeit vertraut und macht Bekanntschaft mit der abendländischen Philosophie und Wissenschaft. Als Siebzehnjähriger trifft er 1880 zum erstenmal Rāmakrishṇa, gerät aber nicht sogleich unter seinen Einfluß. Sein rationalistischer, von der Lektüre John Stuart Mills, Herbert Spencers und Keshab Chandra Sens beeinflußter Geist nimmt eine kritische Haltung gegenüber Rāmakrishṇas mystischer Frömmigkeit ein. Nach und nach jedoch gewinnt Rāmakrishṇas große Persönlichkeit Macht über ihn, besonders von der Zeit an, da er mit den Schwierigkeiten und Nöten des Lebens zu kämpfen hat. Nach dem plötzlichen Tod seines Vaters (1884), der über seine Verhältnisse gelebt hatte, stellt es sich nämlich heraus, daß die Familie vollständig ruiniert ist. Narendra muß sich mit den Gläubigern einigen und versuchen, seinen Lebensunterhalt zu verdienen, um Mutter und Brüder unterstützen zu können. Von der Verzweiflung und Auflehnung gegen Gott, der dem Elend in der Welt freien Lauf läßt, ringt er sich zu dem Frieden durch, der sich auf den Glauben gründet, und von diesem Ausgangspunkt aus lernt er die Frömmigkeit Rāmak ishṇas verstehen.

Mit diesem Gesinnungswandel erlangt die Ekstase für ihn die gleiche Bedeutung wie für den Meister.

Aber Rāmakrishṇa, mit der Ekstase vertraut wie er ist, betrachtet ein solches natürlich erfahrenes Eins-Werden mit dem

Absoluten nicht als die wünschenswerteste und höchste aller Erfahrungen. Er erkennt, daß eine Frömmigkeit, die nur mit dem Ich und seinem Aufgehen im Unendlichen beschäftigt ist, Gefahr läuft, egoistisch und damit wertlos zu werden. So zwingt er sich selbst, sein Denken auf das Dienen in der Welt zu richten und macht dies auch seinem Lieblingsjünger zur Pflicht. Als Vivekānanda dem Beispiel seines Großvaters väterlicherseits folgen will, der mit fünfundzwanzig Jahren Frau und Kinder und eine hohe Stellung verlassen hatte um Einsiedler zu werden, widersetzt er sich diesem Plan. Wieder und wieder schärft er ihm ein, daß er auf der Welt sei, um den Menschen den wahren Glauben zu bringen und den Armen und Elenden im Geiste der Liebe zu dienen. Und Vivekānanda gehorcht.

Das Große an Rāmakrishṇa und Vivekānanda ist, daß beide die Ekstase erfahren und genießen und doch über ihr stehen, da sie das letzte Kriterium für die Beurteilung geistiger Dinge aus dem ethischen Denken beziehen.

Nach dem Tode des Meisters führt Vivekānanda mehrere Jahre lang ein Wanderleben, in dessen Verlauf er nahezu ganz Indien kennenlernt. Als er erfährt, daß bei Gelegenheit der Weltausstellung in Chicago ein Kongreß der Religionen abgehalten werden soll, entschließt er sich 1892, ihn zu besuchen. Mit dieser Reise verfolgt er ein zwiefaches Ziel: er will der Welt das erhabene Wissen predigen, dessen Hüterin Indien ist, und in den reichen Ländern Europas und Amerikas die materiellen Mittel sammeln, um das Elend und die Armut Indiens, die er auf seinen Reisen kennengelernt hat, zu lindern.

Bei seiner Abreise nach Amerika nimmt er den Namen Vivekānanda an.

Auf dem Kongreß (September 1893) entwickelt er in einer mitreißenden Rede den Gedanken Rāmakrishṇas, daß sich wahre Frömmigkeit in allen Religionen finde und über allen stehe.

Nach dem Kongreß hält er sich noch über drei Jahre in Amerika und Europa auf, um die Vedānta-Lehre zu verbreiten. Das auf beiden Kontinenten vollbrachte soziale Werk nötigt ihm Bewunderung ab, doch dringt er nicht tief genug in das abendländische Denken ein, um zu ihm in engere Beziehung zu treten und seinen wahren Wert zu erkennen.

Im Jahre 1897 kehrt er nach Indien zurück und ruft die Bewohner dieses großen Reiches zum sozialen Wirken auf. Im Mai des gleichen Jahres gründet er mit Hilfe der anderen Jünger Rāmakṛishṇas die Rāmakrishṇa-Mission. Ihr Ziel ist, die Ideen des Meisters in Indien und über die ganze Welt zu verbreiten und einen Dienst der Liebe für die Armen und Elenden im Lande zu organisieren.

Im Geiste des Meisters stellt Vivekānanda den Grundsatz auf, daß die Religion eine Religion der Tat sein müsse. Er wagt sich zu Axiomen vor wie, daß die beste Religion darin bestehe, Śiva in allen menschlichen Wesen zu sehen, und daß der allein Gott verehre, der allen Lebewesen helfe und diene. Daß die ursprüngliche reine Religion des Veda diese Religion der Liebe ist, steht für ihn unverrückbar fest.

In freier Anlehnung an die Bhagavad-Gītā, die er der erreichten höheren Ethik gemäß deutet, lehrt er, daß die Seele ihre Einheit mit Gott sowohl durch Erkenntnis und Versenkung (Rājayoga) als auch durch Tun in Pflicht und Liebe (Karmayoga) verwirklichen könne.

In dem Kampfe gegen das Alte, soweit es einen sozialen Schaden bedeutet, ist er ein ungestümer Neuerer. Hingegen tritt er, wie Rāmakrishṇa, für die Erhaltung des volkstümlichen hinduistischen Glaubens und Gottesdienstes ein, weil in diesen die Menge die Lehre von dem Eins-Werden mit dem All-Einen im Symbol besitze und betätige.

Müde und gesundheitlich schon zerrüttet (er leidet an Diabetes) unternimmt er vom Juni 1899 bis zum Dezember 1900 eine zweite Europa- und Amerikareise. Sie wird eine bittere Enttäuschung für ihn. Er findet in der abendländischen Kultur weit weniger Gutes und Bewundernswertes als bei seinem voraufgegangenen Besuch und kann nicht mehr verstehen, warum er ihr in vieler Hinsicht so hohen Wert beigemessen hat. Mehr denn je ist er davon überzeugt, daß sich Europa und Amerika zur Befriedigung ihrer geistigen und seelischen Bedürfnisse dem zuwenden müßten, was Indien ihnen zu bieten hat. Am 4. Juli 1902 entschläft er sanft im Alter von neununddreißig Jahren. Für uns Abendländer wird das Verständnis der großen geistigen und ethischen Persönlichkeit Vivekānandas erschwert durch sein, wie uns scheint, grenzenloses Selbstbewußtsein und durch die harten, ungerechten und widersprüchlichen Urteile, die er sich gestattet.

Das von ihm begründete Werk, die Rāmakrishṇa-Mission, besteht noch und wirkt viel Gutes.

*

Bemerkenswert ist, daß das Problem des Freiwerdens von der Wiedergeburt im neu-indischen Denken ganz in den Hintergrund tritt. Die Idee des mystischen Eins-Werdens mit Gott ist nicht mehr so eng mit der Idee der Wiedergeburt verknüpft wie in der Bhagavad-Gītā. Angst vor der Wiedergeburt spielt nicht mehr die Rolle wie zu Buddha's Zeit. Das Eins-Werden mit Gott wird um seiner selbst willen erstrebt. So erlangt die indische Mystik wieder ihre Ursprünglichkeit und Freiheit. Zwar sagt sie sich von der Idee der Seelenwanderung, unter deren Herrschaft sie Jahrhunderte lang stand, nicht ausdrücklich los. Aber sie hört auf, durch sie bestimmt zu sein.

Von dem Augenblicke an, wo neben der Mystik des Eins-Werdens mit Gott durch Erkenntnis und Versenkung die Mystik der Hingabe an ihn durch die ethische Tat aufkommt, beginnt die Stellung der Wiedergeburtslehre erschüttert zu sein. Bis dahin wurde die Ethik nur zu der Wiedergeburt in Beziehung gesetzt. Nur bessere Wiedergeburt, nicht Eins-Werden mit Gott, konnte man durch gute Tat erlangen. In dem Maße wie die Ethik nun aber in der Mystik des Eins-Werdens mit Gott Aufnahme findet, verliert die Lehre von der Wiedergeburt mehr und mehr an Bedeutung. Im neu-indischen Denken kommt also ein sich mit Naturnotwendigkeit vollziehender Prozeß zu Ende.

Trotzdem kann das indische Denken die Idee der Wiedergeburt nicht aufgeben, denn sie lebt durch die Tradition, durch sie war eine natürliche Verbindung zwischen der Welt- und Lebensverneinung und der Welt- und Lebensbejahung geschaffen worden. Auf Grund der Idee der Wiedergeburt kann sich das indische Denken damit abfinden, daß so viele Menschen in ihrem Denken und Tun noch so sehr der Welt verhaftet sind. Wenn wir annehmen, daß wir nur eine Existenz haben, so erhebt sich das unlösbare Problem, was aus dem geistigen Ich wird, das jede Beziehung zu dem Ewigen verloren hat. Diejenigen, die sich zur Lehre von der Wiedergeburt bekennen, stehen keinem derartigen Problem gegenüber. Für sie bedeutet die nicht-geistige Haltung lediglich, daß Menschen noch nicht zu der geläuterten Daseinsform gelangt sind, in welcher sie die Wahrheit erkennen und in Tun umsetzen können.

Die Idee der Wiedergeburt enthält also eine höchst tröstliche Erklärung der Wirklichkeit, dank derer das indische Denken Schwierigkeiten überwindet, die den abendländischen Denkern zu schaffen machen.

*

Rām Mohan Rai, Debendranāth Tagore, Keshab Candra Sen, Dayānand Sarasvatī, Rāmakrishṇa und Vivekānanda vertreten die Forderung tätiger Liebe, ohne sich mit der Frage zu beschäftigen, ob und wie sich diese ethische Welt- und Lebensbejahung mit ihrer welt- und lebensverneinenden Mystik vereinigen läßt. Sie bekennen sich zu einer Gesinnung, ohne die ihr entsprechende Weltanschauung grundsätzlich auszudenken und festzulegen.

Weil der Hinduismus sich von jeher in Kompromissen zwischen Monotheismus und Polytheismus, Pantheismus und Theismus, Welt- und Lebensverneinung und Welt- und Lebensbejahung, überethischer und ethischer Betrachtungsweise bewegt, besitzt er eine staunenswerte Fähigkeit, theoretische Probleme zu übersehen oder von ihnen abzusehen. Er geht den Fragen, mit denen er es zu tun hat, nicht auf den Grund, sondern ist nur darauf bedacht, praktisch befriedigende Lösungen zu finden. Aus dem, was er für wahr und wertvoll ansieht, schafft er sich, Altes und Neues ineinander schiebend, eine Weltanschauung. Sie wirklich zu begründen unternimmt er nicht. Er hält es für unnötig. Daß sie den in ihr enthaltenen Überzeugungen nach wertvoll ist, genügt ihm als Beweis ihrer Richtigkeit.

So geben sich auch Rām Mohan Rai, Debendranāth Tagore, Keshab Candra Sen, Dayānand Sarasvatī, Rāmakrishṇa und Vivekānanda nur damit ab, die hinduistische Weltanschauung weiter auszubauen, nicht auch damit, sie sachlich zu begründen. Darum werden sie sich nicht klar darüber, daß sie sich durch ihr Bekenntnis zur Ethik tätiger Liebe von der Welt- und Lebensverneinung lossagen. Sie meinen die brahmanische Mystik ins Ethische und Lebensbejahende umdeuten zu können, als ließe sich das in Moll gesetzte Stück in Dur spielen. In Wirklichkeit sind sie bei dem ungeheuren Problem der ethischen und welt- und lebensbejahenden Mystik angelangt.

Daß sich Rām Mohan Rai und die andern mit Kompromissen zufrieden geben, statt den Problemen der Weltanschauung wirklich auf den Grund zu gehen, ist mit dadurch bedingt, daß sie sich von der Autorität der Überlieferung nicht freizumachen wagen. Sie wollen sich nicht eingestehen, daß sie Erkenntnisse und Überzeugungen vertreten, die in den Upanishad's und den anderen heiligen Schriften noch nicht ausgesprochen sind. Darum bemühen sie sich, ihre Ideen in den alten Texten wiederzufinden. Dies aber kann ihnen nur auf die Weise gelingen, daß sie sie mit allen Künsten in sie hineindeuten.

Was das Neue Testament von seinen Auslegern auszustehen hat, ist gewiß nicht wenig. Die Vedischen Hymnen und die Upanishad's aber sind noch viel schlimmer daran.

Weil das neu-indische Denken noch unfrei ist, besitzt es noch nicht das rechte Empfinden für sachliche und sachlich begründete Wahrheit.

*

Die Philosophie Mahatma Gandhis ist eine Welt für sich.

Gandhi, 1869 in Porbandar geboren, gehört der Vaiśya-Kaste, der Kaste der Kaufleute und Ackerbautreibenden, an. Nachdem er bis zu seinem achtzehnten Lebensjahr indische Schulen besucht hat, nimmt er in London das Rechtsstudium auf. 1893 entsendet ihn eine indische Firma zur Schlichtung eines Rechtsstreits nach Südafrika, wo er mit den Lebensbedingungen der indischen Einwanderer bekannt wird. Er läßt sich daselbst als Rechtsanwalt nieder und stellt sich bei den Kämpfen der indischen Bevölkerung um ihre Rechte bis 1914 an die Spitze seiner Landsleute. Als Kampfmethode wählt er den passiven Widerstand, der sich auch als erfolgreich erweist. Im Burenkrieg (1899) tritt er mit anderen Indern als Freiwilliger in den Sanitätsdienst ein. Bei Ausbruch des 1. Weltkrieges befindet er sich in London, wo er sich an der Aufstellung einer Sanitätstruppe, die sich aus indischen Freiwilligen zusammensetzt, beteiligt. Ende 1914 jedoch ist er wegen seines Gesundheitszustandes zur Rückkehr nach Indien gezwungen und beginnt dort die wirtschaftlichen und politischen Probleme seines Vaterlandes zu studieren. Er setzt sich für die Abschaffung der gesetzlichen Bestimmung ein, wonach die in die Kolonien ausgewanderten indischen Arbeiter einen Fünfjahresvertrag eingehen mußten. Er kämpft auch um die Abschaffung von Mißständen in den nordindischen Indigoplantagen. Außerdem vertritt er die Rechte der Spinnereiarbeiter in Ahmedabad, die mit ihren Arbeitgebern Differenzen haben, und der Bauern des Khaira-Distrikts, die, durch Mißernten in Schulden geraten, mit den Steuerbehörden im Konflikt liegen. Durch Androhung oder Organisation passiven Widerstands gelingt es ihm stets, den von ihm vertretenen Forderungen Anerkennung zu verschaffen.

Nach Kriegsende (1919) wendet er, um die Verhängung von Ausnahmegesetzen gegen politische Agitatoren (die sog. Rowlatt Bills) zu verhindern, ähnliche Methoden an, muß jedoch feststellen, daß der passive Widerstand im Panjāb zu heftigen revolutionären Bewegungen führt, die von den Behörden mit großer Härte unterdrückt werden. Enttäuscht ist er auch darüber, daß die britische Regierung nach dem Krieg nichts unternimmt, um die Herrschaft des Sultans von Konstantinopel zu bewahren, den die indischen Muhammedaner als ihr geistliches Oberhaupt ansehen. Bei der Bemühung, eine Verständigung zwischen Hindus und Muhammedanern herbeizuführen, stellt er sich hinter die Forderungen dieser.

Zusammen mit den hinduistischen und muhammedanischen Volksführern faßt er 1920 den folgenschweren Entschluß, die Zusammenarbeit mit der britischen Regierung aufzugeben.

Im Verlauf der passiven Widerstandsbewegung, die sich das Ziel setzt, den Gedanken der Unabhängigkeit des indischen Volkes zu verfechten und den Boykott importierter Waren zugunsten der Wiederbelebung indischer Handspinnerei und Handweberei zu befürworten, kommt es in Bombay und Chauri Chaura zu ernsten Unruhen. Als Urheber des bürgerlichen Widerstands gegen die Staatsgewalt wird Gandhi zu sechs Jahren Gefängnis verurteilt, jedoch nach einiger Zeit begnadigt (1924). In den folgenden Jahren stellt die erneut zwischen Hindus und Muhammedanern ausgebrochene Feindschaft für ihn eine große seelische Belastung dar.

In jüngster Zeit, seit seinem Rücktritt von der Politik, widmet er sich hauptsächlich der Frage der sozialen und ethischen Erziehung seines Volkes. Zu den dringendsten Reformen, die durchgeführt werden müssen, rechnet er die Beseitigung der bestehenden Vorurteile gegenüber Angehörigen der untersten Kasten, den sogenannten Unberührbaren, die gegen fünfzig Millionen zählen; die Abschaffung der Kinderehe; die grundsätzliche Anerkennung der Gleichberechtigung der Frauen und die vollständige Kontrolle von Alkohol und Rauschgiften.

Nie zuvor hat sich ein Inder in solchem Ausmaß für konkrete Fragen interessiert wie Gandhi. Andere haben sich meist damit begnügt, eine wohltätige Haltung gegenüber den Armen zu fordern. Er jedoch – und darin gleicht er in seinem Denken ganz einem modernen Europäer – will die wirtschaftlichen Zustände ändern, die die Ursache der Armut bilden.

Neunzig Prozent der indischen Bevölkerung lebt in Dörfern. Während der Trockenzeit, die etwa das halbe Jahr dauert, ist die Landarbeit stillgelegt. Früher verwandten die Leute diese Zeit aufs Spinnen und Weben. Doch seitdem Stoffe, die außerhalb Indiens oder auch in indischen Fabriken hergestellt werden, den Markt beherrschen, sind diese Heimbetriebe zugrunde gegangen. Weil die Dorfbewohner ihr früheres Einkommen aus diesen Nebenbeschäftigungen verloren haben, herrscht in Landbezirken so viel Armut; der damit verbundene Müßiggang hat verheerende Folgen.

Wenn Gandhi versucht, es den Dorfbewohnern zu ermöglichen, das Handspinnen und Handweben wieder aufzunehmen, wenn er ihnen sagt, dies sei ihre Pflicht, so predigt er damit einen gesunden Wirklichkeitssinn. Er erkennt richtig, daß wir es hier mit einem beginnenden Wettbewerb zwischen Handarbeit und Maschinenarbeit zu tun haben, und daß die Entwicklung der Lage so weit wie möglich im Interesse des Volkes gesteuert werden muß.

Gandhi ist kein blinder Gegner der Maschine. So weit sie notwendig ist, erkennt er sie an. Aber er will sich nicht damit abfinden, daß sie ein Handwerk zugrunderichtet, das an sich noch lebensfähig ist. Er schätzt die Nähmaschine sehr, lehnt aber das Auto noch ab, obgleich es als Verkehrsmittel zwischen zwei Dörfern in vieler Hinsicht der natürliche Verbündete der Heimbetriebe ist.

Sein Dorfreformprogramm umfaßt auch die Beschaffung besserer Wohnungen und die Hebung der hygienischen Zustände, sowie die Einführung rationeller landwirtschaftlicher Methoden. Den ersten Anstoß zur Hochschätzung körperlicher Arbeit und bäuerlicher und handwerklicher Lebensweise empfängt er aus Ruskins *Unto This Last*, das er während seines Aufenthalts in Südafrika liest. Er bekennt, daß dieses Buch eine unmittelbare Wandlung seiner Lebensanschauungen bewirkt habe.

Gandhis Wirklichkeitssinn zeigt sich auch in seiner Beziehung zum Ahiṃsā-Gebot. Er begnügt sich nicht damit, es zu preisen, sondern untersucht es kritisch. Die Tatsache beschäftigt ihn, daß unerachtet des Ansehens, das dieses Gebot genießt, in Indien ein solcher Mangel an Mitleid für Tier und Mensch zu beobachten ist. Er wagt sich bis zu der Äußerung vor: „Ich glaube kaum, daß das Los der Tiere in irgendeinem anderen Land der Welt so traurig ist wie in unserem armen Indien. Dafür können wir nicht die Engländer verantwortlich machen, noch uns mit unserer Armut entschuldigen. Verbrecherische Vernachlässigung ist der einzige Grund für den kläglichen Zustand unseres Viehs."

Daß das Ahiṃsā-Gebot das Volk nicht zu einer Haltung echten Mitleids erzogen hat, schreibt er dem Umstand zu, daß es mehr dem Buchstaben als dem Geist nach befolgt worden ist. Man glaubte ihm Genüge zu tun, indem man Töten und Schmerz-Zufügen vermied, während das Gebot in Wirklichkeit nur in der vollkommenen Übung des Mitleids seine Erfüllung findet.

Gandhi macht sich nicht klar, daß das Ahiṃsā-Gebot seinem ursprünglichen Wesen nach nur die Enthaltung von Töten und Schädigen, nicht aber die vollkommene Übung des Mitleids fordert. Er nimmt es auf sich, das Gesetz des Nicht-Tötens dem Buchstaben nach zu übertreten, und das überdies in einem Fall, in dem er mit der hinduistischen Verehrung des Rindes in Konflikt kommen muß. Er setzt dem langen, qualvollen Todeskampf eines Kalbs durch Gift ein Ende. Durch diese Tat erregt er bei seinen hinduistischen Anhängern nicht weniger Anstoß als damals, als er zum ersten Mal Unberührbare in seiner Niederlassung (Ashram) empfing.

So wird das Ahiṃsā-Gebot, vom Grundgedanken des Nicht-Tuns, aus dem es entsprungen ist, befreit, in Gandhis ethischer Lebensbejahung zu dem Gebot, umfassendes Mitleid zu üben. Damit wird es zu etwas anderem, als es im alt-indischen Denken war.

Auf Grund seines Wirklichkeitssinns gelangt Gandhi zu dem Zugeständnis, daß das Gebot des Nicht-Tötens und Nicht-Schädigens sich nicht in vollem Umfang durchführen lasse, da der Mensch sein Leben nicht erhalten kann, ohne Gewalttaten zu begehen. So willigt er schweren Herzens in die Tötung gefährlicher Schlangen ein und gestattet dem Bauern die Bekämpfung der Affen, die seine Ernte bedrohen.

Es ist eine von Gandhis wichtigsten Taten, daß er die indische Ethik ganz offen zwingt, sich mit der Wirklichkeit auseinanderzusetzen.

Sein Interesse am Weltlichen ist so groß, daß er auch an Spiel und Sport Anteil nimmt. Er verlangt, daß in den Schulen ebensoviel Zeit auf körperliche Ertüchtigung verwandt werden solle wie auf die Schulung des Geistes und beklagt, daß es in seiner Knabenzeit keine Spiele gegeben habe, so daß er sich mit langen Spaziergängen über Berg und Tal begnügen mußte. So trägt seine Welt- und Lebensbejahung in einer Ecke den Stempel „Made in England".

Mit diesem tätigen Wirklichkeitssinn vereint sich bei ihm jedoch eine rein immaterielle Vorstellung vom Wesen des Tuns. Es ist für ihn ein feststehender Grundsatz, daß sich materielle Probleme nur vom Geist her lösen lassen. Er ist überzeugt, daß, weil alles, was sich im menschlichen Bereich zuträgt, seine Voraussetzung im Geistigen hat, Verbesserungen sich nur durch Schaffung eines veränderten Geisteszustands herbeiführen lassen. So müssen wir in all unserem Tun darauf achten, durch unsere Gesinnung auf andere zu wirken.

Nach Gandhi sind die einzig wirklichen Kräfte, über die wir verfügen, der Geist der Haßlosigkeit und der Geist der Liebe. Den Glauben, weltliche Ziele müßten mit weltlichen Mitteln verfolgt werden, betrachtet er als den verhängnisvollen Irrtum, der für das auf dieser Welt vorherrschende Elend verantwortlich ist.

Gandhi führt fort, was Buddha begann. In Buddha stellt sich der Geist der Liebe die Aufgabe, neue geistige Bedingungen auf der Welt zu schaffen; in Gandhi unternimmt er es, *alle* weltlichen Verhältnisse umzuformen.

Nach Gandhi muß auch die politische Aktivität vom Geist der Ahiṃsā getragen sein. „Für mich", so schreibt er in einem Brief, „gibt es keine Politik, die nicht gleichzeitig Religion wäre."

Aber ist der passive Widerstand, von dem Gandhi zur Verwirklichung seiner Ziele so reichlich Gebrauch macht, wirklich eine aus dem Geist der Ahiṃsā hergeleitete, nicht-weltliche Methode, um die gute Sache in der Welt gegen ihre Gegner zu verfechten? Nur teilweise.

An sich sind Ahiṃsā und passiver Widerstand zwei grundverschiedene Dinge. Nur die Ahiṃsā ist nicht-weltlich; der passive Widerstand ist weltlich.

Die altindische Ahiṃsā ist Ausdruck der Welt- und Lebensverneinung. Sie setzt sich keine Ziele, die in der Welt verwirklicht werden sollen, sondern ist einfach die tiefste Bemühung, von der Welt vollkommen rein zu werden.

Gandhi aber stellt die Ahiṃsā in den Dienst einer auf das Wirken in der Welt gerichteten Welt- und Lebensbejahung. Bei ihm verpflichtet die Ahiṃsā zum Wirken in der Welt und hört so auf, das zu sein, was sie ihrem Wesen nach ist.

Der passive Widerstand ist eine gewaltlose Anwendung von Gewalt. Ihm liegt der Gedanke zugrunde, auf den Gegner durch gewaltlos herbeigeführte Umstände einen Druck auszuüben und ihn so zum Nachgeben zu zwingen. Als Angriffsart, die schwerer zu parieren ist als ein offener Angriff, kann der passive Widerstand die erfolgreichere Methode sein. Gleichzeitig aber besteht die Gefahr, daß diese versteckte Anwendung von Gewalt mehr Bitterkeit hervorruft als offene Gewaltanwendung. Jedenfalls ist der Unterschied zwischen passivem und aktivem Widerstand lediglich relativ.

Wenn Gandhi die Ahiṃsā in den Dienst des passiven Widerstands stellt, so vereint er das Nicht-Weltliche und das Weltliche. Die schmerzliche Erfahrung, daß das Weltliche sich in solchen Fällen als stärker erweisen kann als das Nicht-Weltliche, ist ihm nicht erspart geblieben.

Man könnte sogar fragen, ob das nicht oft auf ihn selber zutrifft. Meist hat er das Prinzip des passiven Widerstands angewandt, ohne seinem Gegner die nötige Zeit zu lassen, ihm auf halbem Wege entgegenzukommen. In seinem Wesen liegt eine Heftigkeit, die ihn daran hindert, sein Vertrauen geduldig in die rein geistige Wirkung einer Idee zu setzen. Nie ist es ihm gelungen, den Aufwiegler in der eigenen Brust ganz in Zaum zu halten.

Er vertraut darauf, daß sich das Weltliche durch das Nicht-Weltliche völlig vergeistigen und veredeln lasse und glaubt allen Ernstes, den passiven Widerstand ganz im Geiste der Haßlosigkeit und Liebe üben zu können. Immer wieder versucht er seinen Anhängern klar zu machen, daß die Rechtfertigung, die Billigkeit und der Erfolg all dessen, was sie gemeinsam mit ihm zum Wohle des Volkes unternehmen, von der Reinheit ihrer Gesinnung abhänge. Immer wieder betont er seine Überzeugung, daß im Geiste der Ahiṃsā geübter passiver Widerstand sich nicht nur für die Verwirklichung dieses oder jenes Ziels einsetzen dürfe, sondern daß sein wahres Ziel die Herbeiführung eines auf Liebe gegründeten gegenseitigen Verstehens sein müsse. Die gewaltlose Gewalt des passiven Widerstands soll nur das Flußbett für die strömenden Fluten des Geistes der Liebe bilden.

So also versucht Gandhi das Problem zu lösen, ob sich neben dem Wirken mit ethischen und geistigen Mitteln das Wirken mit weltlichen Mitteln rechtfertigen lasse. Er fordert grundsätzlich jenes, behält aber gleichzeitig ein Mindestmaß an weltlichen Mitteln bei, nämlich die Anwendung von gewaltloser Gewalt; diese stellt er in den Dienst des Ethischen und Geistigen.

Es muß fraglich bleiben, ob die Beschränkung auf die gewaltlose Gewalt und die Verbindung dieses (als am wenigsten weltlich geltenden) Vorgehens mit der ethischen und geistigen Methode die richtige Lösung des Problems darstellt. Jede Vermengung von wesensmäßig Verschiedenem ist ein unnatürliches und gefährliches Unterfangen.

Es kommt noch eine Lösung in Betracht, die eine derartige Beschränkung in der Anwendung von Gewalt ablehnt und so die Trennung des Weltlichen vom Ethischen und Geistigen aufrechterhält. Es handelt sich um folgende Methode: Mit den ethischen und geistigen Mitteln erstrebt man weltlich zweckgerichtetes Vorgehen. Scheint jedoch die Anwendung von Gewalt unvermeidbar, so wird so wenig Gewalt angewandt wie möglich, und zwar auf eine Weise, daß sie nicht aus einer weltlichen, sondern aus einer ethischen Gesinnung heraus nur als letzter Ausweg gewählt wird. Wichtig ist nicht, daß nur gewaltlose Gewalt angewandt wird, sondern daß alles weltlich zweckgerichtete Wirken mit der größtmöglichen Vermeidung von Gewalt unternommen wird, und daß ethische Überlegungen uns so beherrschen, daß sie auch die Herzen unserer Gegner beeinflussen. In einer möglichst weitgehenden Beschränkung weltlichen Vorgehens, in seiner Erklärung und Rechtfertigung, in seiner richtigen Anwendung mittels der hinter ihm stehenden ethischen Gesinnung: in einer *solchen* Gewaltanwendung im Geiste der Gewaltlosigkeit liegt die Lösung des Problems. Aber selbst wenn man zweifelt, ob Gandhis Methode an sich richtig ist und ob die Weise, in der er sein Experiment durchgeführt hat, zufriedenstellen kann, muß man ihm dennoch das außerordentliche Verdienst zuerkennen, das Problem des Tuns angeschnitten und auf die tiefe Wahrheit verwiesen zu haben, daß nur das Wirken im Geiste der Ethik etwas wirklich zu vollbringen vermag.

Daß Gandhi die Idee der Ahiṃsā mit der Idee eines auf die Welt gerichteten Wirkens vereint hat, ist ein bedeutsames Ereignis, nicht nur für das indische Denken, sondern für das Denken der Menschheit. Durch ihn wird die Ethik von neuem auf einen Tatbestand aufmerksam, der nur allzusehr vernachlässigt worden ist: die Anwendung von Gewalt wird nicht dadurch ethisch statthaft, daß sie ein ethisches Ziel verfolgt, sondern sie muß darüber hinaus in einer rein ethischen Gesinnung angewandt werden.

Im Gespräch mit seinem Freund, dem Baptistengeistlichen J. J. Doke aus Johannesburg, bemerkt Gandhi, daß ihm die Idee des passiven Widerstands im Geist der Athiṃsā bei den Worten Jesu gekommen sei: „Wahrlich, ich sage euch, widerstehet dem Bösen nicht", und „liebet eure Feinde . . . betet für die, die euch beleidigen und verfolgen, auf daß ihr Kinder eures himmlischen Vaters seid." Dann habe sich seine Idee unter dem Einfluß der Bhagavad-Gītā und Tolstois „Das Reich Gottes ist in uns" entfaltet.

Daß Gandhis Einstellung zum Krieg nicht ganz von der Ahiṃsā bestimmt wird, ist schwer zu erklären. Daß er im Burenkrieg als Freiwilliger im Sanitätskorps dient und im 1. Weltkrieg dasselbe getan hätte, hätte ihn sein Gesundheitszustand nicht gezwungen, den Plan aufzugeben, läßt sich aus seinem Verlangen, das Elend des Kriegs zu lindern, verstehen; aber daß er in Indien Freiwillige zum Kriegsdienst zu gewinnen sucht, ist mit der Ahiṃsā absolut unvereinbar. Er läßt sich von der Überlegung irreführen, England könne durch solche, ihm in der Zeit der Not gewährte Hilfe dazu gebracht werden, die Rechte des indischen Volkes anzuerkennen. Aber die Ahiṃsā ist als Prinzip hoch über alle Politik erhaben.

Vom Gesichtspunkt der Ahiṃsā aus ist es auch seltsam, daß Gandhi so großen Wert darauf legt, daß sein Volk das Recht der Selbstbewaffnung behält.

So groß auch Gandhis Interesse an der Wirklichkeit ist, die Welt- und Lebensverneinung spielt nichtsdestoweniger eine Rolle in seinem Denken.

Er kümmert sich um das Wohl des Volkes, distanziert sich aber gleichzeitig von dem Ideal nationalen Wohlstands. Er wünscht eine Beschränkung des Eigentums auf das zur Erhaltung des Lebens unumgänglich Notwendige. Selbst diejenigen, die die Mittel dazu haben, sollen sich keine auf höhere Ansprüche eingestellte Lebensführung gestatten. Gandhi hofft, daß durch dieses Ideal der geringstmöglichen Bedürfnisse und des geringstmöglichen Besitzes die Kultur von ihren Übeln geheilt werden könne. Daß er darin mit Tolstoi übereinstimmt, ist ihm eine Bestätigung für die Richtigkeit seiner Bestrebungen.

Einen sehr starken Ausdruck findet die Welt- und Lebensverneinung in seinem *Glaubensbekenntnis* (1909), das von der wahren Kultur handelt. Hier erkennt er der Quacksalberei eine Überlegenheit über die moderne medizinische Wissenschaft zu. „Die Rettung Indiens", so lautet eine Stelle, „liegt darin, daß es alles vergißt, was es in den vergangenen fünfzig Jahren gelernt hat. Eisenbahnen, Telegraphen, Krankenhäuser, Rechtsanwälte, Ärzte und alles übrige müssen samt und sonders verschwinden, und die sogenannten oberen Klassen müssen gewissenhaft, mit Frömmigkeit und Überlegung lernen, das Leben des einfachen Bauern zu führen, aus der Erkenntnis heraus, daß uns dieses Leben das wahre Glück schenkt."

Als er später im Gefängnis an den wütenden Schmerzen einer Blinddarmentzündung leidet, entschließt er sich, die Hilfe der von ihm so streng verurteilten modernen wissenschaftlichen Heilkunst in Anspruch zu nehmen. Er läßt sich operieren. Aber er kann sich des Gedankens nicht erwehren, daß er damit seiner wirklichen Überzeugung zuwiderhandelt. „Ich gebe zu", schreibt er an einen brahmanischen Asketen, der ihn wegen dieser Abtrünnigkeit zur Rede stellt, „daß es Seelenschwäche war, mich der Operation zu unterziehen. Wäre ich ganz frei von Egoismus gewesen, so hätte ich mich in das Unvermeidliche gefügt; aber ich war von dem Wunsch beherrscht, in diesem meinem Körper weiterzuleben."

Vor kurzem hat er immerhin eingeräumt, daß die moderne Medizin und moderne Krankenhäuser in gewissem Ausmaß berechtigt sein könnten.

Zu ihrem vollen Ausdruck gelangt seine Welt- und Lebensverneinung, wenn er nicht nur die Zügelung der Begierden fordert, sondern auch das Ideal der Ehelosigkeit aufstellt.

Er kennt das Elend der Kinderehe aus eigener Erfahrung. Als er dreizehn Jahre zählt, verheiratet ihn seine Familie. Seine Frau hat sich als treue und geduldige Lebensgefährtin bewährt. Der Ehe entstammen vier Söhne.

Gandhi befürwortet die Ehelosigkeit aus zwei Gründen. Der erste liegt in seiner Ansicht, daß nur derjenige, der allen Begierden entsagt hat, die für echtes Wirken nötige Geistigkeit besitze. Er schreibt einmal: „Wer sich dem Dienst an seinem Lande weihen oder etwas vom Glanz des wahrhaft frommen Lebens wahrnehmen möchte, der muß ein Leben in Keuschheit führen, gleichviel, ob er verheiratet oder unverheiratet ist." Der zweite Grund liegt in seinem Glauben an die Wiedergeburt. Auf eine Frage nach seiner Einstellung zur Ehe entgegnet er: „Das Ziel des Lebens ist die Erlösung. Als Hindu glaube ich, daß diese Erlösung – wir nennen sie Mokṣa – im Freiwerden von der Wiedergeburt liegt; dann sprengen wir die Fesseln des Fleisches, dann werden wir eins mit Gott. Nun ist aber die Ehe ein Hindernis auf dem Weg zu dem höchsten Ziel, insofern nämlich als sie die Fesseln des Fleisches noch enger zieht. Die Ehelosigkeit dagegen ist eine machtvolle Hilfe, denn sie ermöglicht es uns, ein Leben gänzlicher Hingabe an Gott zu führen."

Aber unerachtet dieser starken Welt- und Lebensverneinung kann sich Gandhi das alte Ideal, das einer ihrer wesentlichen Bestandteile ist – das Ideal eines von der Welt abgewandten Lebens – nicht zu eigen machen. Sein Freund, der brahmanische Asket, der ihm rät, sich in eine Höhle zurückzuziehen und allein der Meditation zu leben, erhält die Antwort: „Ich strebe nach dem himmlischen Reich, das Befreiung der Seele heißt. Um dies zu erreichen, brauche ich nicht in einer Höhle Zuflucht zu suchen. Ich trage meine Höhle bei mir ..."

Kraft einer großartigen Paradoxie setzt Gandhi die Idee des Wirkens und die Idee der Welt- und Lebensverneinung dergestalt in Beziehung zueinander, daß er das Wirken in der Welt als die höchste Form der Weltentsagung betrachten kann. In einem Brief an den brahmanischen Asketen schreibt er: „Der Dienst an meinem Volk ist Teil der Zucht, der ich mich unterwerfe, um meine Seele von den Banden des Fleisches zu befreien ... Für mich führt der Pfad zum Heil durch unaufhörliche Trübsal im Dienste an meinen Landsleuten und an der Menschheit."

So finden sich in Gandhis Geist neuindische ethische Welt- und Lebensbejahung und eine auf Buddha zurückgehende Welt- und Lebensverneinung nebeneinander.

*

Einen bedeutenden Versuch, über sich selbst wirklich ins Klare zu kommen, macht das neu-indische Denken bei Rabīndranāth Tagore, dem Sohne Debendranāth Tagore's.

Rabīndranāth Tagore (1861–1941) ist Denker, Dichter und Musiker zugleich. Seine bedeutenden Werke sind von ihm selber ins Englische übertragen. Die Aufmerksamkeit Europas wird durch den ihm im Jahre 1913 verliehenen Nobelpreis für Literatur auf ihn gelenkt. Seit Jahren lebt er zu Śantiniketan (Bengalen), wo er eine im Jahre 1921 von im gegründete Hochschule nach modernen pädagogischen Grundsätzen leitet.

Seine Weltanschauung findet sich am klarsten in seinem Buche Sādhanā (Englisch 1913, deutsch 1921.) dargelegt. Es enthält Vorlesungen, die er an der Harvard-Universität hielt. Sādhanā bedeutet „Erlangung", in übertragenem Sinne „Vollendung".

Bei Tagore handelt es sich nicht mehr um Welt- und Lebensverneinung, die der ethischen Welt- und Lebensbejahung größere oder kleinere Zugeständnisse macht. Die ethische Welt- und Lebensbejahung hat sich völlig durchgesetzt. Sie beherrscht die Weltanschauung und duldet nichts von Welt- und Lebensverneinung neben sich.

Tagore sieht also ein, daß das Denken sich für Welt- und Lebensverneinung oder für Welt- und Lebensbejahung entscheiden muß. Um der Ethik willen bekennt er sich mit Entschiedenheit zur Welt- und Lebensbejahung. Dies bedeutet eine große Tat. Eine seit Jahrhunderten in Gang befindliche Entwicklung kommt bei ihm zu ihrem natürlichen Abschluß.

Tagore bezeichnet es als eine Verirrung des östlichen Denkens, wenn es den Menschen nur mit seinem Eins-Werden mit Gott und nicht zugleich auch mit einer positiven Beziehung zur Welt, die er aus sich hervorgehen ließ, beschäftigt sein läßt. Er findet harte Worte gegen die Sannyāsin's (Asketen), die sich der Weltentsagung ergeben. Ebenso verurteilt er aber den europäischen Menschen, der die Innerlichkeit verloren habe und bei dem das Wirken in der Welt nicht mehr aus der geistigen Hingebung an Gott komme. Er verlangt beides miteinander: daß der Mensch Gott mit der Seele angehöre und ihm in seiner Welt in tätiger Weise diene.

Lebensfreude und Schaffensfreude gehören nach Tagore zum Wesen des Menschen. Wir können, führt er aus, nicht dabei stehen bleiben, nur das zu vollbringen, was der Erhaltung und dem Genusse unseres Lebens dient, sondern wir haben, wenn unser Menschentum nicht verkümmert ist, auch den Drang in uns, im Sinne des Weltgeistes zu wirken und zur Vollendung der Welt beizutragen.

„Es liegt auf der Hand, daß die Welt uns und unseren Bedürfnissen dient, aber das ist nicht unsere ganze Beziehung zu ihr. Wir sind durch ein tieferes und wesentlicheres Band mit der Welt verknüpft als durch unsere Bedürfnisse. Unsere Seele wird zu ihr hingezogen, unsere Liebe zum Leben ist in Wahrheit unser Verlangen, mit dieser großen Welt in Beziehung zu bleiben. Diese Beziehung ist Liebe". (Sādhanā Kap. V.)

Aus dem geheimnisvollen Interesse, das er an der Welt nimmt, sucht der Mensch das Gebiet seines Wissens und Könnens fort und fort zu erweitern. Er will, daß die Segnungen des Wohlstandes Allen zuteil werden, daß Weisheit und Gerechtigkeit herrschen, daß Linderung für Schmerz und Leiden gefunden wird, daß Kunst und Dichtung zur Ausbildung kommen und die Gemüter veredeln und daß die geheimnisvollen Kräfte der Natur uns zur Verwirklichung unabsehbaren Fortschritts dienstbar gemacht werden.

Die Menschheit soll also zu wahrer Kultur gelangen. Wahre Kultur ist aber, nach Tagore, nur da vorhanden, wo der Geist edelster Menschlichkeit waltet. Die materiellen Errungenschaften sind etwas Relatives. Sie wirken sich segensreich nur aus, wenn die Menschheit auch in geistiger und ethischer Hinsicht vorankommt.

„Eine Kultur ist nicht nach der Summe der Macht, sondern nach der Summe der Menschenliebe zu beurteilen und zu werten, die sie entwickelt und in ihren Gesetzen und Einrichtungen zum Ausdruck bringt". (Sādhanā Kap. V.)

Tagore vertritt also eine vom Ideal wahrer Humanität beherrschte ethische Welt- und Lebensbejahung, zu der sich – er scheint sich darüber nicht genügend klar zu sein – die edelsten Denker des Westens, ein Shaftesbury (1671–1713), ein Kant (1724–1804) und ein Fichte (1762–1814), vor ihm bekannt haben. Wenn auch das europäische Denken seinem Wesen nach in Gefahr ist, den Menschen nicht genügend zur Innerlichkeit anzuhalten, und dies auch viel zu sehr versäumt hat, so findet sich in ihm doch auch tiefe und innerliche Welt- und Lebensbejahung.

*

Eine Schwäche Tagore's ist, daß er seine welt- und lebenbejahende ethische Mystik als alt-indische Weisheit auszugeben sucht. Er will nicht zugeben, daß das indische Denken eine Entwicklung durchgemacht hat.

Um seine gewalttätige Deutung der alten Texte zu rechtfertigen, stellt er die Theorie auf, daß man sich überhaupt nicht mit der Feststellung ihres ursprünglichen Sinnes abzugeben habe. Es komme nur darauf an, die Bedeutung, die sie *für uns* haben, zu erkennen und die Wahrheit, die wir für uns in ihnen finden, durch unser Leben zu erweisen.

„Daher kommt es, daß die Lehren unserer größten Propheten Anlaß zu endlosen Disputationen geben, wenn wir versuchen, sie dem Wortlaut nach zu verstehen, statt sie in unserem eigenen Leben zu verwirklichen. Die Menschen, die mit der Gabe des Buchstabengeistes gestraft sind, sind Unglückliche, die immer mit ihren Netzen geschäftig sind und das Fischen versäumen." (Sādhanā, Kap. IV.)

Aber die, die den Buchstabengeist nicht haben, fischen, um im Bilde Tagore's zu verbleiben, mit schlecht unterhaltenen und durchlöcherten Netzen, wobei auch nicht viel herauskommt.

Mit den Leuten, die mit dem Buchstabengeiste gestraft sind, sind die europäischen Forscher gemeint, die sich mit der kritisch wissenschaftlichen Feststellung des ursprünglichen Sinnes der vedischen Schriften abgeben und den Unterschied zwischen der alt-brahmanischen überethischen Welt- und Lebensverneinung und der neu-indischen ethischen Mystik des Einswerdens mit Gott dartun wollen.

Daß man den ursprünglichen Wortsinn der vedischen Texte festzustellen und anzuerkennen habe, ist ein unumstößlicher Grundsatz. Auch die historische Wahrheit ist Wahrheit und muß als solche geachtet werden. Das Denken darf keine Abhängigkeit und keine Ängstlichkeit kennen.

Den Schriftbeweis für seine ethische Welt- und Lebensbejahung führt Tagore in der Weise, daß er einzelne aus dem Zusammenhang gerissene Upanishadsätze so auslegt, daß sie von Gott als dem liebenden Schöpfer der von wunderbarer Harmonie erfüllten Welt und von der freudigen Hingabe der Menschen an ihn und sein Werk reden. Auf die gewaltigen Stellen, die von dem Brahman als dem reinen qualitätslosen Sein und dem Eins-Werden mit ihm in Weltentsagung und Tatenlosigkeit handeln, geht er nicht ein.

Tagore hat recht, wenn er mit Nachdruck darauf hinweist, daß sich in den Upanishad's auch Welt- und Lebensbejahung findet. Wir Europäer haben von Schopenhauer und Deussen die Neigung übernommen, den in den Upanishad's vorhandenen Ideen der Welt- und Lebensbejahung zu wenig Beachtung zu schenken. Es läßt sich jedoch nicht leugnen, daß sich in den Upanishad's Welt- und Lebensverneinung und Welt- und Lebensbejahung Seite an Seite finden. Aber – und das sieht der kritische Wissenschaftler klarer als Tagore – die Welt- und Lebensverneinung ist hier die neu entdeckte große Wahrheit, die die Welt- und Lebensbejahung überschattet.

Bei dem Aufbau eines brahmanischen Lebensideals macht die Welt- und Lebensverneinung der Welt- und Lebensbejahung weitreichende Zugeständnisse. Trotzdem bestimmt sie auch forthin weitgehend das Denken und bleibt in der Theorie die gängige Wahrheit.

Überdies müssen wir in Betracht ziehen, welche Beziehung zwischen der in den Upanishad's enthaltenen Welt- und Lebensbejahung und der Ethik besteht. Wir finden darin eine Ethik, die sich lediglich mit den von der Autorität der Tradition geforderten Tugenden und Pflichten auseinandersetzt. Die Upanishad's wissen noch nichts von einer Gedanken-Ethik und darum auch noch nichts von der Verbindung einer solchen Ethik mit der Welt- und Lebensbejahung, wie sie sich im Denken Tagores vollzieht. Gewiß kann Tagore darauf hinweisen, daß sich in den Upanishad's Welt- und Lebensbejahung und Ethik nebeneinander finden. Aber es handelt sich nicht um seine eigene tiefe ethische Welt- und Lebensbejahung, die er mit den edelsten Denkern des modernen Europa gemein hat. Diese konnte erst nach einem langen Prozeß historischer Entwicklung entstehen.

Wenn die ethische Welt- und Lebensbejahung, die Tagore in den Upanishad's zu finden glaubt, wirklich in ihnen enthalten wäre, hätte schon damals ein Wille zu ethischem Fortschritt aufkommen müssen, und dieser Wille hätte notwendigerweise soziale Reformen fordern müssen. Daß der indische Geist lange Jahrhunderte hindurch die schrecklichsten Mißstände einfach als dieser Welt zugehörig hinnimmt und erst in neuesten Zeiten versucht, bessere Zustände zu schaffen, beweist, daß – auch wenn einzelne Sätze in diesem Sinn ausgelegt werden können – in den Upanishad's jene auf Denken beruhende ethische Welt-

und Lebensbejahung, die vom Menschen ein persönliches, idealistisches Tätigsein in der Welt fordert, noch nicht vorhanden ist.

Die Wahrheit bedarf keiner Bestätigung von außen, sie trägt sie in sich selbst. Wenn zu ihrer Stütze die Vergangenheit als Zeuge angeführt werden kann, findet sie leichter Anerkennung und erlangt leichter Geltung. Trotzdem darf man eine Wahrheit nie gewaltsam in das Denken einer früheren Zeit hineinsehen, um sie dadurch zu rechtfertigen. Die Wahrheit trägt eine solche Überzeugungskraft in sich, daß sie es nicht nötig hat, sich um eine Empfehlung an die Geschichte zu wenden.

Wo er eine sachliche Begründung der Weltanschauung der ethischen Welt- und Lebensbejahung versucht, hat es Tagore wie die abendländischen Denker, die dasselbe unternehmen, mit den drei großen Problemen zu tun: wie der Urgrund des Seins zugleich als ethische Persönlichkeit gedacht werden kann, inwieweit die Welt und das Weltgeschehen als sinnvoll und ethisch erklärbar sind und inwieweit ein Wirken des Menschen im Sinne des schöpferischen Weltgeistes vorstellbar ist.

Von der Schwierigkeit, sich den Urgrund des Seins zugleich als Persönlichkeit, und gar noch als ethische Persönlichkeit, zu denken, gibt sich Tagore keine Rechenschaft. In großartiger Unbefangenheit tut er beides zugleich: Gott mit der Welt zu identifizieren und ihn als ihren Schöpfer anzusehen. Daß er sich in der dualistischen Denkweise bewegt, wenn er auch nur einmal von Gott als dem Weltschöpfer redet, ist ihm nicht klar. Er wandert zwischen Monismus und Dualismus hin und her, als läge kein Abgrund zwischen ihnen.

Das Große an den Brahmanen ist, daß sie die in der Volksreligion entstandene Gottesvorstellung nicht auf den Urgrund des Seins anwenden. Tagore aber tut es, ohne das Bedürfnis zu empfinden, sich darüber zu rechtfertigen. Als käme er nicht von den Brahmanen her, mischt er, wie irgend ein Europäer, Glauben unter das Denken.

Auch an der Schwierigkeit, dem Urgrund des Seins ethischen Charakter beizulegen, kehrt er sich nicht.

Um die Welt als sinnvoll ansehen zu können, legt er ihr, wiederum wie irgend ein Europäer, durch Deutung einen Sinn bei. Und zwar greift er hierzu auf den alt-brahmanischen Gedanken zurück, daß die Sinnenwelt ein Spiel sei, das Gott sich selber veranstalte. Für die Brahmanen – und auch noch für die Bhagavad-Gītā – besteht dieses Spiel in einem weiter nicht erklärbaren Geschehen. Tagore aber, weil er ethische Welt- und Lebensbejahung vertritt, muß, wie Fichte, dieses Spiel als tiefste Äußerung des Wesens Gottes zu begreifen suchen. Gott, führt er aus, läßt die Welt aus sich hervorgehen, weil sein Wesen Liebe ist. Verwirklichen kann sich die Liebe nur in der Vereinigung zweier Individualitäten. Also muß Gott etwas neben sich haben, das ihm gegenüber eine gewisse Selbständigkeit besitzt.

„Nicht nur in unserem Selbst, sondern auch in der Natur ist diese Getrenntheit von Gott, die unsere Philosophen als Māyā bezeichnen, weil diese Getrenntheit nicht durch sich selber besteht und der Unendlichkeit Gottes nicht von außen Schranken setzt. Es ist sein eigener Wille, der sich Schranken gesetzt hat, wie der Schachspieler seine Figuren nicht willkürlich hin und her bewegt. Der Spieler tritt zu jeder besonderen Figur in bestimmte Beziehung und gerade durch diese freiwillige Beschränkung kann er sich seiner Macht freuen. Er könnte die Schachfiguren nach Belieben hin und her schieben, aber dann würde es kein Spiel geben. Wenn Gott sich nur in seiner Allmacht gefallen wollte, so wäre es mit seiner Schöpfung aus, und seine Macht verlöre ihren Sinn. Denn Macht muß, um Macht zu sein, sich Schranken setzen.“ (Sādhanā, Kap. IV.)

„Wie die Natur durch die Schranken des Naturgesetzes, so wird das Selbst durch die Schranken des Egoismus von Gott getrennt. Er hat seinem Willen freiwillig Grenzen gesetzt und hat uns die Herrschaft über unsere eigene kleine Welt gegeben ... Dies tut er, weil sein Wille, der der Wille der Liebe und daher frei ist, nur in der Vereinigung mit einem andern freien Willen seine Freude finden kann.“ (Sādhanā, Kap. IV.)

So geht dieses Spiel der Liebe (Līlā) zwischen Gott und der Menschenseele fort und fort durch alle Zeiten vor sich. Erkennt die Seele den Herrn der Welt als ihren Gemahl, so erkennt sie auch die Welt als ihr eigenes Heim. „Dann wird all ihr Dienst ein Dienst der Liebe, dann werden alle Leiden und Drangsale des Lebens Prüfungen, die sie triumphierend und lächelnd erträgt, um die Kraft ihrer Liebe zu beweisen und von ihrem Geliebten den Preis zu erringen.“ (Sādhanā, Kap. VIII.)

Man meint abendländische, vom Hohen Lied inspirierte Mystiker zu hören.

Die in der Welt- und Lebensverneinung entstandene brahmanische Erklärung der Welt als eines Spieles wird von Tagore also in die Welt- und Lebensbejahung übernommen und erhält in ihr eine ganz neue Bedeutung.

Bei Tagore ist die unendliche Welt, wie bei den abendländischen Vertretern der ethischen Welt- und Lebensbejahung, auf den Menschen hin geschaffen. Daß dieser sich mit Gott in Liebe vereinige, wird als Erfüllung des Sinnes der Welt angesehen.

Daß das Denken des Menschen die Welt als etwas Unerklärliches hinnehmen muß, darf Tagore nicht zugeben. Wie die europäischen Rationalisten des 18. Jahrhunderts muß er sie optimistisch deuten und behaupten, daß in ihr Schönheit, Harmonie und Ordnung walten. Was wir an Nicht-Schönheit, Nicht-Harmonie, Nicht-Ordnung und Leid in ihr wahrnehmen, ist, führt er aus, dazu bestimmt, sich in Schönheit, Harmonie, Ordnung und Freude aufzulösen. Alles Unglück, das dem Menschen begegnet, geht, wenn er sich in der rechten Art mit ihm abzufinden weiß, in Glück aus.

„Durch unsern Wahrheitssinn erkennen wir das Gesetz der Schöpfung und durch unsern Schönheitssinn erkennen wir die Harmonie des Weltalls." (Sādhanā, Kap. VII.)

Man meint Shaftesbury zu hören.

Irgendwelche pessimistische Betrachtungsweise hat, nach Tagore, keine Daseinsberechtigung. Pessimismus ist, ihm zufolge, eine Pose des Intellekts und des Gefühls.

Von den Schwierigkeiten des Problems des Wirkens im Sinne des Welt-Geistes gibt Tagore sich ebensowenig Rechenschaft wie Fichte. Er nimmt einfach an, daß alles Tun, in dem der Mensch aus seinem kleinen Ich heraustritt, der Verwirklichung des Weltzieles dient. Der Welt-Wille, sagt er, ist uns nichts Fremdes. Wir erleben ihn in uns. Nur darauf kommt es an, daß wir uns ihm völlig hingeben. Die Welt muß gewissermaßen unser größerer Leib werden und unser Ich muß sich zum Welt-Ich erweitern.

Von einer solchen Erweiterung des Ich reden auch die französischen Philosophen Alfred Fouillée (1838–1913) und Jean Marie Guyau (1854 bis 1888). Aber sie verstehen darunter nur, daß der Mensch sich mit anderen Wesen ethisch so verbunden fühlt, daß er ihr Schicksal als das seine erlebt und sich um sie sorgt, wie um sich selber.

Bei Tagore handelt es sich nicht nur um eine ethische Erweiterung des Ich, sondern auch um eine, die sich aus der gesteigerten Fähigkeit des Wirkens ergibt.

„So gewinnen wir an Kraft in dem Maße, wie wir mit Hilfe der Wissenschaft die Gesetze der Natur erforschen; wir sind auf dem Wege zur Erwerbung eines universalen Leibes. Unser Gesichtsorgan, unsere Bewegungsorgane, unsere physische Kraft wird weltweit. Dampf und Elektrizität werden unsere Nerven und Muskeln ... Und in diesem Zeitalter der Weltwissenschaft geht unser Bestreben dahin, unsern Anspruch auf unser Welt-Ich voll zur Geltung zu bringen ... In Wahrheit gibt es gar keine Grenze für unsere Kraft, denn wir stehen nicht außerhalb der Weltkraft, die der Ausdruck des Weltgesetzes ist.“ (Sādhanā, Kap. III.)

Indem er als ethische Persönlichkeit ein allen seinen Fähigkeiten entsprechendes Wirken ausübt, erlebt der Mensch das Eins-Werden mit Gott in Liebe. In sich selbst verwirklicht er Ihn, der das höchste Selbst ist. Seine Liebe vereinigt sich mit der ewigen Liebe.

„Alles, was wir je erstreben können, ist, immer mehr eins mit Gott werden.“

Indem er in gleicher Weise sowohl geistiges als auch tätiges Eins-Werden mit dem unendlichen Sein verlangt und Aktivität aus Innerlichkeit herleitet, stellt Tagore das wahre Ideal der ethischen Weltanschauung auf. Aber diese Weltanschauung aus einer sachlichen Erkenntnis der Welt zu begründen, vermag er nicht. Er leitet sie aus einer optimistisch-ethischen Deutung der Welt ab, die mit der Shaftesbury's und Fichte's verwandt ist und ebenso unsachlich und unbefriedigend ist wie die ihre.

Macht das indische Denken mit der ethischen Welt- und Lebensbejahung ernst, so sieht es sich – dies zeigt sich bei Tagore – vor dieselben Probleme gestellt wie das europäische und kommt dazu, dieselben Lösungen zu versuchen wie dieses.

In der großartigen Gedankensymphonie Tagore's sind die Harmonien und Modulationen indisch. Aber die Themen klingen an die des europäischen Denkens an.

Tagores Lehre von der All-Beseeltheit ist nicht mehr die der Upanishad's, sondern steht unter dem Einfluß der modernen Naturwissenschaft.

Tagore hat die Frage, ob der ethische Idealismus den Anspruch, auf Welterkenntnis aufzubauen, aufgeben muß oder kann, noch nicht untersucht. Dieser Gedanke liegt völlig außerhalb seines Gesichtskreises.

Darum vermag er ebensowenig wie diejenigen, die es vor ihm versucht haben, die Lehre der ethischen Welt- und Lebensbejahung wirklich auf Welterkenntnis zu gründen. Aber der Goethe Indiens drückt seine persönliche Erfahrung und Überzeugung von dieser Wahrheit tiefer, kraftvoller und anziehender aus als je ein Mensch vor ihm. Dieser zutiefst edle und harmonische Denker gehört nicht nur seinem Volk, sondern der ganzen Menschheit.

Wie Tagore unternimmt es auch Aurobindo Ghose (geb. 1872), die brahmanische Mystik im Sinne der ethischen Welt- und Lebensbejahung zu deuten. Früher sah er seinen Beruf darin, sich politisch für die Befreiung Indiens von der englischen Herrschaft zu betätigen. Im Jahre 1910 zog er sich – Tagore hatte dies schon früher getan – von der Politik zurück und lebt seitdem in Pondicherry, einzig damit beschäftigt, das Denken Indiens zu erneuern. Aus den Tempeln und der Engigkeit der Gelehrten-Schulen will er es in das Leben hinausführen. „Die Vergangenheit", sagt er, „muß uns heilig sein, aber die Zukunft noch mehr." Daß der indische Geist dazu berufen sei, der Führer der Menschheit zu werden, steht ihm ebenso fest wie Vivekānanda, wohingegen Tagore seine Hoffnung auf eine Philosophie setzt, in der sich das Denken des Ostens und das des Westens verbinden, um das Tiefste und Beste ihres geistigen Besitzes auszutauschen.

Noch kann man nicht beurteilen, ob die neueste indische Philosophie, wie sie von einer Reihe bemerkenswerter, fähiger Männer vertreten wird, tatsächlich frei und schöpferisch ist und ob sie die Probleme, denen sie sich zu stellen hat, in ihrer ganzen Tragweite erfassen wird.

S. Radhakrishṇan (geb. 1888) ist stark durch Tagore beeinflußt.

XVI

RÜCKBLICK UND AUSBLICK

Von der magischen Mystik, von der es seinen Ausgang nimmt, empfängt das indische Denken, als ein kostbares Geschenk, die Einsicht, daß Weltanschauung Mystik, das heißt geistiges Eins-Werden des Menschen mit dem unendlichen Sein, ist. Daß es unentwegt an ihr festhält, ist das Große an ihm.

Von der magischen Mystik übernimmt es aber auch die Welt- und Lebensverneinung.

Aus der natürlichen Tonart der Welt- und Lebensbejahung verfällt es, durch die Brahmanen, in die unnatürliche der Welt- und Lebensverneinung. Es kann aber nicht endgültig in ihr verbleiben, sondern muß zuletzt, durch die Ethik gezwungen, in die ursprüngliche der Welt- und Lebensbejahung zurückmodulieren.

Die Entwicklung des indischen Denkens ist also durch eine Auseinandersetzung zwischen Welt- und Lebensverneinung und Welt- und Lebensbejahung bestimmt. Aber diese Gigantomachie geht heimlich und lautlos vor sich. Die beiden Anschauungen treten nicht offen und grundsätzlich gegeneinander auf, sondern die Entscheidung vollzieht sich so, daß die Welt- und Lebensverneinung der Welt- und Lebensbejahung immer größere Zugeständnisse macht und die Welt- und Lebensbejahung sich immer mehr gegen die so lange als möglich grundsätzlich aufrecht erhaltene Welt- und Lebensverneinung durchsetzt.

Schon die Brahmanen der alten Zeit machen der Welt- und Lebensbejahung das große Zugeständnis, daß sie die Welt- und Lebensverneinung erst von der zweiten Hälfte ihres Lebens an durchzuführen beginnen.

Eine weitgehende Milderung der Welt- und Lebensverneinung bedeutet es, daß Buddha von der strengen Askese abkommt und überhaupt mehr ein innerliches Frei-Sein von der Welt als eine bis ins Einzelne durchgeführte äußerliche Verneinung der Welt fordert. Auch ist in seiner Ethik bereits der Tat-Gedanke vorhanden. Aber Buddha unternimmt es noch nicht, von der Ethik aus gegen die Welt- und Lebensverneinung vorzugehen.

In der Bhagavad-Gītā wird die Gleichberechtigung des Tuns mit dem Enthalten von Tun anerkannt. Das Tun wird sogar höher gestellt als das Enthalten von Tun. Aber dies wird in einer solchen Weise aus der Idee der Hingebung an Gott begründet, daß die Welt- und Lebensverneinung, wenn sie auch tatsächlich ihre Geltung verliert, nicht grundsätzlich verneint wird.

In dem Maße, wie dann die Ethik in dem indischen Denken zur Ausbildung und zur Bedeutung gelangt und die Berechtigung des Tuns unmittelbar aus der ethischen Notwendigkeit begründet wird, läßt sich die Welt- und Lebensverneinung auch theoretisch nicht mehr aufrecht erhalten. Schreitet die Ethik, wie sie es muß, dazu fort, sich ein auf Schaffung besserer Zustände gehendes Wirken aus Liebe in der Welt vorzunehmen, so tritt sie damit in offenen Gegensatz zur Welt- und Lebensverneinung.

Was in dem indischen Denken vor sich geht, bestätigt, was sich aus dem reinen Überlegen ergibt: daß nämlich die Weltanschauung der Welt- und Lebensverneinung mit der der Welt- und Lebensbejahung nicht gleichberechtigt ist und mit ihr nicht in Wettbewerb treten kann. Schon an sich ist sie undurchführbar. In dem Maße als sie ethisch wird, hört sie zu bestehen auf.

*

Das abendländische und das indische Denken sind beide, jedes in seiner Art, unvollständig und unzulänglich. Will man sie nebeneinander würdigen, so darf man sich aber nicht nur an ihre grundsätzliche Verschiedenheit halten, sondern muß auch noch in Betracht ziehen, daß sie beide in Wandlung begriffen sind. Die Wandlung setzt bei beiden gleichzeitig, etwa um die Mitte des 19. Jahrhunderts, ein.

Bei dem europäischen besteht sie darin, daß es die Welterkenntnis, auf die es sich berief, nicht aufrecht erhalten kann und nun versuchen muß, der Weltanschauung der ethischen Welt- und Lebensbejahung in absolut sachlichem Denken gewiß zu werden. Für das indische handelt es sich darum, die Welt- und Lebensverneinung aufzugeben und sich auf ethische Welt- und Lebensbejahung einzustellen.

Solange das abendländische Denken die Unbefangenheit besitzt, die von ihm im Sinne der ethischen Welt- und Lebensbejahung unternommene Deutung der Welt für Welterkenntnis anzusehen, ist es auch im Stande, höchste Ideale zu vertreten. Der Vorwurf, daß es dem Menschen nicht genügend Innerlichkeit und Geistigkeit verleiht, trifft eigentlich erst für das heutige, nicht auch für das frühere, zu. Beim Menschen des 18. Jahrhunderts und noch bei dem des beginnenden 19. Jahrhunderts findet sich die Idee des Wirkens mit herrlicher Geistigkeit und Innerlichkeit vereint. Die Tatsache, daß das europäische Denken nicht mystisch, sondern doktrinär ist, macht sich damals noch kaum geltend. Durch seine Welterklärung bringt es den Menschen in ein geistiges Verhältnis zum unendlichen Sein. Muß es sie aber aufgeben, dann wird für es nicht nur fraglich, wie es die Gesinnungen des Menschen aus seinem geistigen Verhältnis zum unendlichen Sein begründen kann, sondern es kommt auch in Gefahr, darauf zu verzichten, dies überhaupt noch zu unternehmen.

In der Mitte des 19. Jahrhunderts bricht nicht nur die Welterklärung der spekulativen Philosophie zusammen, sondern die Welterklärung der ethischen Welt- und Lebensbejahung überhaupt. Die Systeme Fichte's, Schelling's und Hegel's sind letzte Versuche, etwas davon noch aufrecht zu erhalten. Von da an muß sich das abendländische Denken dann darein ergeben, sich mit der Wirklichkeit, wie sie ist, auseinanderzusetzen. Aus der nicht gedeuteten und nicht idealisierten Wirklichkeit die Ideale der ethischen Welt- und Lebensbejahung zu begründen, will ihm aber nicht gelingen. So kommt es dazu, etwas davon preiszugeben. Es vertritt eine Welt- und Lebensbejahung, die nicht mehr durchaus ethisch ist. Statt bei den Idealen, die der tiefsten ethischen Welt- und Lebensbejahung entsprechen, zu verbleiben und es zu unternehmen, die Wirklichkeit nach ihnen umzugestalten, sucht es sie nun der Wirklichkeit zu entnehmen. Auch kommt es dahin, den Menschen nicht mehr mit seinem Verhalten zum unendlichen Sein, sondern nur mit dem zur menschlichen Gesellschaft beschäftigt sein zu lassen.

Dies ist das Kleine und so überaus Zeitgemäße an der Philosophie Nietzsche's, daß sie nur vom Menschen und der Gesellschaft handelt und das Problem Mensch und Welt nicht kennt. Die Welt ist in ihr nur Staffage.

Weil das abendländische Denken nicht, wie das mystische, von dem Gedanken beherrscht ist, daß das Eine, was nottut, das geistige Eins-Werden des Menschen mit dem unendlichen Sein ist, kann es (wenn es auf die der ethischen Welt- und Lebensbejahung entsprechende Welterkenntnis verzichten muß) der Gefahr erliegen, sich, wie mit herabgesetzten Idealen, so auch mit einer minderwertigen Vorstellung von Weltanschauung zufrieden zu geben. Diese Tragödie spielt sich in der Jetztzeit ab.

*

Daß das indische Denken sich über dieses in der Auseinandersetzung mit der Wirklichkeit in Verwirrung geratene und zu Schaden gekommene Denken erhaben fühlt, ist begreiflich. Wenn es sich aber dem abendländischen Denken als solchem überlegen glaubt, so beweist dies nur, daß es dieses nicht genügend kennt und daß es das, was es praktisch geleistet hat, nicht richtig bewertet.

Vivekānanda und andere wollen dem abendländischen Denken gerne zugestehen, daß es fähig sei, wissenschaftliche Entdeckungen zu machen, Maschinen zu schaffen, das Leben der Gesellschaft zweckmäßig zu organisieren und überhaupt Zivilisationsarbeit zu vollbringen. Daß ihm das indische aber in Denkleistungen bei weitem überlegen sei, sprechen sie als etwas Selbstverständliches aus. Mit den ewigen Wahrheiten, die im Besitze Indiens sind, will Vivekānanda „die Welt revolutionieren". Nach einem Worte Aurobindo Ghose's trägt Indien den Schlüssel zum Fortschritt der Menschheit in der Hand.[1]

---

[1] Über Vivekānanda siehe Seite 174–177; über Aurobindo Ghose siehe Seite 199.

Von Indien, meinen Vivekānanda und die andern, müsse die Welt die Mystik empfangen. Daß im abendländischen Denken Mystik vorhanden ist, die der indischen gleichartig und gleichwertig ist, ziehen sie nicht in Betracht. Sie arbeiten mit der Fiktion, als ob nur das indische Denken die Fähigkeit der Tiefe und der Frömmigkeit besäße. Daß die Mystik sich im europäischen Denken nur deshalb nicht durchsetzt, weil sie den Forderungen der ethischen Welt- und Lebensbejahung nicht Genüge zu tun vermag, machen sie sich nicht klar.

Daß ihre eigene Mystik in dieser Hinsicht noch weniger befriedigt, kann den indischen Denkern nicht verborgen bleiben. Vivekānanda äußert sich gelegentlich geradezu verzweifelt darüber, daß das Abendland so große soziale Leistungen aufzuweisen habe, während in Indien, der Heimat der ewigen Wahrheiten, für die Armen und Leidenden so wenig geschehe. „Keine Gesellschaft setzt so erbarmungslos den Fuß auf den Nacken der Elenden wie die indische," bekennt er einmal. In einem Brief an indische Freunde findet sich der Satz „Was die Geistigkeit angeht, so stehen die Amerikaner weit unter uns, aber ihre Gesellschaft ist der unsrigen überlegen."

Warum die indische Geistigkeit an Werken so arm ist: dieser Frage darf Vivekānanda nicht völlig auf den Grund gehen. Er macht die Gleichgültigkeit der Einzelnen dafür verantwortlich. Daß die Schuld an der Weltabgewandtheit der Denkart liegt, will er sich nicht eingestehen. Er kann ja nicht zugeben, daß das indische Denken eine Entwicklung durchgemacht hat und daß die Idee der tätigen Liebe in ihm erst in der Neuzeit ihre Rolle zu spielen beginnt.

*

Das indische Denken steht erst in den Anfängen der Wandlung, die es durchzumachen hat. Mit der einfachen Anerkennung der ethischen Welt- und Lebensbejahung ist es nicht getan. Das Neue läßt sich dem Alten nicht einfach einfügen. Es hat Sauerteigs-Art.

Die Welt- und Lebensverneinung erlaubt dem indischen Denken, der Auseinandersetzung mit der Wirklichkeit aus dem Wege zu gehen. In der Welt- und Lebensbejahung aber ist eine Nötigung zur Sachlichkeit gegeben. Sie wird sich im indischen Denken in der gleichen Weise auswirken, wie in dem abendländischen. Die Unbefangenheit, die das indische Denken zur Zeit noch besitzt, wird es sich nicht bewahren können. Durch die Welt- und Lebensbejahung wird es auf den Weg der Sachlichkeit geführt, den das abendländische begehen mußte.

Das indische Denken von heute ist Übergangs-Denken. In der kommenden Zeit wird es die Einsicht und den Mut aufbringen müssen, sich selber zu prüfen und das, was mit dem Geiste der Sachlichkeit nicht vereinbar ist, abzutun. Es wird sich entschließen müssen, sich in dem Wissen vom Übersinnlichen an die Grenzen, die unserer Erkenntnis gesetzt sind, zu halten, auf die Hilfe der Phantasie und der Dichtung, die es bisher so reichlich in Anspruch nahm, zu verzichten, den dehnbaren Begriff der Wahrheit, dessen es sich bisher bediente, aufzugeben, und sich von der Autorität der Überlieferung unabhängig zu machen.

Wir warten des indischen Denkers, der uns die Mystik des geistigen Eins-Werdens mit dem unendlichen Sein, wie sie an sich ist, nicht wie sie sich in den alten Texten niedergelegt findet, und in sie hineingedeutet wird, darlegt.

Zum Wesen der Mystik gehört, daß sie zeitlos ist, und sich auf keine andere Autorität als die der Wahrheit, die sie in sich trägt, beruft.

Der Weg von der unvollkommener zur vollkommener erkannten Wahrheit führt durch das Tal der Sachlichkeit hindurch. Das europäische Denken ist schon in dieses Tal hinabgestiegen. Das indische befindet sich noch auf der diesseitigen Höhe. Will es auf die jenseitige hinauf, so muß es vorerst in das Tal hinunter.

Weil das indische Denken noch seine Unbefangenheit besitzt, ist es noch selbstbewußt und mit seiner Weltmission beschäftigt. Tiefstes Denken ist demütig. Es ist nur darum besorgt, daß die von ihm unterhaltene Flamme der Wahrheit in stärkstem und reinstem Feuer brennt, nicht darum, wie weit ihre Helligkeit dringt.

*

So stehen das abendländische und das indische Denken miteinander vor der Aufgabe, die Mystik der ethischen Welt- und Lebensbejahung auf sachliche Weise zu begründen.

Wenn das Denken diese Aufgabe, soweit es sie sich vornahm, nicht zu lösen vermochte, so liegt dies daran, daß es in dem Irrtum befangen war, Weltanschauung könne und müsse aus Welterkenntnis begründet werden.

Wir besitzen aber keine Welterkenntnis, die uns ein Weltziel, in dessen Dienst wir unser ethisches Wirken zu stellen haben, aufzeigen kann. Weil das Denken nun ohne Welterkenntnis nicht auskommen zu können glaubte, hat es sich, durch Deutung der Welt, eine solche geschaffen.

Deutung der Welt im Sinne der ethischen Welt- und Lebensbejahung enthalten die dualistischen Weltanschauungen. Sie findet sich aber, wenn auch in mehr versteckter Weise, auch in der Mystik, die irgendwie ethischen und welt- und lebenbejahenden Charakter hat.

Die welt- und lebenverneinende Mystik bedarf keiner Welterklärung. Sie begnügt sich mit der Feststellung, daß die Besinnung auf das Eins-Sein mit dem Welt-Geiste das einzig sinnvolle Tun sei, das für den Menschen in Betracht komme. Sowie die Mystik aber den Gedanken vertritt, daß der Mensch das geistige Eins-Werden mit dem unendlichen Sein auch im Tun zu verwirklichen habe, muß sie in der Welterklärung entsprechend weitergehen. Sie sieht sich nun genötigt, sich auf irgendeine Weise den Gedanken zu eigen zu machen, daß der Welt-Geist schöpferischer Wille sei und also nur in Menschen, die sich ein Wirken im Sinne des Welt-Willens vornehmen, zum Bewußtsein seiner selbst gelangen könne.

Aber diese Erklärung durchzuführen, will nicht gelingen, weil der Welt-Wille uns ein Rätsel bleibt. So läuft sie in der Bhagavad-Gītā, bei Fichte, bei Tagore und überall, wo sie unternommen wird, darauf hinaus, daß der Mensch sich an dem Tätigkeitsspiel, das der Welt-Geist sich selber veranstaltet, zu betätigen habe. Aber dieses Spiel und das Teilnehmen an ihm als sinnvoll und ethisch begreiflich zu machen, ist unmöglich. Seinem Wesen nach kann ja ein Spiel weder sinnvoll noch ethisch sein. Es handelt sich also um Gedanken-Phantasien, die nur durch die großartigen Worte, in denen sie auftreten, etwas vorstellen. Bringt man sie auf ihren einfachsten Ausdruck, so sind sie gänzlich unbefriedigend.

Die Mystik der ethischen Welt- und Lebensbejahung muß also, wie die der Welt- und Lebensverneinung, auf Welterkenntnis verzichten.

*

Wie aber kann der Mensch mit dem Welt-Geiste im Tun eins werden, wenn er sich eingesteht, daß ihm dessen schöpferisches Schaffen der Art und dem Ziele nach Geheimnis bleibt?

Ein Rätsel ist uns das Wirken des Welt-Geistes, weil es im Schaffen und im Zerstören, im Hervorbringen und im Vernichten von Leben verläuft. Darum können wir dem Naturgeschehen nicht den Grundsatz eines Tuns, durch das wir aus unserm Für-Uns-Sein heraustreten und im Sinne des Welt-Geistes auf die Welt wirken, entnehmen. Es kann sich für uns also eigentlich gar nicht darum handeln, im Sinne des Welt-Geistes zu wirken, sondern nur darum, uns einem Wirken zu ergeben, durch das wir das geistige Eins-Werden mit ihm erleben. Erst wenn das Denken dies eingesehen hat, kommt es endgültig davon los, Weltanschauung in offener oder versteckter Weise aus Welterkenntnis begründen zu wollen.

Als das Wirken, durch das wir mit dem Welt-Geiste eins werden, empfinden wir das ethische. Wie ist dies begreiflich?

Nur die vollständige Ethik hat mystische Bedeutung. Die Ethik, die es nur mit dem Verhalten des Menschen zum Nebenmenschen und zur Gesellschaft zu tun hat, läßt sich mit Weltanschauung nicht wirklich vereinigen. Sie hat ja keine Beziehung zum Weltganzen. Eine ethische Weltanschauung auf eine nur mit dem Nebenmenschen und der Gesellschaft beschäftigte Ethik zu gründen, ist eine logische Unmöglichkeit. An der zu engen Vorstellung von der Ethik liegt es, daß das Denken die ethische Weltanschauung bisher nicht in überzeugender Weise darzutun vermochte.

Erst wenn die Ethik Welt-Weite besitzt, ist ethische Welt-Anschauung wirklich möglich. Erst dann wird auch offenbar, daß die ethische Weltanschauung ethische Mystik ist.

Die wahre Ethik hat Welt-Weite. Alles Ethische geht auf ein einziges Grundprinzip des Ethischen, das der höchsten Erhaltung und Förderung von Leben, zurück. Höchste Erhaltung des eigenen Lebens im Vollkommener-Werden und höchste Erhaltung von anderem Leben in empfindender und helfender Hingabe an es: dies ist Ethik. Was wir Liebe nennen, ist seinem Wesen nach Ehrfurcht vor dem Leben. Alle materiellen und geistigen Werte sind Werte nur insofern, als sie der höchsten Erhaltung und Förderung von Leben dienen.

Ihrem Gebiete und ihren Forderungen nach ist die Ethik grenzenlos. Sie hat es mit allen Wesen, die in unsern Bereich treten, zu tun.

In der Anerkennung und der Betätigung unserer Verbundenheit mit allen Wesen gehen wir auf die uns einzig mögliche Weise Verbindung tätiger Art mit dem unendlichen Sein ein. Unsere Hingebung an Leben zur höchsten Erhaltung und Förderung von Leben ist tätiges Eins-Werden mit dem unendlichen Sein, das das gedankliche, welches in Ergebung in das Weltgeschehen besteht, vollendet.

Nur in der grenzenlosen Ethik hat unser Tun die Richtung auf die Unendlichkeit hin. Nur in ihr ist es als Auswirkung und stete Erneuerung des Erlebnisses des geistigen Eins-Werdens mit dem unendlichen Sein begreiflich.

Nicht aus Erkenntnis der Welt, sondern aus der des Wesens und der Tragweite der Ethik kommt wahre und wertvolle Weltanschauung.

*

Die ethische Bestimmtheit unseres Willens zum Leben geht auf die physische Tatsache zurück, daß unser Leben aus anderem Leben entstanden ist und anderes Leben aus sich hervorgehen läßt. Darum können wir nicht in einem völligen Für-Uns-Sein verharren. Wir treten aus ihm heraus durch die Verbundenheit mit dem Leben, von dem wir abstammen, und mit dem, das von uns abstammt. Die elementarste Ethik, wie sie sich nicht nur beim Menschen, sondern auch bei höher entwickelten Geschöpfen findet, ist also Betätigung der Solidarität mit dem uns in unmittelbarer Weise zugehörigen anderen Leben.

Fängt das Denken aber einmal an, sich mit der geheimnisvollen Tatsache der Ethik zu beschäftigen, so will ihm nicht gelingen, die Grenze der Solidarität mit anderem Leben festzulegen. Über die engste Familie hinaus muß es den Kreis zuerst auf die Sippe, dann auf den Stamm, dann auf das Volk und zuletzt auf die Menschheit ausdehnen. Aber selbst bei der Feststellung der zwischen dem Menschen und jedem anderen Menschen bestehenden Verbundenheit kann es nicht Halt machen. Es sieht sich genötigt dazu fortzuschreiten, auf Grund der ganz allgemeinen und beliebig dehnbaren Vorstellung der Wesensverwandtschaft eine Verbundenheit des Menschen mit aller Kreatur zu behaupten.

Mit den Upanishad's hat die grenzenlose Ethik die Erkenntnis des Tat tvam asi – daß der Mensch „in allen Wesen sich und sich in allen Wesen zu sehen habe" – gemein.[1] Während sie ihr aber in unmittelbarer Weise und als Motiv des Handelns feststeht, wird sie in den Upanishad's aus der Lehre, daß die All-Seele in allen Einzelseelen ist, abgeleitet und hat nur theoretische, keine ethische Bedeutung.

Ethik ist ins Grenzenlose erweiterte Verantwortung gegen alles, was lebt.

---

[1] Über diesen Satz siehe Seite 25 und 26.

Ein auf die Welt gehendes Wirken ist dem Menschen nur in der Art möglich, daß er sich um die höchste Erhaltung und Förderung alles Lebens, das in seinen Bereich tritt, bemüht. In diesem Eins-Werden mit allem Leben verwirklicht er das tätige Eins-Werden mit dem Ur-Grunde des Seins, dem dieses Leben zugehört.

*

Es gibt zwei Arten von Mystik: diejenige, die sich aus der Annahme einer zwischen dem Welt-Geiste und dem Menschengeiste bestehenden Identität ergibt, und diejenige, die sich aus der Ethik herleitet.

Die Identitäts-Mystik, die indische wie die abendländische, ist ihrer Herkunft und ihrem Wesen nach nicht ethisch und kann es auch nicht werden. Ethische Gedanken lassen sich nur insoweit in ihr finden und aus ihr entwickeln, als dem Welt-Geiste ethisches Wesen beigelegt wird. Sowie das Denken aber nur im geringsten davon abgeht, daß der Welt-Geist und das Weltgeschehen unergründliches Geheimnis sind, wird es unsachlich.

In dem Maße, wie die Ethik in dem indischen Denken zur Ausbildung und zur Geltung kommt, sieht es sich genötigt, das Unmögliche zu versuchen, seine Identitäts-Mystik als ethisch zu begreifen. Gelingen aber kann ihm dies ebensowenig als es Meister Eckhart gelang, seine Mystik ethisch werden zu lassen. Immer besteht das Unternehmen in nichts anderem, als darin, daß durch unzulässige Erklärungen Ethisches in die Mystik hineingelegt wird.

Hingegen ist die sich auf Ethik gründende Mystik durch und durch sachlich. Sie vermag es, sich mit der Tatsache abzufinden, daß der Welt-Geist und das Weltgeschehen uns unbegreiflich bleiben. Weil sie keinerlei Welterklärung zu versuchen braucht, kommt sie in keinen Konflikt mit dem Erfahrungs-Wissen. Während die andere Mystik dieses gering schätzt und sich ihm gegenüber auf eine intuitive Welterkenntnis beruft, erkennt sie ihm Bedeutung zu. Sie weiß, daß alles Erfahrungswissen nur immer tiefer in das große Geheimnis hineinführt, daß alles was ist, Wille zum Leben ist.

Die Mystik der Ethik macht völlig ernst mit der wissenden Unwissenheit (docta ignorantia), von der die mittelalterlichen Mystiker reden. Nur ist diese für sie nicht, wie für die andere Mystik, etwas neben und über dem Erfahrungswissen, sondern dessen Ergebnis.

Unwissenheit ist die wissende Unwissenheit der Mystik der Ethik insofern, als sie sich das absolut Geheimnisvolle und Unergründliche der Welt und des Lebens eingesteht. Wissend ist sie insofern, als sie das Eine, was wir im Bereiche dieses Geheimnisses wissen können und wissen müssen, weiß: daß nämlich alles Sein Leben ist und daß wir in liebender Hingabe an anderes Leben unser geistiges Einswerden mit dem unendlichen Sein verwirklichen.

Demütig läßt die Mystik der Ethik es dahingestellt, in welcher Weise der Welt-Geist in dem armen Menschengeiste ist und in ihm zum Bewußtsein seiner selbst kommt. Sie hält sich einzig daran, daß der arme Menschengeist in dem Heraustreten aus dem Für-Sich-Sein und in dienender Hingabe an anderes Leben das Eins-Sein mit dem Welt-Geiste erlebt und dadurch reich wird und Frieden findet.

In der aus der Ethik kommenden Mystik besitzt der Mensch unmittelbar und unverlierbar eine Weltanschauung, in der ihm alle Ideale wahren Menschentums feststehen und aus der er miteinander tiefste Geistigkeit und stärksten Antrieb zum Wirken empfängt.

Die Einsicht, daß die Weltanschauung der ethischen Welt- und Lebensbejahung nicht auf eine Erkenntnis der Welt, sondern auf die Ethik zu gründen sei, beginnt bereits im 18. Jahrhundert aufzukommen. Bei Kant setzt sie sich schon insoweit durch, als er seine Weltanschauung, in dem, worin sie über das Erfahrungswissen hinausgeht, aus der Ethik, als der fundamentalen geistigen Tatsache, zu erweisen sucht. An das Ende des durch diese Einsicht gewiesenen Weges gelangt das Denken, wenn es Ethik als Hingabe an alles Leben begreift und erkennt, daß die sich aus der grenzenlosen Ethik ergebende Mystik eine von aller Welterkenntnis unabhängige Weltanschauung der ethischen Welt- und Lebensbejahung in sich enthält.

Je ethischer das indische Denken wird, desto weniger kann es sich mit ethischen Deutungen einer nicht-ethischen Mystik zufrieden geben. Das Bedürfnis nach einer ihrem Wesen nach ethischen Mystik wird sich immer stärker geltend machen.

Von den ergebnislosen Versuchen, Welterkenntnis und Ethik miteinander zu einer Weltanschauung zu vereinigen, muß das Denken der Menschheit dazu fortschreiten, die Weltanschauung der Ethik zu entnehmen.

REGISTER